회사가 사라졌다

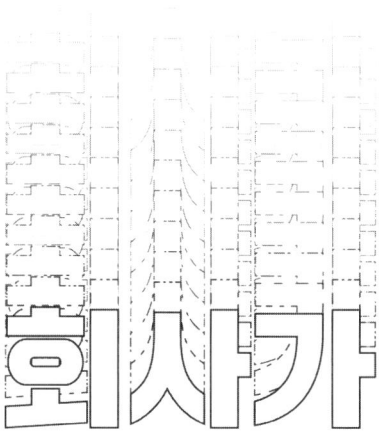

회사가

폐업·해고에 맞선 여성노동

싸우는여자들기록팀 또록 지음

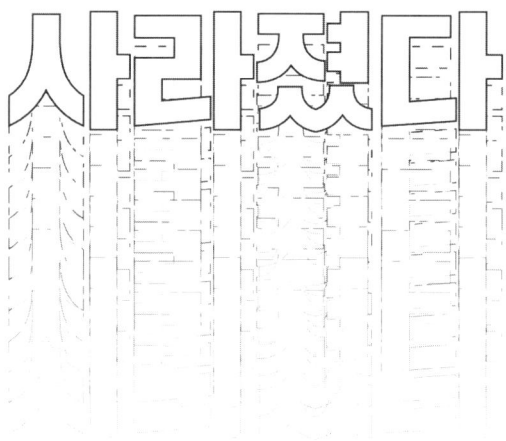

사라졌다

파시쿠

프롤로그

싸우는 여자들,
폐업의 의미를 다시 쓰다

사라진 회사

한국 사회에서 폐업은 낯선 단어가 아니다. 직장인 다수가 건물주가 되거나 사장님이 되길 꿈꾸지만,[1] 이와 동시에 자영업자 폐업률은 창업 1년 이내 80%에 다다른다. 한국에서 폐업은 창업만큼이나 익숙한 일이다. 그 까닭에 문 닫는 사업주의 심정에 공감하는 사람들이 적지 않다. 많이들 안타까워한다. 그러나 경기 침체라는 공포를 부추기거나 개인적 불행으로 읽히는 것 외에 폐업이 이 사회에서 가지는 의미는 희미하다. '싸우는여자들기록팀 또록'에게도 폐업은 여러 불운한 일 가운데 하나였다. 문 닫은 회사에 남아 싸우는 여자들을 만나기 전까진 말이다.

    2019년 봄, 싸우는 여자들을 만났다. 자동차 시트 제조(성진씨에스), 핸드폰 부품 조립(신영프레시젼), 문구용 스티커 제조(레이테크코리아). 직종은 달라도 생산직에 종사하는 중장년 여성이라는 공통점이 있었다. 무엇보다

---

[1] 경제협력개발기구(OECD)가 취합한 취업자 대비 자영업자 비율 통계(2017년)에 따르면, 한국의 자영업자 비율은 미국의 4배, 일본의 2.5배이다(「자영업자 안 줄이면 고용 쇼크 발생한다」, 윤효은, 『프레시안』, 2019년 6월 21일자 기사).

닮은 점은 이들 회사(또는 일하던 부서)가 문을 닫았다는 것이다. 이럴 경우 대개는 제 살길을 찾아가기 마련이지만 이들은 떠나지 않았다. 사라진 회사에 남았다. 그리고 고용 보장(일자리)을 요구했다.

이들을 만나기 전까진 폐업 이후 상황을 떠올려 본 적이 없다. 폐업은 기업의 운영이 끝나는 일인 만큼, 끝 너머의 일을 떠올릴 필요는 없어 보였다. 그런데 아직 끝나지 않았다는 사람들이 등장했다. 폐업이란, 누군가에겐 일자리를 상실하는 일의 '시작'이었다.

상실을 말하는 목소리에 세상은 호의적이지 않았다. "사장이 자기 회사 문 닫겠다는데 떼를 쓴다고 될 일이냐"고 했다. 하지만 조금이라도 귀 기울인다면, 이들이 말하고자 하는 것이 '책임'의 문제임을 알 수 있다. 또록이 '사라진 회사'를 기록하기로 마음먹은 이유이다.

기업은 누구의 것인가

회사가 문을 닫는 일은 여러 가지 이름으로 불렸다. 청산, 폐업, 부도, 해외 이전, 외주화, 아웃소싱 등. 안타깝게도 익숙한 이름들이다. 동시에 구분되지 않은 이름으로 불렸다. 동네 카페나 편의점 사장님이 빚을 이고 셔터를 내리는 일도, 직원 수십 수백 명을 두고 이사회를 구성한 법인격의 회사가 문을 닫는 일도 모두 폐업이라 불렸다.

우리가 사는 사회는 이 둘을 구분하지 않고, 폐업을 사업자 개인의 흥망으로 바라본다. 그러나 하루아침에 직장을 잃어버린 사람들은 말한다. 그 회사는 사장 혼자 키운 것이 아니라고. 우리 회사였다고. 가진 것이라고는 성실한 몸뚱이밖에 없는 사람들의 억지가 아니다. 사장 홀로 키운 회사가 아니라는 것은 진실이다. 정부의 각종 지원금과 대출 없이 유지되는 기업은 거의 없다.

기업의 운영 자본은 애초 사회적이다. 그런데 기업에게 쏟아지는 막

대한 지원은, 기업이 국가가 보호할 만한 요소를 지니고 있다는 암묵적 동의가 있어야 가능했다. 사람들은 그 요소를 '고용'이라 믿었다.

회사가 문을 닫는 일에 대해 기록하려 했는데, 회사가 사람을 고용하는 일에 대해 쓸 수밖에 없었다. 고용 확대를 위해 정부는 여러 일자리 정책을 시행한다. 고용촉진 우수기업 선정, 시간제 일자리 지원, 각종 지원금과 세금 감면 등 막대한 지원이 있다. 그러나 일터에서 내몰린 이들은 말했다. 사업장 안으로 들어온 일자리 정책이 어떤 모습을 띠었는지. 고용을 촉진한다는 정책이 어떻게 값싼 일자리를 양산했고, 시간제 일자리가 어떻게 여성들을 파트타임으로 내몰았는지를 말이다.

정부의 고용 정책은 이들의 노동을 보호하지 못했다. 애초 정부가 보호한 것은 노동이 아니라, '고용'이었다. 고용이 보호 대상이 되면, 정부가 고용 주체인 기업을 보호하는 것은 당연한 일이 된다.[2] 기업이 보호받는 한, 일하는 사람의 노동 조건은 후순위로 밀리게 된다. 노동의 권리(노동권, 안전할 권리 등)는 기업의 성장을 방해하는 요소로 취급받는다. 기업이 책임져야 할 것은 더도 덜도 아닌, 고용에 그친다. 그 마지막 책임까지 외면하는 것이 바로 '폐업', 회사 문을 닫는 일이다.

산산조각 난 '우리'

일자리를 잃은 사람들은 억울하다고 했다. '우리'라 믿었다고 했다. '우리' 회사가 잘되어야 나의 고용도 유지된다는 생각으로 일했다. 하지만 회사가 문을 닫는 순간 '우리'는 고사하고 방해물 취급을 당했다. 폐업이든 청산이든 절차가 있을 텐데, 그 과정에서 일하는 사람의 의사는 조금도 반영되지 않았다.

---

2 "고용 창출 능력이 있다는 이유 하나만으로 자본은 국가로부터 지원받을 뿐만 아니라 전체 사회에 대한 지배력을 더욱 확산하고 있다." (장훈교, 『일을 되찾자』, 나름북스, 2019, 12쪽)

이들은 회사의 일방적인 결정 앞에 배신감을 감추지 못했다. 하지만 회사가 문을 닫는 동안에만 이들이 목소리를 낼 수 없던 것은 아니다. 회장님은 직원들의 손수건 소지 여부까지 간섭해도(신영프레시전), 직원들은 회사의 운영 방식이나 회계는 물론 아주 작은 의사결정에도 관여할 수 없었다. 잔업이나 특근 같은 자신들의 근무시간마저 결정할 수 없다. 고용과 월급으로 묶인 계약 관계 외에 회사와 자신들을 하나라 여길 것은 없었다.

우리라는 착각을 통해 보장받은 것은 오직 '고용'이었다. 하지만 회사가 사라지고, 착각은 산산조각 났다. 더는 '우리'를 믿지 않게 됐다. 이들은 사라진 회사를 향해 이전과 비슷한 수준의 일자리(지원)나 새 일을 찾는 기간 동안의 생계비를 요구하며 싸웠다. 이때의 '고용 보장'은 이전과 다른 의미였다. 자신이 일한 회사가 누구에 의해 유지됐는지, 그리고 누구를 위해 존재해야 하는지에 대한 목소리였다. 하지만 세상은 일자리를 요구하는 이들의 목소리조차, 이기적이고 무리한 것으로 치부했다. 그렇게 싸움만 길어져 갔다.

'여자'들의 노동

고용 보장 요구조차 무리한 것으로 취급받는 사람들이 있다. 사회가 독립된 '노동자'로 인정하지 않는 사람들에게 그런 취급은 더 심하다. 많은 수의 여성이 여기에 해당한다. 일터의 위기를 이야기할 때 앞서 내몰리는 사람은 정해져 있다. 외환위기 시절, 해고 1순위가 부부사원이라고 했으나, 누구도 남편 사원이 나갈 거라 생각하지 않았다. 어떤 경우에는 비/정규직 구분조차 무의미했다. 앞서 언급한 3개 사업장 여성들은 모두 정규직이었다. 하지만 여자 정규직의 무의미함을 그들 스스로 잘 알고 있었다.

가족 중 간병이나 돌봄을 전담할 사람이 없어 누군가 직장을 그만두어야 한다면, 그때 고려되는 것은 직위나 고용 형태가 아니라 성별이다. 기업이라고 다를 바 없다. 심지어 해고 비용마저 아끼기 위해 제 발로 나가게 했다. 성별 임금 격차, 직장 내 괴롭힘, 사업장 이전 등이 수법으로 쓰였다. '여자 있을 곳은 집'이라는 사회적 분업은, 여자의 고용(일)과 실업(해고)의 경계 또한 불명확하게 만들었다. 해고도 아닌 해고를 당하며 여자들은 점차 더 값싼 자리로 이동했다.

  일터에서 내몰린 여성들은 물음을 던졌다. 늘 불안했던, 급기야는 사라져 버린 자신들의 일자리를 누가 책임져야 하는지를. 질문은 정부의 일자리 정책으로까지 이어졌다. 허나 정부와 기업은 불운한 경제 위기의 지표로 폐업을 들먹이는 것 외에 어떤 응답도 하지 않고 있다.

  법도, 제도도 없는 곳에서 사라진 회사를 인정할 수 없는 여성노동자들이 버티고 섰다. 기업을 오롯이 사업주의 것이라고 여기는 편향된 인식 속에서, 더욱이 여성의 노동을 반찬값 벌이 취급하는 사회적 냉대 속에서, 이들은 아무도 지켜 주지 않는 자신의 일자리(노동)를 스스로 되찾기로 했다. 노동을 할 때와 마찬가지로 몸으로 부딪쳤다. 마음을 다잡고 손발을 부지런히 움직였다. 그렇게 이들은 사회적으로 합의된 의미가 없는 폐업을 자신의 관점으로 바라보고 재정의하기 시작했다.

  이 책은 자신의 인생에 들어온 폐업이라는 사건에 온몸으로 맞선 여자들의 싸움을 응원하며, 이들이 사회에 던지는 물음을 보다 선명히 드러내기 위해 쓰였다.

폐업 당사자들에게 듣다

세 개 회사의 폐업 배경과 이에 대항하는 노동자들의 싸움을 정리하는 글에 이어서, 1부에는 폐업을 겪은 여성노동자들의 이야기를 담아 보았다. 개별 인터뷰를 통해, 개개인에게 폐업(투쟁)이 어떤 사건으로 자리하는지를 듣고 싶었다.

  특정한 사건을 겪은 이들은 자신의 세계가 뒤틀어지거나 전복되는 경험을 한다. 그리고 멈춰 생각을 한다. 이 일이 왜 벌어졌는지. 어떻게 예전으로 돌아갈 것인지. 돌아갈 수 없다면 어떻게 살아야 하는지. 그 생각들이 인생을 바꾸고, 역으로 자신이 선 자리에 질문을 던진다. 더는 살던 대로 살 수 없기 때문이다.

하지만 이들의 생각에 귀 기울이는 사람이 없었다. 가끔 언론이 찾아와 일자리를 잃은 사람들에게 심정을 물었지만, 생각이 아닌 심정을 묻고 눈물과 한숨을 담아 갔다. 그마저도 폐업은 사회적으로 '어쩔 수 없는' 일이라며, 그 일을 겪은 사람들의 감정을 가지치기해 보도했다.

또록은 이들의 생각을 고스란히 듣고 싶었다. 물론 이들이 들려준 말을 온전히 이해하지 못할 때도 있었다. 각자 서 있는 자리가 달랐기 때문이다. 기대와 달리, 어디선가 들어 본 평이하고 단조로운 말이 올 때도 있었다. 이해되지 않으면 이해되지 않은 대로, 가닿을 수 없으면 닿지 못한 채로 두었다. 다만 그들이 들려준 이야기로부터 움튼 우리의 고민과 생각을 덧붙였다.

복잡 미묘한 순간들을 담아내다

2부에는 기록팀 또록이 폐업 투쟁 사업장을 취재하는 과정에서 느낀 문제의식이 담겼다. 우리 사회가 여자들의 노동을 어떻게 다루는지, 그리고 폐업에 맞선 이들의 싸움을 어떤 시선으로 가두는지. 명확한 답이 존재할 리 만무하지만, 또록은 그 고민들을 나눠 글로 정리했다.

첫 번째 주제인 '여자, 그리고 노동'과 두 번째 주제 '여자, 그리고 집'은 이 사회에서 여성노동자가 선 위치에 대한 것이다. 여성, 특히 기혼인 중년 여성이 집과 일터에서 어떤 역할과 재현을 요구받는지 다루고자 했다. 여성노동은 자본주의 사회에서 부리기 편리한 효율적 인력이자, 불황과 무한경쟁의 위기를 담는 그릇으로 기능한다. 동시에 재생산 노동을 하며 가족주의를 집 안팎, 심지어 노동조합 안에서 지켜 나가는 존재이다. 폐업은 이러한 여성의 위치를 활용하는 동시에 위협한다. 그렇기에 폐업에 직면한 여성들은 자신의 자리에 의구심을 품게 된다.

　세 번째 주제 '폐업, 그리고 사회'에서는 폐업의 해결책이라 이야기되는 전직 지원 프로그램과 정부의 각종 정책에 대해 살펴보았다. 구제금융, 공적자금 등 수많은 정부지원금이 기업으로 흘러가지만, 이러한 부의 행방은 규명되지 않은 채 폐업의 고통은 노동자들에게 전가된다. 기업이 책임을 회피하는 데 정부 또한 일정 역할을 하고 있었다. 정부와 기업이 제시한 '전직 지원 프로그램'이라는 희망고문 올가미로부터 벗어나기 위해서는 무엇이 필요할까. 노동자들이 생각하는 폐업의 해결책과 대안을 들어 본다.

　네 번째 주제 '폐업, 그리고 노동조합'은 폐업에 맞선 노동조합의 이야기를 담고 있다. 폐업 사업장에서는 부당노동행위라 말할 수 있는 노동조합 탄압 사례를 흔히 볼 수 있다. 노조 만들면 회사 문을 닫겠다는 협박도 만연하다. 그런데도 노동자들은 노동조합을 택했다. 노동조합을 택한 노동자들과 폐업을 마주한 노동조합의 전략을 보며 또록이 떠올린 의문과 질문을 나눈다.

일상의 폐업을 만나다

코로나19 팬데믹으로 인한 대량 실업을 우려하는 이야기가 연일 흘러나오고 있다. 하지만 폐업은 특수한 상황에서만 벌어지는 일이 아니다. 폐업이 특정 위기, 그리고 특정 직종(주로 제조업)에서 벌어지는 불운한 일이라는 생각을 전환시키고 싶었다. 3부에서는 회사가 사라진 경험을 한 다양한 직종의 사람을 만나 이야기를 듣고자 했다.

　우리가 만난 폐업의 주인공들은 멀리 있지 않았다. 하지만 폐업을 인생의 경력으로 남기고 싶지 않았던 당사자들은 기억을 빨리 털어 버렸다. 그 기억과 감정의 밑바닥을 조심스럽게 건져 올려 구술로 전한다. 요양보호사와

회사가 사라졌다

화물회사 사무직, 출판 편집자와 의료계 종사자 등 폐업은 누구나 겪고 어디에서나 일어났다. 이야기되어야 할 거리로 취급되지 않았을 뿐이다.

* * *

1년 여의 시간이 흐르는 동안, 코로나19로 인한 경제 위기로 이 책의 주제는 더욱 뜨거운 것이 되었다. 고용지원금이 끝나는 순간 해고 대란이 일어날 것이라고 언론은 예측을 쏟아낸다. 폐업 역시 마찬가지다. 이미 자본 철수는 시작되고 있다. 해고, 실업, 폐업이 실제적인 위기로 세상을 위협할 때 이 책을 내는 마음이 편치만은 않다. 하지만 누군가의 고용이 뒤흔들리는 문제가 안타까움이나 공포로만 머문다면 우리는 어떤 변화를 기대할 수 있을까.

인생에서 폐업이라는 막강한 사건을 만나, 이전과는 다른 방식으로 이 문제를 풀어 보고자 했던 여성들이 있다. 이 책은 그들의 행보와 생각을 좇았던 또록의 시선이다.

차례

프롤로그 싸우는 여자들, 폐업의 의미를 다시 쓰다   4
사라진 회사, 쫓겨난 여자들 : 성진씨에스, 신영프레시젼, 레이테크코리아   15

1부   끝낼 수 없는 사람들 : 사라진 회사와 싸우는 여자들을 만나다

폐업이 지나간 자리   44
청산폐업, 내 인생의 날벼락   58
"삶을 완성하는 무작정"   73
이기는 것? 하루 더 버티는 것!   88

2부   '폐업'에서 마주친 질문들 : 여성·노동의 위치를 묻다

여자, 그리고 노동
사장님의 계산법   109
위기는 위계 피라미드를 타고 아래로 흘러간다   116
여자 해고는 해고도 아니다   125

여자, 그리고 집
'가족 같은 직장'이라는 신화   131
드센 아줌마와 엄마의 사이   139

폐업, 그리고 사회
교육, 폐업에 대한 해결책이 될 수 있을까?   149
뭘 줘야 폐업을 안 하지? 다 줘야 폐업을 안 하지!   154

폐업, 그리고 노동조합
노조답다는 건   165
내가 노조 하면서 하나 배운 것   171

3부   사라지지 않은 목소리들 : 일상의 폐업을 기록하다

[요양보호사] 쉽게 문 닫고 쉽게 문 여는 곳   *180*

[브랜드 디자인 기획자] 회사 체질이 아니구나   *190*

[화물회사 사무직] 아주 작은 회사의 폐업   *200*

[제조업 생산직] 공장이 어떻게 개인 재산이겠어요   *212*

[제조업 생산직] 닫을 때는 '탁' 닫아   *220*

[출판사 편집자] 누구나 책을 팔고 싶어 하고   *227*

[공공의료기관 사무직] 안 해본 게 없는 싸움, 이제 다른 희망이 보인다   *237*

에필로그: 쓰는 여자 이야기

세계를 떠받치는 사람들의 이야기   *250*

폐업은 끝이 나는 일일까   *257*

싸움을 기록하다   *260*

연결되고 싶은 마음을 키운 시간   *263*

부록: 알아 두면 좋은 용어 설명   *265*

| 일러두기 |

1. 이 책은 회사의 폐업을 경험한 노동자들의 인터뷰에 기초하여 쓰였다. 특히 2019년 봄, 농성장과 공동투쟁 문화제 등에서 만난 성진씨에스, 신영프레시젼, 레이테크코리아의 여성노동자들을 인터뷰한 것이 이 책의 단초가 되었다.
2. 1부와 2부의 내용은 성진씨에스, 신영프레시젼, 레이테크코리아의 폐업과 이에 맞선 투쟁에 관련한 것이다. 이 내용들은 2020년 11월 기준으로 반영된 것이다.
3. 이 책에 등장하는 구술자들 중에는 당사자의 의사를 반영하여 가명으로 처리한 이도 있다. 실명과 가명이 혼재되어 있음을 밝힌다.
4. 가급적 구술자의 생생한 입말을 살리고자 하였으나 독자들의 원활한 이해를 위해 매끄럽게 수정한 부분도 있다.
5. 이 책의 주석은 모두 각주로 되어 있다. 글에 자주 등장하는 용어들은 265쪽에 있는 「알아 두면 좋은 용어 설명」에 정리해 두었다.
6. 영화, 방송 프로그램, 행사명은 꺾쇠로(< >), 논문과 신문기사는 홑낫표(「」)로, 단행본과 정기간행물 등은 겹낫표(『』)로 묶어 주었다.

사라진 회사, 쫓겨난 여자들

성진씨에스,
신영프레시젼,
레이테크코리아

희정

폐업하여 텅 빈 회사 건물에 일부 직원들이 남아 싸운다는 이야기를 들었다. 하루아침에 회사가 사라졌고, 여러 사람이 직장을 잃었다. 심각한 일인 만큼 사람들이 관심을 가질 것이라 여겼다. 순진한 생각이었다. 주변 반응이 미적지근했다. 중장년 여성들이 주로 근무하는 제조업 사업장에서 벌어진 일이라는 것을 간과했다.

여자 해고는 '해고도 아니었다'.[1] 그저 집으로 돌아가는 일이라 했다. 10년, 20년 일한 사람들의 고용이 그런 취급을 받았다. 잘리지 않겠다고 버티면 집에 '가장(남자)'이 없는지를 물었다. 여자 혼자 생계를 책임져야 하는 '박복한' 사람인지를 확인하려 했다. '가정 있는' 여자의 실직은 복직을 두고 싸울 만큼 큰 사건으로 취급받지 못했다.

게다가 중소업체였다. 작은 회사가 문을 닫아 노동자가 직장을 잃는 일을 두고 세상은 해고라 부르지 않았다. '어쩔 수 없는 일'이라 했다. 회사가

---

[1] "여성노동자들의 노동을 가치 있게 생각해 줬으면 좋겠어요. 여성노동자가 해고를 당하면 아무렇지도 않게 생각해요. 남성이 해고당하면 '어떡해. 그 집 어떡하지?' 하면서 내가 주위 사람들에게 '나 해고당했어' 그러면 '쉬어, 봉사활동이나 해' 이렇게 말해요. 노동가치를 너무 뜨겁게 생각 안 해주는 거예요." (2019년 5월, 또록과 레이테크코리아 노동자들의 간담회에서 나온 발언이다.)

망했다는데 어쩔 수 있나. 오히려 '영세한' 회사를 염려했다. 사업주만 하는 소리가 아니었다. 직장을 잃은 노동자의 지인이 하고, 지나가며 말을 보태는 사람들이 하는 소리다. 그리고 언론이 하고, 정부가 하고, 법원이 했다. 그러다 보면 어느샌가 해고 당사자 본인도 '어쩔 수 없는 일'이라 부르게 된다.

'어쩔 수 없는 일'이라는 주문은 분명 일하는 사람을 위한 것은 아니었다. 주문을 왼다고 사라진 회사가 다시 나타나는 것도 아니다. 마법은 직장을 잃어버린 사람들에게 일어나지 않았다.

의미 없는 주문을 외는 세상에 묻고 싶었다. 회사가 사라지는 일을 어쩔 수 없다고 생각하는지. 그 물음을 처음 건네받은 사람들은 성진씨에스(CS)라는 회사의 직원들이었다.

성진씨에스 : 자동차 가죽시트를 만드는 사람들

- 1999년 1월   성진씨에스 창립
  코오롱 계열사인 직물 제조업체 코오롱세이렌(이후 현 코오롱글로텍으로 병합)의 사내하도급[2] 업체로 시작
- 2012년 12월   고척동에서 가산디지털단지로 성진씨에스 이전(사외 협력업체)
- 2018년 1월   점심식대 미지급, 공휴일 연차 대체 등을 골자로 하는 취업규칙 변경 시도에 반발해 노동조합 결성(민주노총 전국금속노동조합 서울지부 남부지역지회 성진씨에스분회)
- 2018년 3월   직원 전원 정리해고 통보
- 2018년 3월   노동위원회 중재 하에 해고 철회, 매각 시 고용 승계 약속
- 2018년 4월   성진씨에스 폐업
- 2018년 5월   성진씨에스분회 복직투쟁 시작
- 2019년 7월   재취업 교육 등을 조건으로 사측(코오롱)과 합의

성진씨에스(이하 '성진') 사람들을 처음 만난 것은 2019년 4월, 봄날 거리에서였다. 회사가 폐업된 지 1년. 길에서 사계절을 모두 맞았다고 했다. 당시 20여 명이 남아 싸우고 있었다. 폐업이 있기 전, 직원 수는 80명이 넘었다. 실업급여(구직급여)는 끝난 지 오래였고 그해 7월이면 투쟁 중인 해고자에게 주는 금속노조의 지원금3도 끝이 난다고 했다. 걱정이라 했다. 이들은 실업급여가 끊긴 개월 수를 손가락으로 세며 언제까지 버틸 수 있을지를 계산했다.

그래도 장기근속자가 많아 실업급여를 꽤 오래 받은 편이었다.4 자신을 두고 신입이라 한 사람이 6년차였다. 20년쯤 되어야 "이 언니 오래 다녔다"는 소리를 들을 수 있었다. 성진은 자동차 가죽시트 제작 업체로, 일이 까다롭고 고되다고 들었다. 무겁고 질긴 가죽을 다루는 일이다. 온몸의 무게를 이용해 가죽을 붙들고 눌러야 하기에 종일 서서 작업을 해야 했다. 게다가 조금만 봉제선이 틀어져도 불량이 나니 부담과 압박도 만만치 않다. 웬만한 사람은 3일도 버티지 못하고 나가는 곳이라 했다.

의아했다. 누구는 3일도 버티기 힘든 곳에서 누군가는 10년, 20년을 일하다니. 이런 일이 가능하냐고 물었다. "여기가 마지막 직장이라 생각하고 다니는 사람이 태반이에요." 직원 중 예순이 넘은 사람도 많았다. 나이 든 여성이 노동시장에서 어떤 대우를 받는지는 이들이 더 잘 알았다.

"저희 나이에는 새로운 일에 대한 두려움과 새 사람과 사귀어야 하는 두려움 때문에 웬만하면 옮기지 않고 다니는 거죠. 소소하게 빼앗기는 것이 있어도 다른 데서 새로 적응하는 것보다는 낫지요." _진미순, 성진씨에스분회

---

2   도급 업체가 사업장 내에 자리한 형태. 자세한 내용은 「알아 두면 좋은 용어 설명」을 참조.

3   전국금속노동조합 장기투쟁사업장 생계비 지원금을 의미한다.

4   실업급여 수급 기간은 근속연수와 연령 등에 의해 결정된다. 보통 3개월에서 9개월 사이이다.

단지 새로운 환경만 걱정하는 것은 아니었다. 새로운 곳에서 무엇을 얼마나 더 빼앗길지 예상할 수 없었다. 그래서 익숙한 자리에서 소소하게 빼앗겨 왔다. 빼앗기다가 멈춰 돌아보니 많은 것이 사라져 있었다. 시작은 상여금 삭감이었다. 성진이 문을 열었을 때만 해도 550%였던 상여금은 매해 삭감을 거듭하더니 아예 사라져 버렸다. 자녀 학자금 지원은 진작에 폐지됐고, 명절 상여금은 어느 날부터 사장이 기분 좋으면 주는 것이 되어 버렸다. 수당이라고는 5만 원짜리 기술수당밖에 남지 않았다.

사라진 복지와 임금에 대해 말이 나올라 하면 사장은 월급 제때 주는 것이 어디냐고 큰소리를 냈다. 조회 때면 "내가 당신들 일할 곳 없을까 봐 회사를 운영하는 거다"라는 훈시를 했다. 각종 수당은 월급의 일부가 아니라 사장의 너그러운 아량이 되었다.

어느 날부터는 화장실 청소가 직원들에게 맡겨졌다. 청소 용역업체로 가는 30만 원을 아끼기 위해서였다. 구내 식당은 아예 문을 닫았다. 대신 직원들에게 식대 8만 원이 주어졌다. 한 끼 3천 원쯤 되는 돈이었다.

2018년 초, 그 점심값마저 빼앗길 위기에 처했다. 사장이 직원들을 하나둘 따로 불렀다. 취업규칙을 변경한다고 했다. 점심값은 자비로 하고, 공휴일은 연차를 써서 대체하고, 생산량은 지금보다 늘린다는 내용이었다. 직원들은 당연히 반발했다. 점심마저 내 돈 내고 먹으며 일하진 못하겠다고 했다. 야금야금 빼앗겼지만 몰라서 내어 준 것은 아니었다. 나이 든 여자가 마땅히 일할 곳 없는 현실이 이들의 입을 다물게 했던 것이다.

이들의 자부심인 기술조차 현실에선 '스펙'이 되지 못했다. 일이 까다롭다는 토로는 달리 말하면 정밀한 기술과 숙련을 요한다는 소리였고, 이들의 하소연은 '기술부심'이기도 했다. "우리는 자부심이 있었어요. 아무 데서나 못 하는 거다." 이 기술로, 이 돈 받고, 이렇게까지 열심히 일해 줄 공장과 사람이 없다는 의미였다.

그러나 신자유주의는 '그런' 노동력을 창조했다. 파견, 하청, 소사장[5]이라 이름 붙은 노동이 등장했다. 기업과 정부가 '유연화된' 노동이라 부르는 것들이다. 때로 경쟁력 제고라 불렸다.

소나타, 그랜저 등 현대·기아자동차에 납품하는 가죽시트를 제조하는 성진도 계산해 보면 4차 하청업체쯤 된다. 성진의 원청은 코오롱글로텍이다. 성진의 모든 제품은 코오롱 그룹의 계열사인 코오롱글로텍(이하 '코오롱')으로 간다. 그런데 성진에서 하는 일들은 한때 코오롱 그룹 내에서 자체 생산라인을 두고 진행하던 것이었다. 물론 IMF 외환위기 이전의 이야기다.

때는 위기를 빌미로 노동시장이 뒤틀리던 시기였다.[6] 신자유주의적으로 노동시장의 체질을 전환하려는 정부와 기업의 욕구는 구조조정으로 발현됐다. 많은 일터에서 대대적인 구조조정이 추진되었고, 이에 따라 계열사 통폐합이 이뤄졌다.[7]

계열사 변동은 그곳에서 일하는 평사원뿐 아니라, 기업 임원진의 자리도 위협했다. 코오롱은 IMF 몇 해 전 '젊은 임원'이라는 타이틀을 걸고 임원진을 대거 영입했는데, 경영난이 닥치자 이들을 곧바로 해임했다. 진취보다는 '효율'을 내세울 타이밍이었다. 당시 코오롱 계열사 이사보였던 장희성(성진 사장)도 임원 자리에서 밀려났다. 하지만 이것은 평사원들에게 행해진 막무가내식 정리해고와 비교할 만한 것은 아니었다.

보통의 경우, 임원에게는 평사원들의 희망퇴직 위로금과는 비교도 되지 않는 보상이 따랐기 때문이다. '바지사장'이라 비하되긴 해도, 임원들은 퇴사와 함께 도급업체의 사장이 되었다.[8] 이사보에서 물러난 후 장희성도 자

5　소사장제. 같은 사업장 내에서 근무하던 직원이 생산 라인이나 공정 일부를 사장으로부터 떼어 받아 소사장으로서의 책임을 맡는 방식을 말한다.

6　"IMF가 경제위기를 심화시키고 미국이 한국의 위기를 시장 개방에 이용했다면, 한국의 신자유주의 관료 집단은 IMF 위기를 자신들의 개혁안을 관철시키는 데 사용했다." (지주형, 『한국 신자유주의의 기원과 형성』, 책세상, 2011, 12쪽)

7　외환위기가 닥치자 코오롱 그룹은 26개 계열사를 15개로 줄이는 등 구조조정을 단행했다. 한국화낙, 코오롱메트생명보험, 코오롱전자를 매각했고, 광고회사 한인기획을 그룹에서 분리했으며, A&C코오롱, 코오롱씨드50, 코오롱호텔 등 3개사를 코오롱스포렉스에 합병했다. 그렇게 매각과 합병을 통한 취사 선택이 이루어졌다.

동차 시트 생산라인 하나를 맡아 독립한다. 독립된 회사라고 하지만 코오롱의 하도급 격이었다. 그것이 지금의 성진이다.

1999년 이전 코오롱 시절부터 근무했던 이들은 생산라인이 고스란히 밖으로 옮겨지는 것을 보았다. 지난 20년간 제조업계 내에서 생산라인은 늘 바깥으로 나갈 채비를 했다. 코오롱 역시 중국에 시트 공장을 세웠다. 이로 인해 코오롱 협력업체였던 시흥 공장 직원들이 성진으로 옮겨 오기도 했다.

> "시흥 공장 없어질 때가 2005년이었거든요. 그때 당시만 해도 우리한테 말하기를, 우리 한 사람 임금으로 중국인 열 사람을 쓸 수 있다고 했어요." _진미순, 성진씨에스분회

성진 노동자들은 일하는 사람에게 야박한 현실을 오래전부터 알았다. 20년 경력과 기술을 지우고 나면 이들은 그저 '나이 든 여자'였다. 마지막(이고 싶은) 직장에 바란 것이 점심값 정도였던 이유이다. 이런 현실을 사장도 알았다. 알기에 점심값마저 내놓으라 했다.

> "회사에서 발생하는 모든 추가 비용을 우리 생산량으로 메우는 거잖아요. 그런 건수가 생길 때마다 목표 생산량을 높인다는 걸 우리도 알아요." _진미순, 성진씨에스분회

목표 생산량도 야금야금 증가했다. 같은 시간 동안 만들어야 하는 가죽시트 수가 자꾸 늘었다.[9]

---

[8] 다른 예로, 20세 청년 노동자의 목숨을 앗아가는 사고가 있었던 서울 지하철 구의역의 스크린도어 정비 외주업체(은성PSD)의 사례를 들 수 있다. 은성PSD에는 서울메트로 전직 임직원들이 다수 취업하고 있었다. 그 수는 무려 전체 직원의 70%에 이르렀다.

회사가 사라졌다

"일이 손에 익으면 또 한 대[차 한 대에 들어가는 가죽시트] 갖다 대고. 그게 손에 익을 만하면 한 대 더 갖다 대고. 그렇게 두 달에 한 대씩 올라갔다니까요. 그러니 몸이 다 상하지." _정영희, 성진씨에스분회 분회장

돈도, 사람도 줄어드는데 일만 늘어났다. 도무지 일하는 사람에 대한 존중이 없었다.

"조회 때마다, 불량을 없애자! 자부심을 가지자! 그러는 거죠. 그 자부심이 어디에서 나오는 거예요? 대접을 받아야 나오지." _정영희, 성진씨에스분회 분회장

성진 노동자들은 받아 본 적 없는 대접을 스스로에게 해주기로 했다. 이들이 점심값을 빼앗기는 대신 선택한 것은 노동조합이었다. 노동조합을 만드니 실제 대접이 달라지긴 했다. 생전 고개 한 번 까닥인 적 없던 관리자에게 인사도 받아 봤다.

"허구헌 날 야단만 치던 양반이 딱 일어나서 저한테 90도 각도로 인사를 하는 거예요. 잘 부탁드린다고요. 깜짝 놀라서 왜 그러냐고 하니까, [노동조합] 가입 원서를 봤다 하더라고요." _정영희, 성진씨에스분회 분회장

물론 협박도 했다. 사장은 취업규칙 변경을 없던 일로 할 테니 노동

---

9   성진 생산직원 한 명이 한 시간 안에 만들 수 있는 가죽시트 생산량은 8년 사이 0.91대(2011년)에서 1.82대(2018년)로 늘었다. 봉제 기계의 발전 등을 고려한다고 해도, 한 사람이 동일한 시간 동안 만들어 내야 하는 생산량이 두 배 가까이 증가한 것이다.

조합 가입을 취소하라 했다. 명백히 부당노동행위였다.[10] 노사 간 단체교섭 자리가 만들어졌지만 사장은 아프다며 점차 모습을 드러내지 않았다. 그러는 사이 공장에 원청 코오롱 사람들이 나타났다. 생산라인에 와서 사람들이 일하는 모습을 촬영해 갔다.

> "그때는 그게 기술 탈취인 줄도 몰랐어요. 주요 작업을 동영상으로 찍어 갔거든요. 그러고 나더니 이제 납품 물량이 없다고 하더라고요." _정영희, 성진씨에스분회 분회장

20년간 단 한 차례도 코오롱에서 주문이 끊긴 적이 없었다. 그런데 노동조합이 만들어지고 두 달이 되지 않아 납품 물량이 없다고 했다. 2018년 3월 성진 노동자들은 물량 부족을 이유로 해고 통보를 당한다. 노동위원회의 중재로 다행히 해고 통보는 철회되지만, 5월에 회사가 폐업을 했다. "우리 것은 천안 어디에서 생산하고 있으니까." 십여 년 일해 온 노동자가 '우리 것'이라 한 가죽시트는 다른 하청업체 손에 들어갔다.

원청 코오롱은 물량을 다른 곳으로 옮기면 그만이었다. 임원직에서 물러나며 생산라인을 받아 온 사장은 20년간 상여금이든 점심값이든 직원들을 쥐어짠 돈으로 노후를 준비하다가, 노동조합이 생겨 머리가 아파지자 회사 문을 닫았다. 그가 평소 입버릇처럼 하던 "힘들어지면 언제든 회사를 접을 것"이라는 말을 지켰다. 노동조합에 가입하지 않았던 20년지기 동료들은 "너희가 노조 해서 내가 직장을 잃었다"고 날을 세웠다. 비난은 문을 닫은 사장이 아니라 노동조합에 가입한 이들에게 돌아갔다.

사라진 회사와 싸우겠다고 소수의 노동자들이 남았다. 스무 명 남짓이었다. 그날부터 성진 노동자들은 디자인이 아름답기로 이름난(그러므로 비

---

10   노동조합 가입을 방해하거나 탈퇴를 종용하는 사용자의 불법 행위. 자세한 내용은 「알아 두면 좋은 용어 설명」을 참조.

싼 건물인) 코오롱 본사로 갔다. 아무도 책임지지 않기에 본인들이 나서 책임 주체를 지목했다. 성진이 문을 닫은 일을 두고, 이들은 '기획폐업'이라 불렀다. 기술 촬영, 거래 중단 등 원청 코오롱이 폐업 과정에 개입했다는 주장이다. 열리지 않는 문 앞에서 꿋꿋하게 코오롱의 책임을 물었다. 그 세월이 1년이다.

신영프레시젼: 휴대폰 부품을 만드는 사람들

●	1993년 5월	신영정밀 설립(독산동)
●	1999년 5월	휴대폰 케이스 제작(금형, 사출) 부문에 뛰어든 후 신영프레시젼으로 법인 변경
●	1999년	LG전자 1차 협력업체(벤더)로 등록
●	2007년 3월	(주)신영종합개발 설립
●	2017년 5월	'경영정상화를 위한 비상대책위원회' 출범
●	2017년 8월	'조속한 경영정상화와 효율적 인력 운영' 명목으로 명예퇴직 시행 공고
●	2017년 12월	노동조합 결성 (전국금속노동조합 서울지부 남부지역지회 신영프레시젼분회)
●	2018년 7월	직원 160여 명 중 73명 정리해고 (이 중 54명이 조합원)
●	2018년 11월	정리해고자 서울지방노동위원회 심판(부당해고 인정)
●	2018년 12월	신영프레시젼 청산 절차 예고. 직원 40여 명 신영프레시젼 본사 건물 점거
●	2019년 1월	구제 신청을 한 해고자 전원 복직(44명). 복직 당일 청산으로 인한 명예퇴직 시행 공고. 복직 열흘 만에 청산에 따른 해고 통보
●	2019년 9월	신영프레시젼과 사회적기업 설립 기금 지원을 내용으로 합의, 농성 해산
●	2019년 12월	신영프레시젼 청산 절차 철회

"제조업에는 꽁밥이 없다." 신영프레시젼(이하 '신영') 노동자들이 한 말이다. 땀 흘려 일을 해야만 작은 것 하나라도 손에 쥘 수 있었다. 천만 원 넘는 돈을 달마다 기업 고문료로 받고, 횡령을 해 감옥에 가더라도 억대 월급이 꾸준히 입금되는 일이 이들에겐 없었다. 분과 초를 맞춰 돌아가는 기계 앞에서는 '월급 루팡'도 불가능한 일이다. 성실히 일했다는 소리이다.

    성실함의 이면에는 정규직 사원이라는 든든함과 가족을 건사한다는 자부심이 있었다. 신영 노동자들은 옛날 일을 회상하길 좋아했다. "우리가 한창 잘 벌 때는 상여금이 1,000%도 나온 적 있고 그랬는데." 휴대폰 부품업체인 신영은 국내 전자산업의 호황을 함께 누렸다. 매출은 매해 급증했다. 그에 비해 1,000% 성과상여금이 주어진 것은 한두 해뿐이었지만, 그 기억은 오래 남았다.

    40평 임대 공간에서 시작한 회사가 20여 년 사이에 건물 다섯 동을 가진 사업체가 되기까지 수천만 대의 휴대폰이 조립됐다. 그것을 만든 사람들이 있었다. 이들이 꽁밥 없는 노동으로 자식들을 키우고 "이제 나를 위해서 벌어야지" 하던 때 회사가 문을 닫았다. 문 닫는 과정에서 십수 년 일해 온 사람은 고려 대상이 아니었다. 오히려 회사가 어렵다는데 양보할 줄도 모르는 파렴치한으로 매도됐다. 당신들 때문에 문을 닫는다는 식이었다. 여기서 양보란 제 발로 사직서를 쓰고 나가는 일을 말했다. 희망퇴직 공고가 세 차례 붙었다. 사람들이 제 발로 나가지 않자 신영은 73명을 정리해고했다.

    이들이 노동위원회[11]로부터 부당해고 판정을 받고 7개월 만에 복직하자, 회사는 청산(폐업) 통보를 한다.

> "회사가 다섯 여섯 개 건물이 생길 때까지 정말 책상 하나부터 의자 하나까지 옮기고, 사업장 생길 때마다 바닥 닦고 그랬던 사람들이었

---

[11] 노동위원회 구제 절차에 대한 자세한 설명은 「알아 두면 더 좋을 용어 설명」을 참조.

어요. 그런데 끝낼 때는 일거리 없다고. 명절에 일감 많을 때는 좀 해 주세요, 당신들 때문에 회사가 있습니다, 그랬던 사람들이. 안 좋아지니까 이게 역으로 온 거야. [우리 보고] 제일 먼저 짤라야 돼, 제일 먼저 없어져야 돼 [그런 거지]." _이순영, 신영프레시전분회

2010년대 들어 전자산업에 서서히 불황이 찾아왔다. 2017년 신영은 매출이 반 토막 났다고 했다. 그러나 신영은 지난 10년간 누적매출액이 1조 7천억 원, 당기순이익만 690억 원으로 가산디지털산업단지에서 알짜배기로 소문난 회사였다. 그런 회사가 하루아침에 문을 닫는데 아무도 의문을 품지 않았다.

회사는 경영난을 증명하기 위해 하락한 매출액을 보여 주고, 사전에 직원들을 대상으로 구조조정과 희망퇴직을 공표하면 그만이었다. 청산 절차는 간단했다. 이사진(임원)들끼리 청산 동의를 하고, 채권 등 채무를 계산하면 끝이다.[12] 이 중 직원들의 의사를 묻는 절차는 없었다. 이들의 사라질 일자리를 염려하고 사전에 대비하는 절차도 없었다. 그나마 밀린 임금이라도 있어야 국가가 한 번쯤 돌아봐 줬다.[13]

회사는 한창 잘나갈 때 "회사가 있어야 직원도 있는 것"이라 했다. 붙잡아 두고 일을 시켰다. 이들이 기억하는 상대적으로 높은 임금이란, 장시간 노동에 따른 잔업수당에 의한 것이었다. 그런데 회사가 사라졌다. 자신들에게 의견 한 번 묻지 않았고, 일가 친척들로 구성된 이사회에서 망치 땅땅 두드리고 끝이었다. 그래서 일하는 사람들은 질문을 하기 시작했다. 회사가 있어야 존재한다는 우리는 이제 어디로 가야 하나?

아무도 이들의 물음에 답해 주지 않았다. 그래서 스스로 답을 찾아다

---

[12] 청산이란 회사, 조합 따위의 법인이 파산이나 해산에 의하여 활동을 정지하고 재산 관계를 정리하는 일을 말한다. 자세한 청산 절차는 「알아 두면 좋은 용어 설명」을 참조.
[13] 그 또한 체당금 제도로 해결한다. 체당금 제도란 회사 도산이나 폐업으로 인하여 체불된 임금의 일부(퇴직금 포함 최대 2천1백만 원)를 국가(근로복지공단)가 대신 지급하는 제도를 말한다.

녔다. 신영 본사 건물에 농성 짐을 풀고 회장님을 찾았다. 회장을 찾는 일은 어렵지 않았다. 유명 스타들이 산다는 고급 아파트가 회장의 자택이었다. 해마다 회장이 몇백만 원씩 후원한다는 향우회 모임, 장로로 있는 교회, 그리고 골프장으로 찾아갔다.

  휴대폰 부품으로 한창 돈을 벌 때, 회장 일가는 신영종합개발이라는 주식회사를 세워 레저사업에 손을 댔다. 그때 춘천에 골프장을 세웠다. 해고된 노동자들은 도시에서 멀리 떨어져 산 좋고 물 좋은 곳에 지어진 골프장에 달달거리는 12인승 승합차를 타고 찾아갔다. 골프장 앞에서 이들은 말했다.

> "골프장에 심은 풀 한 포기, 놓인 돌 하나, 우리 땀이 들어가지 않은 것이 없습니다." _이희태, 신영프레시전분회 분회장

  이들의 땀은 골프장으로 들어가는 입장권이 되지는 못했다. 입구에서 막아서는 골프장 경비 직원들을 밀고 들어가, 검은 세단들이 쌩하고 올라가는 땡볕 길을 20여 분 걸어가야 본관 건물이 나왔다. 올라가는 길에 풀도 보고, 들꽃도 찾고, 때로 흙바닥에 박힌 골프공을 발견하면 주워 들고 구경을 하며 갔다. 옆에서 골프공 따위가 뭐 그리 신기하냐고 하면, 머쓱한 듯 웃었다. "신기하잖아. 우리가 언제 골프공 구경을 해보겠어."

  먹고사는 일에 관심을 두느라 취미라는 게 따로 없었다. 더구나 골프같이 시간 들고 돈 드는 취미는 돌아보지도 않았다. 세상은 그런 이들의 삶을 소박함, 성실함이라 불렀다. 필요할 때는 한껏 추앙해 줬다. 일하는 사람의 성실함으로 만들어진 돈은 신영종합개발(이하 개발사) 자금으로 흘러갔다.

  가치가 0원에 가까운 개발사 주식을 신영 이사회는 1주당 43만 원을 주고 94,500주를 매입했다. 신영이 문을 닫을 때까지 개발사로 흘러간 돈은 총 477억 원. 제조업에는 꿀밥이 없다더니 아니었다. 일하는 노동자에게만 없을 뿐이었다. 자본을 주물럭거리는 사람들은 꿀밥 잔치를 했다.

  그러는 사이 기계는 오히려 느려졌다. 기계설비에 투자해야 할 돈이

회사가 사라졌다

골프장으로 가서 산을 깎는 데 쓰였기 때문이다.

> "골프장 짓고 나서는 기계에 투자를 안 하니까, 기계가 노후돼서 가스가 차니까 불량이 많이 나요. 그러니 LG 협력업체 등수도 떨어지더라고요." _신수미, 신영프레시젼분회

신영의 청산(폐업) 시도는 불황 때문만은 아닐지도 모르겠다. 제조업체에서 일하는 사람들은 농담처럼 이런 말을 했다. 사장님이 자꾸 땅을 사들일 때 고용 불안을 느낀다고. 설비에 써야 할 돈이 부동산 매입에 가기 때문이다. 부동산 매각이나 투기성 사업에서 나오는 수익을 제조업에서 버는 돈과 비교하기 시작하면, 얼마 못 가 공장 문을 닫게 되어 있다.

신영 회장은 거위가 황금알을 낳는 속도가 더뎌지자 거위를 버렸다. 공장 건물과 기계는 적당한 가격에 처분하려 했다. 배를 가르고 뱃속 장기까지 팔아 버리고는 청산하려 한 것이다. 골프장을 지은 자리에 이제는 레저사업 확장까지 꿈꾼다. 이것이 사업의 다각화인가. 대세 사업으로의 전환이라 불러야 하나. 아니면 '어쩔 수 없는 일'인가.

좋았을 적을 떠올리던 신영 노동자들은 회사에서 주던 명절선물 이야기를 곧잘 했다. 금색 보자기가 무색하게 내용물은 과일 상자였다. 그래도 좋았다. 개발사 관리자들에게 윽박을 들으며 찾아간 골프장에서 이들은 상자 한 무더기를 보았다. 금색 보자기로 싸여 있었다. "이거 우리가 받던 거랑 같은 거야." 그리고 잠시 말을 멈췄다.

이제 우리란 없다는 것을, 아니 애초 그 우리라는 것은 없었음을 폐업과 함께 알게 됐다. 우리라면 회사가 사라지는 일에 말 한마디 못할 리 없다. 말 못하는 것은 고사하고 '정상화'[14] 과정의 장애물처럼 취급받을 리 없었다.

14　2017년 8월, 회사는 '경영정상화를 위한 비상 대책'이라며 정직원 인원 감축(희망퇴직)을 내걸었다.

신영 노동자들이 고용노동부, 대통령 직속 일자리위원회, 지자체와 국회를 아무리 찾아다녀도 이들에게 회사의 존폐에 목소리를 낼 권리가 있다고 인정해 주는 이가 없었다. 그렇게 한때 300명 규모였던 기업이 그 어떤 제재도 받지 않고 문을 닫았다. 그리하여 40여 명 노동자가 한때의 '우리' 회사를 1년간 '불법 점거'[15]하고 농성장을 차렸다. 무방비로 회사를 잃은 이들이 이 사회에서 목소리를 낼 수 있는 거의 유일한 방법이었다.

레이테크코리아: 문구용 스티커를 만드는 사람들

●	2000년 1월	레이테크코리아 설립
●	2013년 6월	계약직 등 고용 형태 변경에 저항하여 노동조합 설립(전국금속노동조합 서울지부 동부지역지회 레이테크코리아분회)
●	2013년 7월	임태수 사장(전임 사장의 아들) 선임
●	2013년 9월	안성으로 공장 이전
●	2014년 3월	사측에서 설치한 탈의실 CCTV 발각
●	2014년 11월	포장부 서울로 이전
●	2018년 3월	포장부 외주화. 영업부로 포장부 직원 전환 배치
●	2019년 4월	포장부 직원 전원 해고
●	2019년 10월	중앙노동위원회 판정으로 인해 포장부 직원 전원 복직
●	2020년 2월	포장부 직원 전원 퇴사

---

[15] 신영은 회사 건물을 점거한 직원들에게 '불법점거 퇴거 및 손해배상액 통보'를 하였다. 통보문에 따르면, 손해배상액은 당시 17억 4081만 원(1인당 약 3868만 원)이었다.

국가는 기업의 성장을 촉진한다며 많은 포상을 한다. 신영이 국가로부터 받은 포상만 나열해도 무수하다. 대통령표창장, 1천만 불 수출의 탑, 대한민국 경영인 대상, 한국을 빛낸 자랑스런 기업인 상, 남녀고용평등우수기업 상….[16] 신영에 비한다면 5배쯤 규모가 작은 중소기업 레이테크코리아도 이런 영광을 누린 적이 있다. 2013년, 문구용 스티커 제작업체인 레이테크코리아(이하 '레이테크')는 고용창출 우수기업으로 선정되어 청와대 영빈관에 초대받았다. 선정된 기업에는 근로감독[17] 3년간 면제, 융자 한도 우대, 지방세 세무조사 유예 및 감면 등 혜택이 부여됐다.

정부는 다방면으로 지원하고 중소기업은 육성되었던 그 아름다운 해에 레이테크의 여성노동자들은 아름답지 못한(!) 것을 만들었다. 노동조합을 결성한 것이다. 이들이 노동조합을 결성한 것은 회사가 포장부 직원들에게 계약직(단시간 근무)으로 고용 형태를 변경할 것을 일방적으로 요구했기 때문이다.

> "우리가 최저임금이지만 그래도 기한 정함 없음[정규직]으로 일했는데, 갑자기 근로계약서를 다시 쓰라고 하는 거예요. 노동 상식이 아무리 없어도 근로계약서는 입사할 때 한 번만 작성하는 걸로 아는데 왜 쓰라고 할까. 봤더니 계약직이라고. 그것도 조그맣게 연필로 계약직이라고 써 놓은 것을 봤어요. 이건 뭐지? 우리 계약직이에요? 물었어요." _이필자 레이테크코리아분회 분회장

고용 창출로 수상까지 한 회사가 정규직 직원에게 계약직 전환을 권

---

[16] 신영프레시젼분회는 2018년 여성노동자들에게만 기본급 인상을 거부하던 회사를 남녀고용평등법 위반으로 신고한다. 아이러니하게도 신영은 2012년에 '남녀고용평등우수기업상'을, 2014년에 대한민국 여성경영대상에서 여성가족부 장관상을 받았다.

[17] 고용노동부 등 행정기관이 「근로기준법」에서 정한 노동 조건의 기준에 따라 감독과 지도를 하는 행위.

한다? 이유야 추측해 볼 수 있다. 물량이 급증할 때 인력을 늘렸는데, 시간이 지나고 보니 사람들에게 나가는 비용이 아까웠을지도 모른다. 그런데 이미 고용 창출을 명목으로 정부로부터 각종 지원을 받았으니 해고는 할 수 없다. 묘안을 냈다. 계약직으로 전환을 요구하면 받아들이거나 회사를 떠나거나 둘 중 하나일 거라 생각했다. 그러나 예상치 않은 결과가 돌아왔다. 포장부 직원들이 노동조합을 만들어 온 것이다.

'혹' 떼려다가 '봉변'당한 아버지 사장이 일선에서 물러났다. 아들이 사장이 됐다. 아들 사장은 서울 약수동에 있던 회사를 안성으로 옮기겠다고 발표한다. 이전하면 비용이 절감되고 정부 혜택을 받을 수 있다고 했다.[18] 그 결과로 집 가까운 직장을 찾던 이들(대부분 여성)이 직장을 잃었다. 자녀 양육이 어머니의 몫이라 여겨지는 사회에서 집으로부터 두어 시간 떨어진 직장을 다닐 수 있는 기혼 여성은 드물다. 이런 경우 대부분 알아서 회사를 그만두게 마련이었다. 포장부 직원은 모두 여성이었다. 안성 이전 계획은 노동조합이 생긴 지 2개월 만에 발표됐다. 과연 우연일까.

구직구인 포털 사이트에서 레이테크 기업 정보를 본 적 있다. 기업 소개를 이렇게 해놓았다. "우리 회사는 당당하다. 급여를 한 번도 미룬 적이 없기 때문이다." 레이테크 노동자들이 한 말이 떠올랐다. "임금은 최저임금이었고, 상여금은 하나도 없었고, 연차도 없었어요. 공휴일이고 명절이고 뭐고 다 연차로 대체했어요." 그런데도 급여는 밀린 적이 없기에 당당하다.

노동조합이 생기면 회사는 더는 당당할 수가 없다. 법대로 해야 하기 때문이다. 법은 연차를 그런 식으로 대체해서는 안 된다고 하고 있다.[19] 이런 내용을 아는 직원이 몇이나 될까. 하지만 노동조합을 하면 알게 된다. 조합원들은 "노조 하고 나서 똑똑해진 것 같다"고 했다. 회사 입장에서는 뭘 좀 아는

---

18 「조세특례제한법」은 수도권과밀억제권역 밖으로 공장을 이전하는 중소기업에 한해 세금 혜택을 보장하고 있다. 2017년 기준으로, 「조세특례제한법」 63조 등에 따라, 법인세·취득세·재산세 등을 4년간 100% 감면하는 등 7년에 걸쳐 총 600%의 법인세 감면 혜택이 주어진다.

직원이 부담스럽다. 그간 법을 지키지 않아 '절약'한 비용들을 더는 아낄 수 없게 된다. 골치 아파진 회사는 노동조합에 적개심을 드러냈다. 노동조합이 만들어진 이후부터 멈출 줄 모르는 레이테크의 인력 감축 시도는 이러한 적의에서 나온 것일지도 모른다.

일하는 사람의 권리를 알게 된 노동자들은 안성에 순순히 따라가진 않았다. 교섭을 요청했다.

> "교섭을 하기도 전에 기계 반출을 하겠다고 해서 생산동 건물 앞에서 돗자리 펴고 밤도 새웠어요. 또 하루는 기계 빼러 온다고 해서 건물 앞에서 우리가 어깨 걸고 서 있기도 했고요. 그날 비가 억수로 왔거든요. 다 우비 입고. 동네 사람들 나오고 경찰들 오고 골목이 난리가 났어요." _이필자, 레이테크코리아분회 분회장

교섭은 성사됐다. 안성 공장으로 가되, 벽지수당[20] 5만 원과 통근버스를 약속받았다. 퇴직자에게는 위로금 100만 원이 지급됐다. 레이테크는 '알아서 나가라'는 메시지를 계속해서 보냈으나, 여성노동자들은 다른 답을 가져왔다. 개인 사정이 아닌 회사 사정으로 인한 실직이니 회사가 책임을 져야 한다는 것이다. 회사 경영을 위해 공장을 이전하기로 결정한다면 그에 따른 책임도 경영주가 져야 하는 것이 아닌가. 상식인 것은 맞지만 입 밖에 내기 어려운 이야기다. 발언력 없는 노동자들은 조용히 나갈 수밖에 없다. 레이테크 포장부 여성들이 거부한 것은 그 '조용함'이었다.

안성 공장으로 출근한 이후, 통근버스, 휴게시설, 식당, 화장실, 작업

---

[19] 공휴일을 연차로 대체하려면 노동조합과 합의해야 한다. 노조가 없다면 근로자대표와 서면으로 합의해야 한다.

[20] 교통이 불편하고 문화 및 교육 시설이 불편한 지역에 근무하는 노동자들의 근무 의욕을 고취하고 사기를 충전하기 위해 매월 일정액 지급하는 수당을 말한다.

시간 등 무엇이든 사사건건 회사와 부딪혔다. "매일이 시위였죠." 그리고 언론에 회자되기도 한 '탈의실 CCTV 설치 사건'이 벌어진다. 조합원들이 사용하는 탈의실에서 회사가 설치한 카메라가 발견된 것이었다. 그간 사장은 노동조합과 갈등이 있을 때마다 카메라를 들이댔다. 그 사진과 영상들을 모아 고소 고발에 활용했다. 탈의실 카메라는 그 연속선상에 있었다. 상식 밖 일은 잠시 언론을 타기도 했다.[21]

그러나 '변태 같은', '황당한'이라는 제목을 달고 나온 많은 기사들은 제조업체 중년 여성들의 노동 조건이나 노사 관계에 주목하지 않았다. 관심은 이내 사그라들었다. "우리가 정말 안 찾아간 데 없이 많이 갔는데" 소용없었다. 어떤 처벌도, 해결도 없었다. 이들이 '꽃다운' 나이를 지나 버린 중년 여성이라는 점이 세상의 관심을 이토록 빠르게 사라지게 했을까. 아니면 (생산직) 노동자의 존엄 같은 것은 신경 쓰지 않는 사회여서 그랬을까.

이 사건을 계기로 궁지에 몰린 회사는 2014년 말, 포장부서를 서울로 이전시킨다. 그러나 전쟁터만 바뀌었을 뿐 일상의 자잘한 전투는 여전했다. 휴게실은커녕 점심 먹을 곳도 없는 공간, 작은 창 하나 두고 환기조차 되지 않는 작업실, 조합원에게만 적용되는 정년퇴직[22]까지. 이때까지만 해도 그래도 일할 수 있어 다행이라 여겼다. 하지만 그 시절은 얼마 못 갔다.

2017년 레이테크는 포장부서를 외주화한다. 당시 포장부 직원 수가 20여 명이었는데, 10년을 포장 일만 해오던 이들을 영업부서로 발령했다.

---

21 「여성 노동자 탈의실에 CCTV 레이테크코리아, 사측 횡포 심각… '인권지킴이' 발족」, 『경향신문』, 박철응 기자, 2014년 7월 2일자 기사.

22 2014년 레이테크는 60세가 넘은 직원 세 명을 정년이 지났다는 이유로 해고한다. 세 명 모두 노조 조합원이었다. 하지만 60세가 넘은 비조합원들에게는 해고 통보가 가지 않았다. 조합원에 대한 차별이라며 노동조합은 반발했고, 결국 고용노동부 앞에서 72일간 농성을 하게 된다.
"우리 언니들 3명은 우리랑 같이 싸웠던 사람들인데, 비조합원들은 다 일하는데 이 언니들 3명만 직장을 잃어야 하냐, 이건 차별이다. '나는 이 언니들을 끝까지 안고 가는 게 맞다고 본다. 그 대신 임금인상은 양보하겠다.' 조합원들에게 그랬어요. 동의해 달라고, 다 모아 놓고 이야기를 했었어요. 조합원들이 그렇게 하겠다고 했죠." (이필자, 레이테크코리아분회 분회장)

그때까지 영업팀장 한 명이 자리를 지키던 부서다. 그러니까 나가라는 말이었다.

노동위원회를 찾아 부서 이동(전환 배치)이 부당하다는 판정을 받았다. 1년이 걸렸다. 판정이 나자 회사는 아예 해고를 통보해 버린다. 노동자가 법적으로 할 수 있는 것은 다시 노동위원회에 가서 부당해고를 가려 달라고 진정을 넣는 것뿐이다. 판정이 나오면 회사든 노동자든 항소를 한다. 그렇게 지방노동위원회에서 중앙노동위원회를 거쳐 지방법원, 대법원까지 가는 데 3년이 기본이라 했다. "말이 3년이지. 우리는 한 달 한 달이 싫거든요." 한 달 월급으로 살아온 노동자는 말했다. 법정 싸움을 하려면 시간과 돈이 필요하다. 그걸 가진 쪽은 노동자가 아니었다.

> "[검찰로 기소 의견 올린다고] 근로감독관은 계속 증거를 달라고만 했어요. 그런데 우리가 증거를 엄청 줬거든요. 아니 본인이 와서 직접 그런 걸 보고 듣고요. 사장이 우리한테 막말을 해도 뒷짐 지고 뒤에서 가만히 있어요. 사장님 그만하고 가셔요, 이러면 끝인 거예요. 계속 우리한테 증거만 달라 하지." _박성남, 레이테크코리아분회

조합원이 한 말이 있다. 재미있고 적절해 기억에 남았다.

> "고용노동부는 누구 편이냐고? 편할 편이야. 우리한테는 우리 편인 척 하지만, 지네 편할 편." _최옥심, 레이테크코리아분회

고용노동부와 같은 행정부서만 '편할 편'이면 다행이다. 정부와 지자체는 꽤 많은 돈을 들여 중소기업 육성정책을 펼친다.[23] 조 단위 금액이 움직이기에 중소기업 정책자금 받는 방법을 컨설팅하는 업체까지 있을 정도이다. 정부는 각종 포상제도를 이용해 지원금을 기업에 쏟아붓는다. 그런데 그후 일어나는 일에는 놀랍도록 무심하다. 제재가 없다. "정부는 지원만 할 뿐 제

조업체들의 이탈에는 그다지 관심을 두지 않는다."[24] 그러니 해고든, 폐업이든, 외주화든, 노동자 밥줄을 건드리는 일만 쉬워진다.

사라진 회사, 편리한 해고

성진씨에스, 신영프레시젼, 레이테크코리아. 이곳에서 일하고 싸우는 여자들은 서로의 아픈 구석을 잘 안다. 하는 일도, 나이대도 조금씩은 다르지만 비슷한 처지였다. 이들은 폐업·청산·외주화 등 회사가 없어지는 일을 당했다. 그리고 싸웠다.

> "처음 선전전 할 때는 1분이 한 시간 같은 거예요. 창피하고. 집에 갔으면 좋겠다는 생각이 들고. 그런데 시간이 가니까 뻔뻔해지고 오기도 생기고. 다른 데 연대 가도 내 일처럼 여겨지고 눈물 날 때가 있고. 그렇게 되어 버린 거예요. 신영, 레이테크는 이제 내 식구 같은 거예요. 레이테크 사람들이 사장 이야기할 때 우리 사장도 아닌데 막 끓어오르고. 자매 같기도 해요. 신영에 좀 좋은 소식 있으면 막 좋아하고. 레이테크 어떠냐고 물어보기도 하고요." _진미순, 성진씨에스분회

이들은 '일자리를 잃은 여성노동자'라는 이름으로 묶여 언론에 간혹 보도됐다. 하는 일도 다 달랐지만 세상이 보기에는 그저 나이 든 여성, 생산직 노동자였다.
하지만 이들의 공통점으로 좀 다른 것을 짚고 싶다. 모두 폐업이 아

---

[23] 정부는 2018년에 4조 4,150억 원을, 2019년에는 3조 6,700억원의 예산을 '중소기업 정책자금 융자사업' 목적으로 편성했다.
[24] 「제조업 고용위기의 이면, 신영프레시젼 사례」, 『매일노동뉴스』, 한지원, 2018년 11월 15일자 기사.

닌 정리해고 명목으로 해고 통보를 받은 적이 있다. 그러나 정리해고 요건에 맞지 않아 노동위원회에서 해고가 무산됐다.[25] 신영을 보면, 부당해고 판정으로 인해 직원들을 복직시킨 후 보란 듯이 폐업을 했다. 그러자 더는 해고자를 구제할 방법이 없어졌다.

법률 컨설팅 업체가 일반적으로 기업들에게 하는 조언을 살펴보면 이러하다.

> "위 상법상 절차에 따른 해산·청산은 기업경영의 자유에 속하는 것으로서 회사는 정리해고가 아닌 통상해고 방식에 의해 근로자 전원을 해고할 수 있다는 것이 판례다."[26]

폐업 시에는 정리해고처럼 해고 요건을 맞출 필요도 없다는 소리다. 통상적 해고가 된다. 한층 더 세밀한 조언도 한다.

> "직장 내 질서유지 문제 발생을 예방하는 인사조치로, 회사는 [폐업] 공표 직후 필수인력을 제외한 직원에 대해 자택 대기발령을 하는 것도 고려할 수 있다."[27]

신영 노동자들처럼 공장을 점거하고 농성을 할 수도 있으니 회사를 휴업하거나 노동자를 휴직시켜 놓은 상태에서 폐업을 하라는 조언이다. 기업은 이렇게나 조력자가 많다. 심지어 적지 않은 사람들이 규모와 동기를 살펴보지도 않은 채, 폐업 앞에서 사업주에게 동정심을 가질 준비를 한다. 치킨집

---

[25] IMF 외환위기 이후 「근로기준법」은 그간 법 개정과 판례를 통해 정리해고 요건을 완화하는 등 크게 보수화되었는데, 이들 회사는 그것마저 충족시키지 못한 것이다.

[26] 조상욱(변호사), 「폐업」, 『월간노동법률』, 2013년 2월호, 83쪽.

[27] 같은 글.

등 소규모 자영업 폐업에 익숙한 터다. 그러나 직원 50명을 둔 중소기업만 되어도 경우가 다르다.

한국은 위장폐업이 아닐 경우 폐업에 따른 해고를 통상 해고로 보고 있는 것에 반해, 프랑스 등 여러 국가에서는 폐업 그 자체만으로 경영상 해고에 정당성을 부여하지 않는다. 폐업에 따른 해고가 법적으로 정당하기 위해서는 사업 전체의 폐지, 확정적 폐업, 사용자의 고의나 과실이 없을 것 등의 요건이 충족되어야 한다.[28]

국내를 보면, 정부는 중소기업 육성 지원은 하지만 제재는 하지 않는다. 가족경영, 방만한 투기성 투자 등은 문제로 취급하지도 않는다. 회초리라도 들면 사업 안 한다고 할까 봐 전전긍긍이다. 제조업을 '못 해먹을' 풍토―그러니까 불공정 거래, 독과점, 재하청화, 하청종속화, 갑질 등―의 원인으로 지목되는 대기업 중심의 산업 구조에 대해서는 손댈 능력도, 생각도 없다. 그런 와중에 책임과 권한을 다해야 할 이들은 자기들 "편할 편"이다.

그래서 일하는 사람들은 자신들 편을 하기로 했다. 뭉쳐 폐업 싸움을 한 것이다.

> "내가 연약해서 못 이겨 먹으니까. 세상 사람들은 다 사장 편이야. 당하지 않으려면 노조를 해야지. 노조는 그래도 우리 편이잖아." _강이순, 성진씨에스분회

그 결과는 어떤가. 결론부터 말하자면 해피엔딩은 없었다. 성진은 전직 지원 프로그램(재취업 교육 컨설턴트)[29]에 참가하는 비용을 지원받는 조건으로 폐업 투쟁을 정리했다. 두 달 교육 동안 예순 넘은 노동자들은 '이력서 쓰는 법' 같은 것을 배웠다. 신영은 회장으로부터 보상금을 받으며 농성을 해

---

[28] 한국노동연구원, 『경영상 이유에 의한 해고 관련 국제적 흐름』, 고용노동부 수탁 연구, 2013 참조.

제했다. 보상금 중 일부를 사회적기업(또는 협동조합) 설립 비용으로 사용하기로 했다. 농성을 함께한 40여 명 중 절반 정도가 남아 사회적기업의 형태로 공동의 일자리를 만들려고 모색하고 있다. 그리고 노동조합과 협상을 마친 신영은 그해 12월 청산 절차를 철회했다.[30] 청산은 무효가 됐고, 신영의 법인은 살아 있다. 노동자들만 일자리를 잃었을 뿐이다. 레이테크는 복직을 해 다시 안성 공장으로 출근을 했다. 허나 결국 전원 퇴사를 하고, 지금은 체불임금 싸움을 하고 있다.

세 개 회사에서 일하는 어느 누구도 사장으로부터 미안하다거나 유감이라는 말을 듣지 못했다. 돈으로 몇 개월간의 실직을 보상받을지언정, 사과의 말은 없었다. 기업가의 책임은 보상금 몇 푼 건네는 것으로 끝난다. 그러나 보상(금)을 받는다고 해서 직장을 잃은 사람의 후회와 상처가 말끔히 사라지는 것은 아니다. 몇 개월 때로는 수년에 걸친 투쟁이 금전적 보상으로 일단락되면 허망한 마음을 둘 곳이 없다.

그런데도 이들은 "다른 사람들도 우리처럼 싸울 수 있다는 것을 알게" 글을 써 달라고 했다. 후회가 없다고는 말할 수 없지만, 이들은 인생에서 처음으로 가져 보는 '자기 시간'이라고 했다. 기계 앞에 묶이지 않은 시간이 오랜만이었다. 그 시간 동안 '세상'이라는 것을 봤다. 처음으로 자기 권리를 요구하는 경험을 해본 노동자들이 가장 많이 하는 말을 이들도 했다. "예전하고 세상이 다르게 보여."

---

[29] 경영상의 이유로 (비자발적인) 퇴직을 하는 근로자가 신속하게 재취업할 수 있도록 회사가 여러 가지 혜택을 자발적으로 제공함으로써 실직의 충격을 최소화하고 새 직장을 찾도록 도와주는 서비스.

[30] 신영이 청산 절차를 철회(또는 중단)했다는 사실을 노조 조합원들이 알게 된 것은 다음 해 봄이었다. 또록이 신영에 대한 취재를 마친 시점에서 확인된 일이라, 책에서는 청산을 기정 사실로 받아들이는 조합원들의 목소리가 담겨 있다. 또한 글의 몇몇 구절에선 청산과 청산 절차 진행을 구분하지 않고 사용하였다. 현재 신영은 청산을 철회했으나, 제조공장을 운영하고 있진 않다.

회사가 사라지는 일이란

사라진 회사와 싸우는 여자들이 들려준 이야기는 우리가 익히 들어 온 것이 아니었다. 그곳에는 공장 부도로 멱살 잡히는 사장과 '토끼 같은 자식'을 둔 가장의 이야기만이 있지 않았다. 대기업의 납품 장난질, 돈 놓고 돈 먹기 식의 금융투기, 요상한 일자리 창출 정책으로 인해 가장 먼저 내몰리는 사람들의 이야기가 숨어 있었다.

  회사 밖을 나가는 사람들 사이에 선별이 있다면, 어쩌면 그건 '어쩔 수 없는 일'이 아니지 않을까. 어쩔 수 있는 일이라면, 대안과 책임을 만들어 낼 수 있진 않나. 우리가 몰랐던 이야기는 그런 기대를 품게 했다. 그래서 조금 더 듣고자 했다.

  회사가 사라지고 이들의 인생은 어떻게 변했는지를. 이들이 바라본 세상의 풍경은 어떻게 달라졌는지를. 그리고 이들을 포함해 일하는 사람들에게 '회사가 사라지는 일'이란 무엇인지를.

성진씨에스 노동자들이 직접 그리고 작성한 글
(박수정, 「지문 닳도록 일하다 버려진 우리는 인간기계였나?」,
『일다』, 2019년 4월 17일자 기사에 게재된 이미지)

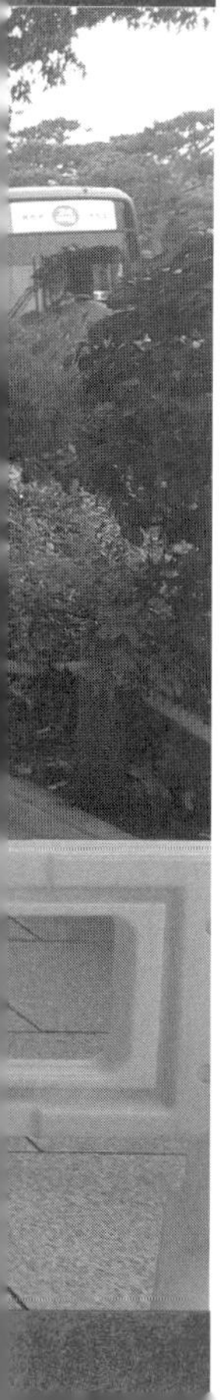

끝까지 싸워서
승리할 것입니다
꼭! 지켜봐주세요 ★

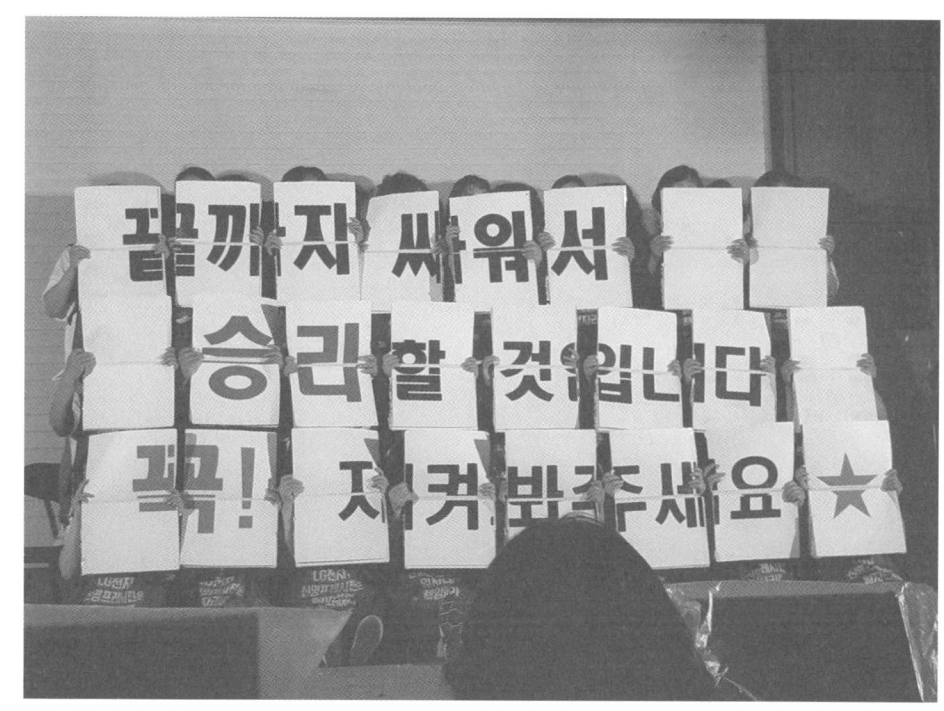

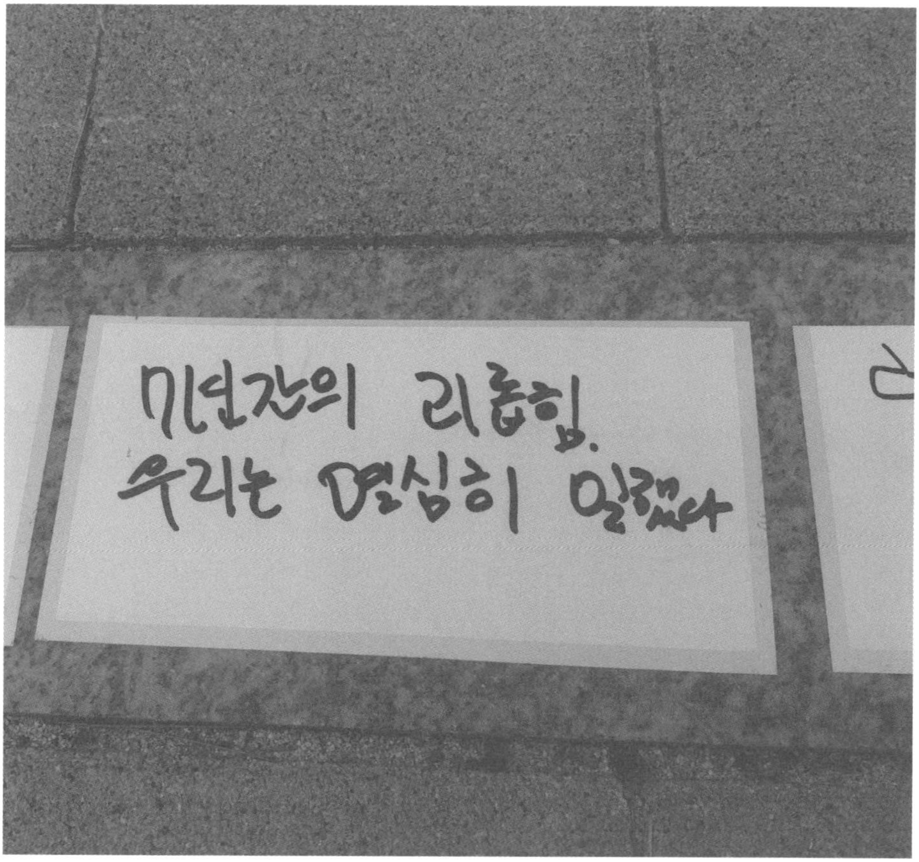
우리는 열심히 일했다

끝낼 수 없는 사람들
— 사라진 회사와
싸우는 여자들을
만나다

폐업이 지나간 자리

성진씨에스
임은옥

하은

은옥 씨는 성진 재단실에서 오래 일했다. 어느 날 갑자기 회사가 문을 닫아 버리기 전까지는. 일하는 사람에게, 폐업이란 무엇인가? 문 닫는 것이다, 한꺼번에 잘리는 것이다, 수입이 끊기는 것이다. 이런 말들이 담아내지 못하는 여분의 이야기들, 사람 안에 있는 풍경들을 만나고 싶었다. 폐업이 지나가는 자리에 서서, 그것을 온몸으로 마주하는 사람을 만났다.

  내가 은옥 씨를 만나기 시작한 건 이미 폐업을 하고 1년이 되어 갈 즈음이었다. 은옥 씨의 인상이 뇌리에 박힌 것은 어린 시절 이야기를 하는 모습을 처음 보았을 때였다.[1] 은옥 씨를 보면 '묵묵하다'라는 말이 그려졌다. 작고 쓸쓸한 나무나 돌멩이 같다고 느꼈다. 기분이 크게 드러나지 않는 표정, 천천히 느리게 내뱉는 말투, 바지런한 생활이 느껴지는 날랜 몸짓들. 처음 만났지만 왠지 익숙한 느낌이다. 왜 그런 느낌이 드는 것일까. 그런 사람들이 늘 우리 주변에 있어 왔기 때문은 아닐까. 도무지 가능할 것 같지 않게 부지런히 움직이고 일하는, 그런 생활이 쌓여 근육이며 손 마디마디까지 단단해진 몸들. 그런 사람들이 모여 세상을 떠받치고 있다.

---

[1] 2019년 4월 18일, 성진씨에스분회 조합원들이 지역지회 사무실에서 다같이 글쓰기 수업을 듣던 날이었다.

회사가 사라졌다

내가 처음 느낀 은옥 씨는 그런 모습이었다. 15년 넘게 일한 일터에서, 집에서, 노동조합에서 늘 단단하게 버텨 온 사람. 일하던 재단실 기계가 팔리고 사람이 절반 넘게 줄었을 때에도, 집에서 가장 역할을 해야 할 때에도, 회사가 폐업하고 노조에서 대의원이 되었을 때에도. 모든 상황이 닥칠 때마다 피하지 않았다. 호들갑 떨지도 않았다. 묵묵히 할 일을 했다. "그냥 나는 뒤에서 뒷받침 같은, 그 정도만 해주는데."

15년을 매일같이 집보다도 오래 지내던 공간과 시간으로부터 갑자기 단절되는 일. 내가 통제할 수 없이 닥쳐온 상황들. 이런 경험이 한 사람에게 어떤 의미를 만들어 낼까. 그저 괴롭고 억울한 고통과 피해의 시간 그 이상도 이하도 아닐까? 폐업 이전에 은옥 씨가 묵묵히 일하고 지내 온 오랜 생활의 순간순간들이 궁금해졌다.

일과 일, 그리고 또 일

은옥 씨는 1966년 충청도 시골에서 맏이로 태어났다. 아버지 쪽 집안 형편이 좋지 않았다. 부모님과 떨어져 좀 더 먹고 살 만한 외갓집에서 어린 시절을 보냈다.

> "친가 쪽이 많이 어려웠는데, 다른 고모나 형제들은 거의 공부하고, 큰아버지는 사업하신다고 일본 어디로 나가 계시는 동안에, 저희 아부지가 살림을 도맡아 하셨대요. 옛날에는 돌을… 캐다가… 저희 아부지가 그렇게 생계를 이어 나가셨다고… 하더라고요."

말하는 목소리가 작게 떨리고, 목이 잠긴다. 돌을 캐서 밥을 벌어먹었던 아버지의 삶, 그리고 그 삶을 곁에서 지켜보며 자라 온 큰딸. 은옥 씨는 그런 '큰딸'이었다. '큰딸은 살림 밑천'이라 말하던 시절이 있었다.

"크다 보니까 저도 하고 싶은 게 있었는데, 큰딸이고 집안 형편도 어렵고 하니까 못 하게 하더라고요. 그래서 저는 접었어요. 나중에 동생들은 우겨서라도 학교에 가더라고요. 나는 왜 저런 용기도 없었을까."

정말 용기가 없어서였을까. 세상에는 어쩌면 두 종류의 사람이 있는지도 모른다. 주어진 역할에 따른 책임을 지나칠 수 있는 사람과 도저히 지나치지 못하는 사람, 아니 그래도 되는 사람과 그러면 안 되는 사람. 그러한 구분이 어떻게 정해지는지는 몰라도, 그는 어느 순간 돌아보면 늘 남아서 책임을 다하는 자리에 가 있었다. 사회에 나가 직장을 다니고, 결혼을 하고, 부모가 된 지금까지, 책임을 훌쩍 지나치고 '나 하고 싶은' 대로만 한 적이 있었을까. 하고 싶은 게 뭔지 생각이라도 해볼 수 있었던가.

첫 직장은 봉제회사였다. 잠깐 다니다 관두고 방송장비를 조립하는 전자회사에서 결혼 전까지 일했다. 결혼하고 아이를 키우며 집안을 돌볼 때에도 여러 가지 부업을 했다. "면봉 차곡차곡 담는 것, 머리빗이랑 자크, 애들 제과 슈퍼에서 파는 것, 마스카라 올리는 솔이랑 가방 만드는 것, 전자제품 호일 감는 것…." 애들이 좀 크고, 다시 집 밖으로 나왔다. "야쿠르트도 잠깐 했다가 이거는 수금해서 하는 거라 제 체질은 아닌 것 같았어요. 그것도 너무 힘들더라고요."

차라리 적은 월급이라도 제대로 받고 일하는 게 낫겠다 싶어 일자리를 알아보던 중, 아는 사람을 통해 성진을 소개받았다. 현대·기아자동차에 들어가는 의자 시트를 만드는 곳이었다. 재단실 생활이 시작되었다.

기술이 왜 없어

"남자들하고 같이 일하는 데를 가라고 하더라고요. 근데 다니다 보니까 남자들이 계속 들락날락, 들락날락하는 거예요. 나가서 일주일 있

회사가 사라졌다

다가도 오고 한 달 있다가도 와요. 아 여기는 남자들이 진짜 다니기 좋은 회사구나 생각했어요."

처음 재단실에 왔을 때만 해도 남자가 대부분이었다. 기계를 다루는 일이다 보니 회사는 주로 남자를 쓰려고 했다. 월급은 여성노동자들보다 약간 많을 뿐 차이가 많이 나지 않았다. 그래서인지 남자들이 쉽게 그만두고 쉽게 다시 들어오곤 했다. 남자들이 '힘들고 월급 적은' 일을 지나쳐서 더 나은 일을 찾는 동안, 남은 일은 여자들 몫으로 돌아왔다. 이렇게 남겨진 일거리가 은옥 씨에게는 기회가 되었다. 남자 직원만 다루던 기계를 배웠다.

"남자들은 힘들고 월급 적고 하니까 나가기도 해요. 하루 있다가도 며칠 있다 나가고. 기계는 거의 남자들이 했거든요. 회사 측에서 이제 안 되겠는 거지. '아줌마를 하나 가르쳐야겠다' 해서 내가 처음 배운 거지. 기계를."

시트 원단(가죽)을 기계로 재단하는 일을 했다. 무거운 가죽을 나르고, 커다란 재단기계와 프레스를 다루었다.

"재단실에 가면 재단기계도 있고 프레스도 있어요. 다 위험하죠. 스펀지나 이런 거는 칼로 자르는데 거기도 위험하고요. 잘못하면 손 다치고. 우리가 한 가지 일을 하는 게 아니라 여러 가지를 해요. 남자들 없으면 레자 원단 40미터짜리, 어떤 때는 거의 60미터짜리를 여자들이 들고 깔아야 돼요. 시트 모양이 다 다르잖아요. 모르면 재단실에서 일할 수가 없어요."

몸이 고된 것은 버티면 그만이지만, 일이 무시당할 때마다 자존심이 상했다. 사장은 '재단실은 아무나 와도 다 할 수 있다'며 쉽게 말하곤 했다. 하지만 은옥 씨는 남들 보기에는 쉬워 보여도, 어떤 게 안 힘들다 덜 힘들다 할수는 없다고 단호하게 말했다. "기술이 왜 없어? 사장 입장에서 기술이 없는 거지."

기계 대수는 한정되어 있다 보니, 있는 기계를 오래 돌릴수록 돈이 되었다. 성진 재단실의 기계로 다른 업체가 미싱 작업할 물량까지 재단하다 보니 휴일도 없이 밤늦게까지 일해야 했다.

"[성진 미싱 현장에] 1과부터 4과까지 있었는데, 그 물량에 시흥 공장 것과 다른 외주 공장 물량도 있었어요. 중국에 가는 거는 기장에 맞게 잘라서 포장해서 나가고 했거든요. 토요일, 일요일에도 일하고. 평일에는 거의 잔업을 하고. 그때는 힘들었어요. 1년 동안 11시, 12시까지. 매일."

코오롱에서 직접 관리하던 공장이 분리되어 하청업체가 되면서 일이 더 늘었다고 했다. 회사가 원하는 생산량은 점점 늘었지만, 회사 규모를 줄이면서 재단실 사람이 절반 넘게 사라졌다. 누가 그만두어도 이상하지 않을 만큼 혹독하고, 언제 사람이 잘려 나가도 이상하지 않을 정도로 불안정한 이 자리를 은옥 씨는 어떻게 지켜냈을까.

"배우게 돼서, 내가 기계 만지고 하면서 그렇게 됐어. 그래서 살아남았어."

말 않고 열심히

재단실에 네 명밖에 남지 않은 상황에서 한 명이라도 빠지면 다른 사람들이 괴로웠다. 집안 사정도 좋지 못했다. 직장에서나 집에서나 책임감에 다른 여

회사가 사라졌다

유를 생각하기 힘들었다.

"지금은 집에서 저 혼자 벌어 먹고살아요. 남편이 있어도. 아직 [집안 상황이] 좀 힘들어서, 잔업을 하게 되면 안 빼먹고 했고요. 거의 매일 했어요. 그러다 너무 힘들어서 다른 사람들도 시키라고 위에 얘기를 하면, '일 있어서 안 돼' '뭐 해서 안 돼' 하고 가버리는 거예요. 어쩔 수 없이 내가 해야 했지. 많이 힘들었어요. 울기도 하고, 코피도 쏟고. 항상 휴지를 코에 꽂고 다니니까, 지나다 보면 항상 이러고 있으니까 '쟤는 또 코피 나?' 그랬어요. 잔업을 많이 하니까, 사람들은 제가 돈을 엄청 많이 번 줄 알아요. 근데 막상 최저임금이나 마찬가지예요."

재단실 일에 관해 설명할 때면 은옥 씨에게서 어떤 자부심이 느껴졌다. "거의 내가 다 했지 뭐. 그 아저씨들은 조금 더 못 해." 반면에 그가 받았던 월급은 자부심을 무색하게 만들었다. 기술수당도, 위험수당도 없었다. 최저시급이 오르면 그만큼 월급도 같이 오를 줄 알았는데, 딱 최저임금 정도의 월급을 받았다.

(월급이 좀 오르셨어요?) "아니, 나는 없었어. 좀 저기하는 사람들은 올랐겠지. 하다가 기분 나쁘다고 짐 싸가지고 가는 사람들은 불러서 월급 조금 더 올려 주고 그렇게. 아무 말 않고 열심히 하는 사람들은 그런가 보다, 일을 더 많이 시키고. 남들은 월급을 많이 받는 줄 알아. 매일 잔업을 하니까. 솔직히 알랑방귀 뀌고 저기하는 사람들은 일이 별로 없었어. 기분 드럽게 나쁘더라고. 월급은 더 많이 받는데."

세상 돌아가는 이치가 참 답답했다. 일하는 사람이 일터에서 자신의 가치를 증명하는 방법은 '일'이라지만, 일하는 것 이상으로 드러낼 줄 알아야 하고 '정치'할 줄도 알아야 했다. 은옥 씨도 관둔다고 해보시지 그랬냐고 물었더니, 그렇게 말해 봤자 얼마 가지 못했다고 한다. "내 코가 석자니까" 몸이 아파도, 불이익을 당해도 스스로를 지킬 여유조차 없었다.[2] 은옥 씨가 노조를 시작한 계기는 어느 한순간에 있지 않았다. 차곡차곡 쌓여 가는 장면들이 있었다.

> "같이 일하던 언니는 회사 다닐 때 갑자기 팀장에게 불려 갔어요. 갔다 오더니 '은옥아' 하고 절 불러요. '나 내일부터 안 나와' 이러더라고요. 잘린 거야. 고척동[3] 있을 때 갑자기 자른 거예요. 그러고서 가산으로 이사하면서 다시 그 언니를 불렀어요. 자른 지 몇 달 지난 다음에 데리고 온 거예요. 그 언니가 그래요. '내가 그 전에 이게 부당하다고 말을 해야 했는데 참 멍청하지 않냐?'"

스스로가 멍청하다고 느껴지는 때가 있다. 정신없이 밀려드는 위기의 상황이 지나고 나서야 후회되는 순간을 돌아본다. 모든 말과 행동을 곱씹는다. 복잡한 이해관계 속에서 약한 사람에게 불리하게 돌아가는 세상 이치를 모르지는 않았다. 알 만큼 알고 할 만큼 했다고 생각하는데도, 다시금 '내가 뭘 잘못했을까'를 곱씹게 되는 순간이 온다. '더 이상 이대로 멍청하고 싶지 않다'는 절박함이 쌓인다.

> "일고여덟 명 되는 모임이 있어요. 거기에 재단실 현장 언니가 딱 하나 있는데, '노조를 하자. 나는 했다'고 했어요. 그 언니가 어느 날 조

---

[2] "미싱 오래 한 사람들은 손이며 관절이 그냥… 저 같은 경우는 허리를 많이 다쳤어요. 저번에 허리를 한 번 다쳐서 2주일간 병원에 입원했는데, 아픈 사람한테 나오라는 거예요. 나왔어요. 다리 절뚝절뚝해 가면서, 울어 가면서, 일하면서, 병원 다니면서. 내 코가 석자니까. 일하다가 다친 거라 산업재해 해달라고 했는데 안 해주더라고요."

[3] 성진은 2012년 12월 사내하청 공장에서 사외하청으로 바뀌며 고척동에서 가산디지털단지로 공장을 이전했다.

끼를 딱 주는 거예요. '야 하자, 하자.' 저는 노조에 거의 막차 타고 들어갔어요. 모임에 있는 애들은 다 했어요."

함께 해보기로 했다. 같이 일하던 이들이 있는 노동조합에 가입했다.

어느 날 갑자기 회사가 문을 닫았다

성진 공장은 숙련된 직원들이 오래 일해 온 일터였다. 성진이 아닌 다른 공장에서는 재단하는 사람을 따로 두지 않고 재단된 것을 받아다가 부분적으로 헤드, 프런트(앞좌석), 쿠션만 만드는 경우가 많았다. 단단한 가죽을 자르고, 이어 붙이고, 멋스럽게 쌍침으로 마감하기까지.[4] 성진 노동자들에게는 완제품을 생산하는 기술이 있었다. 우리 손으로 만든 제품은 누가 봐도 완성도가 높다는 자부심이 그의 동료들에게도 있었다.[5]

"하긴 우리 회사는 전 라인이 자동차 시트 하나를 다 만드는 공정인데, 다른 데 가면 따로따로 한다고 하더라고."

사장은 자꾸만 자동차 업계의 불황과 최저임금의 인상을 탓하며 위기라고 말했다. 하지만 물량은 계속 들어왔다.[6] 그런데도 회사는 노동조합 설립 4개월 만에 폐업을 통보했다. 아무런 대책 없이 휴식기를 맞았다. 애달프

---

[4] 자동차 시트를 만드는 마지막 과정에서 두 줄의 바느질로 마감을 하는 공정. 두꺼운 가죽을 활용해 시트를 만들기 때문에, 곡선이 부드럽게 이어지도록 하려면 숙련된 기술과 힘이 필요하다.

[5] "차를 탔을 때 왜 시트 보면, 줄이 삐뚤삐뚤하잖아요. 다 통과된 거잖아요. 근데 우리는 유난히, 한 땀만 삐뚤어도 다 불량으로 뺐어요." (고기자, 성진씨에스분회)

[6] 폐업 직전에도 한 달에 3천 대 넘는 생산량 계획이 다음 분기까지 잡혀 있었다고 했다. (정영희 분회장의 말)

게도 생애 처음으로 갖는 휴식이었다.

"저는 회사를 힘들게 다녀서 그런가, 사실 후련하다 싶은 생각이 들
기도 했어요."

휴식, 은퇴, 여행…. 그에겐 먼 이야기였다. 일상을 지키기 위해 그저 눈을 뜨면 자동으로 일했다. 발끝만 보며 정신없이 내달리다 문득 고개를 들었을 때, 주위가 보이기 시작한다.

"살다가 어느 순간 보니까 그런 게 있더라고요. 나는 왜 이렇게 살아
야 하는 건지. 남들은 자주 '저 놀러 가요' 하고 다니기도 하던데. 그
런 얘기를 들으면 부럽기도 하더라고요."

주변을 돌아보면 더 쓸쓸하다. '사는 건 뭘까' 고민하기 시작하면 힘든 게 더 힘들어지기만 할 뿐이다. 다시 고개를 숙이고 일로 돌아갔다. 코앞만 내다보는 게 버티는 방법이었다. 그러던 어느 날 회사가 폐업을 했다. 일상이 갑자기 끊겨져 버렸다. 내가 고민할 겨를도 없이, 상황은 그렇게 코앞에 닥쳐왔다.

"맨 처음에 폐업할 때는, 힘든 일에서 벗어났다는 해방감이 들면서
좋았던 것 같기도 해요. 그런데 어느 정도 지나니까 약간 고민스러운
거예요. 이제 취업을 해야 하는데, 불안하고."

문 닫은 회사는 이제 포기하고 다른 직장을 찾아야 하지 않을까. 일거리가 많았으니 성진 공장을 다시 문 열게 할 수도 있지 않을까. 많은 생각과 불안이 밀려들었다. 그의 불안과 무관하게 시간은 계속 흘렀고, 폐업 투쟁은 일상이 되어 갔다.

회사가 사라졌다

나무가 자라 그늘을 만들 동안

2019년 5월 코오롱글로텍 본사 앞을 찾아갔다. 폐업 후 1년이 지난 봄날이었다. 투쟁을 처음 시작했을 때 은옥 씨 키보다 작았던 나무들이 1년새 훌쩍 자라 그늘을 만들었다.

　　　　　은옥 씨는 회사 다니듯, 집안일 하듯 노동조합 일을 하고 있었다. 아침 10시, 구로에 있는 남부지역지회 사무실에 모인다. 제일 먼저 사무실 한쪽 부엌에서 조별로 번갈아 가며 아침밥을 준비한다. 모여서 밥을 먹고 일과를 본격 시작한다. 지하철을 타고 코오롱글로텍 본사 인근의 마곡역에 내린다. 역 근처 노동조합 사무실에 맡겨 두었던 피켓 다발과 스피커를 챙긴다. 짐을 나눠 들고 코오롱 본사 앞 길가에 익숙하게 자리를 잡는다. 가방에서 조끼, 팔토시, 모자, 선글라스 같은 피케팅 준비물이 줄줄이 나온다. 오전 열한 시 반, 피케팅을 시작한다. 스피커에서는 민중가요가 흘러나오고, 점심 때가 되어 나온 직장인들이 잠시 눈길을 주다 지나친다. 햇볕이 따가워지면 조금씩 나무 그늘 쪽으로 몸을 옮긴다. 그렇게 한 시간이 지나면 10분 동안 잠시 쉰다. 그늘 아래 모여 앉아 배낭에 챙겨 온 물과 간식을 꺼낸다. 누군가 사과를 깎아 왔는데, 그 양이 한 보따리는 된다. 사과 봉다리를 옆으로 돌리면 한 조각씩 꺼내 먹는다. 더위에 지칠 땐 얼려 온 물을 한 입씩 나눠 마신다. '시작합시다' 소리와 함께 또 다시 한 시간 동안 피켓을 든다.

> "이게 회사 다니는 거랑 똑같아서 눈을 뜨면 자동으로 나오게 되는 것 같아요. 처음 폐업하고 나서는 저는 그냥 쫄쫄쫄 이러고 쫓아다녔는데 좀 지나니까 난이도 있는 피케팅도 다 해야 하고 발언도 해야 하고요."

　　　　　성진씨에스분회 대의원[7]인 은옥 씨는 집회에서 종종 사회를 맡았다. 사실 조합원들은 이때까지 살면서 남들 앞에 나서 말을 해볼 일이 없었다. 이들에게 길거리에서 하는 발언은 거의 시련에 가까운 숙제다. 혹시라도 발언에 당첨될까 모두들 사회 보는 은옥 씨의 눈을 피했고, 결국 사회자 혼자 말을 이어갔다. 오늘 아침에 본 일자리 뉴스 얘기부터 사장에게 건네는 호탕한 일침까지, 집회를 진행하는 모습에 웃음이 났다. 새롭게 만난 은옥 씨의 모습들이 반가웠다. 조용하고 차분한 모습이다가도 어느새 행동과 말투에 생기 있게 힘이 돌았다. 수많은 사람이 지나다니는 광화문 일자리위원회[8] 앞에서 마이크를 쥐고 '나는 재단실에서 일했다'며 거침없이 이야기했다. 연대 온 가수가 손을 내밀었을 때엔 손을 잡고 앞으로 나가 함께 춤을 추었다.

> "지금은 좀 말을 많이 하는 것 같아요. 그전에는 회사에 가도 별로 말을 잘 안 하고 했거든요. 제 동생이 하는 얘기예요. '언니 그거 하더니 말 좀 많이 늘었어.' 저는 원래 듣는 쪽이거든요. '언니 많이 좋아진 거 같아, 성격이 많이 밝아졌다'고 해요. 가끔씩 말을 거칠게 할 때나 내가 의외의 말을 했을 때 깜짝깜짝 놀라기도 하고요. 오, 나에게도 이런 면이 있구나."

마이크를 쥐고 발언하고, 노래 부르고, 춤을 추고, 행진하고…. 노조에서의 일상이 회사 다니듯 익숙해졌다. 그러나 투쟁한다는 건 이해관계가 양극단에 있는 누군가와 맞서는 싸움이다. 싸움은, 일상이 되어도 익숙해지지 않았다.

---

7   노동조합은 민주적인 의사결정을 위해 조합원 전체의 의사를 반영하는 '총회'를 연다. 일상적으로 모든 조합원들이 모여 논의하기 어렵기 때문에 이를 대신할 수 있는 대의기구가 필요하다. 노동조합의 분회나 지부별로 조합원의 직접투표를 통해 대의원을 선출한다.

8   정부의 일자리 정책을 기획·심의·조정하고 정책 시행을 점검·평가하는 대통령 직속 자문기구. 2017년 5월 16일, 대통령령으로 설립되었다. 해당 일자로부터 5년 후인 2022년 5월 15일까지 활동하게 된다.

"어쩔 때는 우울하기도 했어요. 솔직히 '언제까지 이걸 해야 되나' 이런 생각이 들면 정말 힘들어요. 나도 나지만 나이 든 언니들도 힘들 것 아니에요. 이 싸움 빨리 끝났으면 하는 생각도 들었어요. 뭔 얘기가 들리면 '금방 끝나나?' 그랬다가 화악 푹 주저앉았다가."

주저앉았다가도, 다시 눈뜨면 나갔다. 2019년 6월 첫째 주, 코오롱 본사 피케팅에 은옥 씨를 인터뷰 할 겸 찾아갔다. 피케팅 전 분위기가 심상치 않았다. 이전부터 코오롱과 계속해서 대화를 해오고 있었지만, '오늘은 진짜 사인을 할 수도 있다'고 했다.

원청인 코오롱에 사람을 '사용'한 책임을 묻는 과정은 지난했다. 1년이 지나 결과적으로 코오롱은 조합원들에게 '전직 지원 프로그램'[9]을 지원하기로 했다. 회사나 정부가 직업컨설팅 업체에 비용을 지불하고, 노동자에게 적성검사, 단기간의 구직 교육, 직업 알선 서비스 등을 제공하는 것이다. '전직 지원 프로그램'은 은옥 씨가 요구하던 그들의 '책임'과 얼마나 닿아 있었을까.

"결과는… 음 시원치는 않은 거 같애."

은옥 씨의 표정이 쓸쓸하게 느껴졌다. 묵묵히 일만 하던 은옥 씨에게 폐업이 손쓸 새 없이 닥쳤던 것처럼 이 싸움도 그런 식으로 끝나 버리고 있는 건 아닐까. 개인적으로는 앞으로 어떻게 살고 싶으신지 물었다. 한참을 고민하다 천천히 꺼내 놓은 대답은 의외의 내용이었다.

"그전에 어떤 때는, 내가 조금 더 배웠으면 안 힘들게 살 수 있었을까, 조금 더 낫지 않았을까 이런 생각도 들었는데요. 이제 또 한편으

---

[9] 이 책 37쪽의 각주 29번 내용 참조.

로 생각하면 내가 좀 더 배워서 다른 사람보다 직급이 높거나 관리자가 되었다면, 나 역시도 노동자를 착취를 했을 거란 생각이 들기도 해요."

앞으로의 삶에 대한 질문에 어떻게 이런 대답이 이어졌을까. 배운 것이 없어 사는 게 힘들었다. 덜 힘들게 살려면 배워서 날아야 한다. 출세하는 것이 곧 힘이라고, 그게 '잘 사는 것'이라고 생각했다. 그런데 폐업을 겪으며, 출세한 이들, 높이 날고 있는 이들과 부딪히고 나니 이전에 없던 질문이 생겼다. 가진 자들은 왜 노동자를 무시할까? 왜 가질수록 끝없이 가지려고만 할까? '잘 사는 것'은 대체 뭘까?

누구든 그 위치에 가면 그렇게 될 수 있을 거란 생각에 다다랐다. 그들은 그럴 수 있는 위치에 있었을 뿐이다. 회사의 폐업조차도 얼마든지 더 모으고 쌓으려는 방편이 될 수 있었다. 그 과정에서 누군가 무엇을 잃고, 얼마나 고통받을지에 대해선 고민할 필요가 없었다. 폐업을 겪으며 은옥 씨는 개인이 출세하는 것과는 다른 방식의 강함을 알게 되었다.

"지금 보면 노동자들이 힘이 있어야지만 되지 않을까 싶은 생각이 들어. 똘똘 뭉쳐야지. 우리가 깨우쳐야지."

노동조합을 하며 미처 알지 못했던 힘을 경험했다. 맞서 싸우는 힘. 늘 같은 곳에서 일했던 이들이지만 서로의 힘을 잘 몰랐다. 같은 편이 되어 뭉쳐 보니 '우리'라는 것이 큰 힘이 되었다. '일하는 사람' 임은옥이 '성진씨에스 노동조합' 임은옥이 되었을 때, 높고 멀게만 보였던 사장, 대기업, 정부, 경찰, 언론 같은 것들에게 비로소 '한마디' 할 수 있었다.

출세함으로써 누군가를 휘두를 힘을 갖는 것이 아니라, 지금 내 자리에서도 힘을 가질 수 있는 방법은 뭘까? 약한 자들이 모여야 한다. 뻔하고 단정적이라 해도 피할 수 없는 대답이었다.

조금은 새로운 풍경

폐업은 특출 난 사건일까? 아니, 누구나 겪을 수 있는 일이다. 때로는 내가, 때로는 친구, 가족, 주위의 누군가가 당사자가 된다. 늘 일어나고 있는, 지겹도록 평범한 사건이다. 그렇기에 폐업은 바로 옆에서도 아무렇지 않게 지나가는 '주변'이 되어 버린다. 그러나 폐업이 눈앞에 닥친 사람에게는 어떨까. 일직선으로 그어 나가던 일상이 딱 끊어진다. 시야가 가로막히고 막막해진다. 일하는 사람에게 폐업은 정면으로 마주해야 하는 위기의 순간이다.

폐업을 마주한 순간 은옥 씨는 재빨리 다른 직장을 찾을 수도 있었다. 공허함, 분함, 자괴, 우울 같은 감정이 시간 지나 흐려지기를 기다릴 수도 있었다. 그 대신에 그는 노동조합에 남았고 싸우기 시작했다. 뭐가 더 나은 선택인지는 알 수 없다. 다만 남아서 '싸우는 것'은 이전의 삶의 방식과는 조금 다르게, 후회가 남았던 지난날들을 곱씹어 새롭게 시도한 방법이었다. 지난 1년은 그렇게 조금씩 삶의 각을 틀어 나아간 시간들이 아니었을까.

폐업은 '답이 없다' 했다. 하지만 답이 없어 보일 때 '진짜' 고민이 시작된다. 고민을 거듭해 이전과는 다르게 각을 틀면 가로막혀 보였던 곳에 새로운 장면이 나타날 수 있다. 은옥 씨의 경로에는 노동조합과 투쟁이 있었고, 이 싸움을 거쳐서 도달한 곳에 조금은 새로운 풍경이 있었다고 믿는다. 은옥 씨가 나아간 시도가 있었기에 누군가에게는 '아무것도 아닌' 폐업이 1년의 싸움이 될 수 있었고, 무심히 지나칠 수 있던 나에게도 하나의 풍경이 되었다. 효율이나 성취, 승리라는 이름으론 읽힐 수 없는 순간들, 애쓰고 흔들리며 나아간 '용감했던' 순간들. 그런 순간들이 더없이 소중하다.

청산폐업,
내 인생의 날벼락

신영프레시젼
김정숙

시야

야학을 떠올리게 하는 농성장

낮은 목소리, 차분한 손동작, 느릿하지만 안정감 있게 자리를 지키는 김정숙 씨. 그는 농성장 입구 근처인 자신의 자리에 한결같이 앉아 있었다. 인터뷰를 위해 그를 만났을 때, 정리정돈된 탁자 위 커피포트에는 물이 끓고 있었다. 그는 낯선 공간에 들어서서 어색해하는 나에게 앉을 자리를 마련해 주었고, 따뜻한 커피를 끓여 주며 긴장을 풀어 주었다. 내가 '싸우는여자들기록팀 또록'에서 취재 나온 걸 아는 정숙 씨는 이런저런 말을 건네며 묵직한 미소를 지어 보였다. 그에게서 나와 또록에 대한 애정 어린 관심이 느껴졌다. 그의 이야기가 궁금했다.

"저는 이상하게 낙서라고 해야 하나? 쓰는 걸 좋아라 했어요."

그는 내게 글을 쓰는 걸 좋아한다고 수줍게 고백했다. 결혼하고 아이를 낳아 키우면서 『벼룩시장』에 생활글을 투고한 적도 있고, 신문에 자신이 쓴 글이 실려서 상품권을 선물로 받은 적도 있다고 했다. 단정한 정숙 씨의 글씨를 보며, 그의 글도 글씨처럼 단정한 느낌일까 궁금했다.

회사가 사라졌다

"야학 졸업한 친구들이랑 소식지를 만든 적도 있어요. 옛날에는 수기로 직접 썼잖아요. 우리 모임 하는 친구들 말고도 관심 있는 친구들한테 주소 받아서 소식지를 보내 주기도 했어요."

정숙 씨는 가족의 생계를 짊어진 어머니의 몫을 나누기 위해서 열다섯 어린 나이에 학업을 포기하고 공장을 다녔다. 어린 정숙에게 야학은 공부할 기회를 제공해 준 고마운 곳이었다. 무엇보다 꿈을 가졌던 소중한 공간으로서 30년의 세월 동안 마음속에 간직해 왔다.

열다섯부터 지금까지 여러 직장을 다녔다. 그 중 신영은 정숙 씨가 가장 오랜 시간을 바쳐 일해 왔던 곳이다. 그런 일터인 신영이 일방적으로 청산 절차를 밟고 폐업해 노동자들을 다 쫓아낼 때, 내쫓기지 않으려 (2018년 12월부터) 10개월간 공장을 지키고 농성한 사람들 가운데 정숙 씨도 있었다.

정숙 씨는 신영의 부당한 폐업과 해고에 맞서 용기를 낸 자신과 동료들을 기특하게 생각했다. 정숙 씨에게 신영 본사 농성장은 '야학'의 다른 이름이었을지도 모를 일이다. 날마다 이야기가 가득한 농성장의 풍경과 드라마 같은 투쟁의 장면을 이야기로 적고 싶었을 마음이 내게 고스란히 전달되었다. 농성장 한쪽 귀퉁이에서 볼펜을 부여잡고 손끝에 힘을 주고 있었을 정숙 씨에게 또롱과의 만남은 우연이 아니었을지도 모른다.

밥 짓는 냄새 구수했던 농성장살이

신영이 노동자들에게 일방적으로 정리해고를 통보하자, 노동조합은 부당해고 구제신청을 했다. 노동위원회는 부당해고를 인정했고, 정숙 씨는 출근할 날만 손꼽아 기다렸다. 하지만 신영은 '2019년 1월 말일자로 공장 문을 닫겠다'고 문자로 통보했다.

해고, 명예퇴직, 이런 단어들이 정숙 씨 머리를 어지럽힐 때 의지할 곳은 노동조합밖에 없었다. 노동조합은 2018년 12월 17일 신영 공장을 기습 점거했다.

신영 본사를 점거하는 날, 정숙 씨도 밤을 새울 준비를 단단히 하고 새벽 일찍 자전거를 타고 출근하고 있었다. 마주 오는 킥보드와 부딪혀 이가 부러지고 심한 타박상을 입은 정숙 씨가 도착한 곳은 신영 본사가 아닌 병원이었다. 한 달 넘게 꼼짝을 못하고 집에서 강제 칩거를 해야 했다. 정숙 씨가 신영 공장으로 돌아왔을 때 기계는 멈춰 있었고, 본사 사무실을 지키는 조합원들이 밥을 지어 내는 구수한 냄새만 가득했다.

"저는 30분 서 있는 게 힘들어요. 발이 저리고, 허리도 아프고, 서 있질 못해요. 제가 다니는 걸 많이 힘들어서 외부활동에는 안 나가고 농성장만 지킬 수 있도록 다른 조합원들이 배려해 줬어요."

날마다 신영 본사 농성장을 지켰다. 당번일 때도, 당번이 아닐 때도, 농성장에는 정숙 씨의 자리가 있었고, 정숙 씨는 잠시도 손을 놀리지 않았다. 낙서하듯 글쓰기를 즐겼고, 털실로 수세미를 짜고 파우치를 만들어서 노동조합 활동에 작은 도움이 되고 싶었다.

"저는 일할 때도 일하는 게 재미있었어요. 사람들과 다투기는 해도 일하는 게 싫지 않았어요. 참 희한해요. 주말에 쉬는 날도 누가 말리지만 않으면 일하러 가고 싶은 생각이었어요. 지금 여기 농성장도 그래요. 누가 말리지만 않으면 계속 오고 싶어요. 그래서 희한해요."

일하는 게 즐거운 사람, 일해야 사는 사람, 삶을 짊어지고 평생 일했던 그에겐 일이 끊긴 적 없었다. 일이 있어서 행복했던 그에게 회사가 문을 닫는다는 건 어떤 것이었을까. 좀처럼 감정을 드러내지 않는 정숙 씨도 그날을 회상하면 목소리가 높아졌다.

회사가 사라졌다

"일하는 동안 회사가 문 닫을 거라곤 생각도 안 해봤어요. 신영이 20년 넘게 해왔는데, 갑자기 문 닫을 걸 전혀 생각지 못했지요. 그런데 한순간이었어요."

정숙 씨는 뒤통수를 호되게 맞았다는 표현밖에 할 말이 없었다. 문 닫는 공장을 보지 못했던 것은 아니다. 하지만 신영이 그 문 닫는 공장이 될 줄은 몰랐다. 회사가 안 돌아가는 것도 아니고 돈이 없는 것도 아닌데, 신영에서 벌어들인 수백 억을 골프장 짓는 데 쓰고, 노동자들을 다 내쫓다니. 정숙 씨의 낮은 목소리는 더 낮게 잠겼다.

낮에는 일하고 밤에는 공부해 집을 짊어지다

초등학교 6학년 때 이미 정숙 씨의 키는 지금과 같았다. 아버지가 일찍 돌아가시고, 어머니 홀로 다섯 남매를 키우며 생계를 돌봐야 할 때, 맏딸인 정숙 씨는 정해진 수순처럼 어머니를 도와 생계를 짊어졌다. 열다섯 어린 나이에 작은 키는 아니어서 수월하게 조그만 제약회사에 들어갈 수 있었다. 주사약 머리를 '똑' 까는 일을 하다가 머리가 어지러워 그만 쓰러지고 말았다. 보름 만에 일은 그만두어야 했지만, 금방 새 일자리가 주어졌다. 온도계를 만드는 공장이었다.

"온도계 하면 사람들이 다들 수은중독[1]을 걱정하는데 제가 10년을 일했어요. 수은에 있는 습기를 제거해야 하는데, 수분만 날아가도록 살짝 데워요. 온도가 가열되면 수은이 타면서 날아가요. 그걸 마실 때

---

[1] 1988년 문송면 씨가 수은중독으로 사망했다. 그의 나이 15살이었다. 이로 인해 수은중독이라는 직업병의 위험이 널리 알려졌다.

가 위험한 거야. 그걸 할 때는 환풍기 앞에서 하거든요. 괜찮았어요."

살아남은 자의 여유로운 미소로 나를 안심시키는 그의 어린 시절 노동 이야기는 앞으로 이어질 세월의 짧은 예고편일 뿐이라는 것을 나는 긴 긴 이야기를 들으면서 깨달을 수 있었다.

어린 정숙은 스물두 살이 되어 야학을 만나게 되었다. 그는 자신보다 나이 어린 대학생을 선생님이라고 거침없이 부르면서 따랐다. 낮에는 공장에서 일하고 밤에는 야학에서 공부하던 1983년, 늦게나마 학교 생활을 만끽하는 기분이었다.

"야학에서 못생긴 남자를 만났어요."

야학에서 수줍은 연애도 했고, 어머니로부터 독립을 꿈꾸던 젊은 정숙은 결혼을 선택했다. 하지만 결혼은 독립이 아니라 또 다른 족쇄라는 사실을 알기까지 그리 긴 시간이 필요하지 않았다.

정숙 씨는 결혼해서 아이를 낳은 후 남편과 용산에 터를 잡고 작은 구멍가게도 운영해 보았다. 작은 구멍가게는 남편에게 맡기고 정숙 씨는 공장을 찾아 나섰다.

독산동 구로공단에 위치한 '일우정밀'이란 금형회사에 취업을 했다. 2000년대 초에 휴대폰을 세워 놓고 꽂아서 충전하던 핸즈프리 충전기를 찍어 내는 금형회사였다. 정숙 씨가 하는 일은 깎아 낸 금형을 도이시[2]라는 돌로 밋밋하게 갈아 내고 사포질을 한 후 아주 미세한 돌가루를 넣어서 광을 내는 작업이었다.

---

2 といし. 숫돌을 의미하는 일본어

"[양손 검지를 보여 주면서] 여기 손톱 보면 손톱이 넓어지잖아요. 일할 때 돌을 잡고 밀거든요. 왼손은 힘을 못 쓰니까, 오른손 검지로 힘을 줘서 미는 거예요. 그러니 이 손가락이 변하는 거예요."

같이 일하던 동료들은 아프다는 말을 자주 했고, 약을 달고 살았다. 정숙 씨도 손가락이 뒤로 젖혀지는 고통을 느꼈다. 하지만 공장의 관리자는 현장노동자의 목소리에 귀 기울이지 않았다.

남편에게 맡겨놓았던 작은 구멍가게는 주변에 대형마트가 생기면서 결국 3년을 버티다가 문을 닫고 말았다. 정숙 씨도 1년 반 정도 다니던 공장을 그만두었다. 일하는 날보다 쉬는 날이 더 많았던 남편을 더 이상 봐줄 수 없었다. 15년의 결혼 생활을 과감하게 청산하고 독립했다.

사라지는 회사들, 일자리를 옮겨 다니다

2002년 구인구직정보지 『벼룩시장』을 뒤져서 찾아간 곳은 '대일코스모스'라는 독산역 너머에 있는 휴대폰 공장이었다. 폴더폰 외관을 검사하는 업무를 3년쯤 했을 때, 대일코스모스가 사세를 확장해서 군포에 공장을 지었다. 군포로 이전할 때도 공장을 그만둘 생각을 할 수 없었던 정숙 씨는 당연히 따라나섰다. 그런데 군포에 새로 지은 대일코스모스로 출근하고 얼마 지나지 않아 공장이 폐업을 했다.

대일코스모스는 LG의 1차 하청업체인 '재영'과 '신영' 두 곳으로 물건을 납품하는, 하청의 재하청 공장이었다. 납품업체인 재영이 투자를 해서 건물을 짓고 사세를 확장했다. 건물 안 식당, 탈의실이며, EMI 생산라인이나 휴대폰 케이스 코팅부서 등 새로운 생산라인과 생산설비를 갖추었는데 갑자기 폐업을 해버린 것이다.

회사의 속사정을 아는 사람이 없었다. 아무도 설명해 주지 않았다. 월급도 못 받고 쫓겨나게 생긴 노동자들이 사무실로 뛰어 올라가서 항의를 했다. 사무실 관리자들도 생산직 노동자들의 처지와 다를 게 없어, 노무사를 선임하고 퇴직금과 밀린 임금을 정산하는 데 힘을 써줬다. 노동자들은 다른 일자리를 찾아서 뿔뿔이 흩어졌다.

검사 경력이 쌓였던 정숙 씨는 동료의 소개로 다음 일자리를 수월하게 찾을 수 있었지만, 면접을 볼 때마다 외모로 평가당했다. 불이익을 감수해야 할 때가 한두 번이 아니었다. 그러나 정숙 씨는 그동안 찬찬히 쌓아 온 실력으로 인정받을 수 있었다.

> "전화가 왔어요. 오늘 당장 야간을 할 수 있냐고 묻는 거예요. 그날 밤에 당장 일을 하게 됐어요."

찾아간 곳은 '태일'이라는 휴대폰 부품 공장이었다. 그러나 정숙 씨가 일하게 된 곳은 태일이 아니다. 태일의 하청공장 '태원'이었다. 태일의 사장 동생이 운영하는 작은 공장이었다.

> "내가 일하는 것 보고 관리자는 내가 일을 하겠구나 싶었는지, 들어가자마자 반장이란 직함을 주더라구요. 거기서 3년 동안 그분이랑 일을 했는데…"

정숙 씨가 태원에서 3년간 일하면서 휴대폰 부품 품질검사의 체계를 잡고 물량이 안정되자, 태원의 부품을 납품받는 태일이 욕심이 났던 모양이다. 인천에 2공장을 차렸다며 태원의 물량을 태일이 가져가 버렸다.

> "[이때 태일로 일자리를 옮기려고 했는데] 저는 태일의 다른 이사가 안 된다고 해서 못 갔죠. 실업급여 받고 얼마간 쉬다가 간 곳이 '신기'라는 곳이에요."

'신기'는 신영으로 납품하는 하청 공장이었다. 휴대폰의 케이스를 사출[3]로 찍어 내면 코팅하는 곳이었다. 정숙 씨가 보름만 더 일하면 딱 1년이 되는 날, 신기가 갑자기 문을 닫았다. 문을 닫을 때까지 공장에서 일만 하던 노동자들은 왜 공장 문을 닫는지 알지 못했다.

> "진짜 잘 나가는 회사였거든요. 우리가 일하고 퇴근할 쯤에 '문 닫는다'고 했는데, 신영에서 탑차를 끌고 와서 사출, 페인트, 착착착 빼 나가더라고요. 아우 너무 무서운 거예요. 회사가 작은 회사는 아니었어요. 탑차가 서서 그 물건들을 쫙쫙쫙 빼 나가는데, 여기서 생산해야 할 물량이 꽉 밀려 있어 정신없이 바빴지만, 일만 하고 있을 게 아니라 해결을 봐야겠더라고요."

노동자들은 현장 사무실로 올라갔다. 생산직 동료들이 사장 나오라고 소리쳤지만, 회사 관리자는 모른다고만 했다. 폐업 절차는 오래 걸리지 않았다. 신기의 과장은 노동자들의 임금과 퇴직금을 깨끗이 정산해 주고 빠르게 정리했다.

노동조합을 생각할 겨를, 만들 새도 없이 일사천리로 공장 하나가 폐업되는 것을 목격했다. 일자리를 옮겨 다니는 동안 정규직 일자리는 점차 사라져 갔다.

자꾸만 쪼개지는 일자리들 속에서

취업정보 일간지에는 용역업체에서 내놓은 구인광고가 가득했다. 정숙 씨도

---

[3] 사출(射出, injection moulding)은 플라스틱 원재료를 녹여서 금형에 주입하여 부품을 생산하는 제조 공정을 말한다.

용역업체를 통해야 일자리를 구할 수 있었고, 주로 일하는 곳은 휴대폰 코팅을 검사하는 업체였다. 익숙한 공정이라 일하는 데는 어려움이 없었다. 그러나 용역업체를 통해서 들어간 현장에선 틈만 나면 정숙 씨를 고유한 업무인 검사 외 생산라인에도 투입시키려고 했다. 정숙 씨는 자신의 고유한 업무를 완벽하게 해내기 위해 고군분투하면서, 현장을 박차고 나오고 또 들어가길 반복했다. 고용과 이직을 반복하면서 어느새 나이가 들어 가고 있었다.

공장에 취업하려면 여전히 그가 가진 경력과 능력보단 외모가 우선이었다. 신영 3공장에 임대해 있던 작은 조립업체 '소리텔레콤'에 면접을 보러 간 날이었다.

> "과장이 면접을 봤는데, 그 사람도 외모판단이야. 별로 탐탁지 않게 생각하는 것 같더라고요. '여기 앉으세요' 하는데, 목소리가 벌써 무시하는 투였어요."

정숙 씨는 면접을 본 날 바로 일을 시작했다. 검사하는 직원은 주로 중국 교포였다. 현장의 검사대에는 불량품이 유형, 종류에 상관없이 혼재되어 쌓여 있었다. 정숙 씨가 휴대폰을 모델별, 색깔별, 유형별로 분류하고 야무지게 체크하며 일하는 모습을 본 과장이 정숙 씨의 능력을 인정하고 부드럽게 말을 걸었다.

그러나 용역업체를 통해서 찾은 일자리는 불안정했다. 무엇보다 용역업체가 중간에서 부리는 간교한 속임수로 인해 정숙 씨는 회사를 신뢰하기 어려웠다.

> "퇴직금은 원래 3개월치 평균임금으로 계산하잖아요. 여기[용역업체]는 3개월이 아니라 12개월로 나눠서 계산하는 거야. 그러면 돈이 쫙 줄어들어요. 일 많을 때야 상관없지만, 일이 없어 70~80만 원 받을 때도 있으니까 성질이 나는 거죠. 돈이 줄어드니까 내가 따졌죠."

용역업체는 정숙 씨를 '말 많은 여자'로 취급했지만, 정숙 씨는 말이 많은 사람이 아니다. 그는 외려 묵직한 사람이다. 옳은 말을 할 줄 아는 사람일 뿐이다. 취업 알선을 해주는 중간업체의 횡포에 모두들 불만을 가지고 있었다. 노동자들이 침묵하는 것은 불만이 없어서가 아니었다. 일자리의 끈을 놓쳐서는 안 되기에 불만을 표출할 수 없었을 뿐이다.

공단의 일자리가 없어진다고 해도 휴대폰 부품 조립 업무는 하청에서 더 아래로 내려가 부업 일자리로 쪼개지고 있었다. 더 낮은 임금과 더 불안정한 일자리가 정숙 씨를 기다렸다. 새벽별을 보고 출근해서 새벽별을 보고 퇴근해야 할 정도로 일은 산더미처럼 쌓여 있었다.

그러나 정숙 씨의 경력을 인정해 주고 안정된 일자리와 생활을 영위할 수 있는 임금을 제공해 주는 공장은 현실에 없었다. 영세한 공장의 현실은 취직과 퇴직을 반복하게 만들었고, 미래를 준비하고 계획할 여유를 주지 않았다.

그러던 어느 날 정숙 씨에게도 기회가 찾아왔다.

정규직 일자리 신영

정숙 씨의 옛 직장 관리자가 LG의 1차 하청업체인 '신영'에서 코팅부 경력직 검사자를 채용한다는 소식을 듣고 정숙 씨를 적극 소개해 주었다. 그렇게 2013년 9월 6일에 정숙 씨는 신영에 입사했다.

정숙 씨는 신영에 입사할 때 정규직이라는 것만 보고 들어갔다. 다른 조건이라고 해봐야 특별할 것이 없고, 경력직이라고 하지만 더 인정해 주는 것도 없었기 때문이다. 기본급은 그야말로 최저임금 수준이었고, 상여금은 정해진 대로 받는 것이었으니까.

용역업체에 휘둘리며 회사를 옮겨 다니는 짓을 이제 그만하고 싶었다. 나이가 들수록 직장을 옮겨 다니는 건 힘겨운 일이었다. 안정된 직장이 필요했으니까, 신영이 어떤 조건이어도 상관없었다. 그러나 그건 너무 큰 꿈이었을까?

　　신영에 입사하고 정숙 씨가 한 일은 조립된 휴대폰 제품을 검사하는 일이었다. 처음 2개월은 일이 많았지만 일이 점점 줄어들어 다른 부서로 지원을 다녀야 했다. 그런데 알고 보니 다른 부서가 아니었다. 신아씨엔씨(CNC)라는 신영에 납품하는 하청업체인데, 신영 건물에 세들어 있었다. 정숙 씨는 신아씨엔씨(이하 '신아')로 지원을 다녀야 했던 것이다.

　　신아는 일이 많았고, 경력직 검사자가 없었다. 신아에서 정숙 씨에게 자꾸 건너오라는 손짓을 했다. 신영보다 상여금이 200%나 적은 하청업체였지만, 일이 없어 눈치 보는 공장보단 일이 많은 곳으로 옮겨 가서 마음 편하게 일하자는 게 정숙 씨의 선택이었다. 신아로 일자리를 옮겼다.

　　신아에서 일하는 사람은 50명이 족히 넘었다. 신아의 일거리가 줄어들자 이번에는 신아의 직원들이 신영으로 지원을 다니는 웃지 못할 상황이 벌어졌다. 그리고 3년쯤 지난 2017년 11월경 신아는 직원들에게 줄 월급이 없다면서 회사 문을 닫았고, 정숙 씨는 다시 신영의 정직원으로 돌아왔다.

> "신영으로 넘어가기 직전에 신아가 엄청 바빴어요. 그때가 [2017년] 10월이었는데 잔업을 열나게 많이 해서 월급을 짭짤하게 받겠다고 생각했어요. 그런데 11월 1일에 관리부장이 불러요. 신아 정직원이 셋인가 넷인가 되는데(나머지는 계약직), 신아가 월급 줄 돈이 없다는 거예요."

　　신영은 정숙 씨가 신아에서 일한 날짜를 10월 13일까지로 하고, 10월 16일자로 신영에 재입사시켰다. 다행히 신아에서 근무한 기간도 근속으로 인정받았다.

노동자의 목소리가 뜨거워지다

2017년 10월 16일자로 정숙 씨는 다시 신영으로 돌아왔다. 예전 같으면 신영에서 그만두고 나와 하청업체로 옮긴 사람을 근속까지 인정해 정규직으로 재입사시킨다는 건 상상할 수 없는 일이다. 하지만 얼마 지나지 않아 그 이유를 알게 되었다.

때마침 신아가 신창석 회장의 것이라는 공공연한 비밀이 누설되었다. 신아는 탈세와 노동자 착취로 이윤을 뽑아내는 신영의 창구라는 소문이 무성했다. 신아를 거쳐간 노동자들은 부당한 임금 차별과 불법파견에 대해 노동청에 신고했다. 잔업까지 해야 할 정도로 물량이 많던 신아가 갑자기 문을 닫는 이유도 여기에 있었다.

그러던 어느 날 정숙 씨가 자전거를 타고 출근하는 길에, 공장 앞에 피켓을 들고 선전물을 나눠 주는 사람들이 보이기 시작했다. 자초지종은 이러했다. 정부에서 주 52시간 한도 노동시간을 시행하면서, 신영은 2교대로 맞교대하던 사출 직원들을 3교대로 전환시켰다. 그 과정에서 남성노동자들은 임금을 보전했지만, 여성노동자들은 월급이 40만 원 정도 삭감되는 일이 발생했던 것이다. 현장에서 여성노동자들의 목소리가 뜨거워졌다. 사출 팀에서 노동조합이 만들어졌다는 소식을 동료가 전해 주었고, 함께 노동조합을 찾아갔다. 그곳에서 좀 더 일찍 노동조합에 가입한 공장의 동료들을 만날 수 있었고, 정숙 씨도 망설임 없이 노동조합에 가입했다.

행운이라 믿었던 정년 연장이 인생의 터닝포인트가 되다

정숙 씨는 회사에서 일해 달라고 하면 거절하는 법이 없었다. 맞춰야 할 물량이 있다면 잠을 못 자고 밤을 새워서라도 기꺼이 해내고야 마는 성미였다. 그의 말대로 "열나게" 일하면서도, 임금이 적다거나 노동 조건이 열악하다거나 환경이 나쁘다는 불만을 토로하는 법이 없었다. 신영에서 신아로 옮기고도 불평 한마디 늘어놓지 않았다. 그는 회사가 갑자기 문을 닫겠다고 했을 때 말고는 자신의 감정을 드러내는 법이 없었다.

> "일자리가 없잖아요. 딴 데 갈 데가 없잖아요. 일에 겁은 내지 않는데, 제가 체격이 있으니까 외모로 사람을 평가하고, 일을 안 시켜 주더라고요."

정숙 씨는 깊은 한숨을 내쉬며 말을 더 잇지 못했다. 어떤 일도 겁내지 않고 회사를 옮기는 일도 대수롭지 않던 그였지만, 이젠 젊지 않았다. 그는 신영에서 노후를 대비하는 인생의 설계도를 그렸다.

> "신영은 집도 가깝고, 55세였던 정년이 60세가 되었어요."

신영은 정년이 만 55세로 정해져 있었는데, 2016년 정숙 씨가 54세이던 해에 법 개정 내용에 따라 정년이 60세로 연장되었다.[4] 생각지도 않은 행운이 그를 찾아왔다. 일할 수 있는 시간이 길어진 만큼 노후를 준비할 시간도 길어졌으니 말이다.

> "그해 정년으로 그만둔 사람이 있었어요. 나도 1년만 더 일하면 정년퇴직할 거라고 생각했는데, 6년을 더 일할 수 있게 된 거잖아요. 정말 좋았죠. 그런데 회사가 문을 닫아 버린 거죠."

---

[4] 「고용상 연령차별금지 및 고령자고용촉진에 관한 법률」상 정년을 60세로 연장하는 개정 자체는 2013년 5월 22일 되었는데, 상시근로자 300명 이상 사업장에는 2016년 1월 1일 적용되고, 상시근로자 300명 미만 사업장에는 2017년 7월 1일 적용되었다.

행운이라고 여겼던 정년 연장은 폐업을 맞아 좌절되었다. 그것이 정숙 씨 인생에 전환점이 되었다. 바로 노동조합을 만난 것이다.

"저는 정치사회 같은 것엔 관심 없었어요. 그런데 돌아가는 상황을 보니 노동자는 사람으로 취급하지 않는구나 싶더라고요. 회사가 아무리 자기들 거라지만, 자기 주머니에 들어가기 전에 노동자들의 피땀이 들어 있는 건데, 그거에 대해서 나라는 아무런 제재가 없어요. 그게 너무 화가 나요. 그걸 어떻게 할 방법이 없다는 거예요."

신영은 회장이 최대 주주로 있는 '신영종합개발'이라는 춘천 소재의 골프장에 무려 1천억 원이 넘는 지분을 갖고 있었다. 이는 모두 신영의 순자산가액이었다. 신영이 쌓아 둔 이익잉여금만 7백억 원이 넘었다. 신영이 노동자들의 피땀으로 일구어 낸 엄청난 이윤을 골프장 사업에 투자하면서 제조업 공장은 사실상 청산폐업을 하고 말았다.

공장을 점거하고 농성하는 것만으로는 해결이 쉽지 않아 보였다. 노동자들은 신영 회장이 운영하는 춘천의 골프장을 찾았다. 회장이 애지중지하는 향우회 골프대회를 앞두고 있을 무렵이었다. 노동자들은 골프장으로 올라가는 길목에 천막농성장을 차렸고, 신영프레시젼 청산폐업을 규탄하는 피켓을 들었다. 집회도 열었다. 새벽 일찍 버스를 타고 서울에서 춘천으로 달려가야 하는 수고를 아끼지 않았다.

눈 하나 깜짝하지 않을 것 같던 신영의 회장이 향우회 골프대회를 하루 앞두고 노동조합과 합의를 했다.[5] 그러나 일자리 문제는 아직 해결되지 않았다. 노동조합은 함께 동고동락했던 40명의 조합원이 흩어지지 않고 모두 함께할 일자리를 마련할 방법을 고심하고 있다. 정숙 씨는 노동조합과 운명

---

5   이 책의 23쪽 도표와 37쪽의 내용 참조.

을 함께할 계획이다. 그 끝이 무엇이 될지라도 정숙 씨가 믿고 의지할 곳은 노동조합이었다.

신영 본사에서의 농성은 2019년 9월에 마무리되었다. 정숙 씨의 긴긴 노동의 세월 중에서 아주 짧은 휴식 같은 시간이었다.

"열다섯 살부터 일하면서 쉬어 본 적이 거의 없어요. 애기를 가지고도 집에서 부업을 하면서 일을 했으니 쉰 적이 없던 거죠. 여기서는 진짜 쉬었던 것 같기도 해요. 이런 말 하기 조심스럽지만, 우리 [농성]투쟁이 10개월 정도였는데, 너무 짧았던 것 같아 아쉽기도 해요."

| "삶을 완성하는 무작정" | 성진씨에스 강이순 | 하은 |

늘은 전부다
굳은살로 고이는 몸이다
시간의 거푸집으로 찍어낸 버릇 든 몸이다

삶을 완성하는 무작정이다

— 정끝별, 「늘 몸」 중에서

2019년 5월 1일 이후, 광화문 일자리위원회 앞에서는 성진, 신영, 레이테크 세 개 회사의 노동조합이 함께하는 공동문화제가 매일 열렸다. 성진이 폐업하는 바람에 이순 씨가 일자리를 잃은 지도 벌써 1년이 지난 시점이었다. 싸움은 한 치 앞을 모를 듯하다가도, 결말을 향해 성큼 나아가고 있었다.

　　　　지난 1년의 시간, 그만큼의 이야기를 따라잡지 못했다는 조바심으로 집회를 찾았다. 그때마다 이순 씨는 자신의 곁을 가리키며 '이리 와'라고 손짓해 주었다. 낯선 집회에 갈 때마다 이순 씨를 만나면 '있을 자리'와 '들을 이야기'가 있다는 것에 마음이 놓였다.

　　　　피켓을 들고 서 있거나 그늘에서 잠시 쉴 때 이순 씨의 곁에 붙어 서서, 사는 이야기를 들었다. '죽기 살기로 벌었다'는 고생 대서사시를 조각조각 들으며 나의 엄마, 그리고 엄마의 엄마를 떠올렸다. 경이로울 만큼 강한 생활력, 하나의 몸으로 해내는 것이 가능한지 의심스러운 노동 강도, 게다가 가족 경제를 돌보는 수많은 전략까지. 그런 이의 삶의 궤적 속에서 폐업은 어떤 의미일지 궁금해하며 인터뷰를 부탁드렸다. 이순 씨는 조금의 망설임도 없이 거절했다.

"왜. 하지 말자. 사는 거 힘든 얘기 다 꺼내서 뭐 혀. 옛날 안 좋은 일은 다 묻어 두는 거야."

한 번 또 한 번 짧은 만남이 쌓이던 5월의 어느 날, 일자리위원회와 세 개 노동조합의 면담 결과를 기다리며 건물 앞 그늘에 모여 있었다. 레이테크의 한 분이 챙겨 온 돗자리 위에 신을 벗고 발을 쭉 뻗어 앉아 있는 이순 씨와 이런저런 잡담을 나누었다. 하나뿐인 '메누리(며느리)'는 '나같이 안 만들려고' 했다는 이야기를 열중해서 듣고 있다가, 대뜸 "너는 약장수도 잘하겠다"는 말을 들었다.

"내 이야기 들어 주는 게 마음에 약이지."

자신의 '고생담'을 말하는 것이 그의 마음에 약이 된 것이다. '내가 듣고자 하는 것을 묻고 싶다'는 마음과 '그가 하려는 말을 듣고 싶다'는 마음이 뒤섞인 채 인터뷰를 다시 부탁했다.

"그래 허자. 너 숙제라니까 내가 해줘야지."

완성된 고생담

성진 조합원들이 노동조합 사무실에 빙 둘러앉아 있다. 노동자 글쓰기 수업이었다. 두런두런 살아온 이야기를 차례대로 하다 이순 씨의 순서가 되었다.

회사가 사라졌다

그는 손사래를 치고 몇 번이나 거절하다 말을 꺼냈다. "하기가 좀 그래"라는 말끝에 터져 나온 이야기는 한순간도 멈추지 않았다.

"저는 전라북도 정읍서 태어났거든요. 좀 어려운 가정에서 태어났어요. 날짜 수로 따지면 국민학교 6년 중에 저는 3년밖에 안 다닌 것 같아요. 국민학교 2학년 때부터 밥을 해 먹고 다녔어요. 새벽 다섯 시면 엄마는 밭에 간다고 '이놈 밥해서 동생들 주고 학교 갔다 와라' 그러더라고요. 졸리기도 하고 불을 때다 깜빡 졸았는데, 후루룩 타버리는 나무라 불이 나버렸어요. 놀래 가지고 나는 나왔는데 동생들은 안에서 자고 있어. 부엌에 불이 나고 있는데 동생들을 땡겨 나왔어요. 아빠한테 막 혼났어요. 밥하라 했지 불내라 했냐고.

학년이 자꾸 올라가는데 쪼금 크니까 언니오빠는 서울로 돈 벌러 가버리고 동생들 네다섯 명을 업어서 키우고 동네 동생들도 다 길렀어요. 당숙이랑 올케언니들이 자기네들 일할라고 '애기씨 오늘 학교 가지 마' 그래요. 언니들도 다 내가 애기 보는 사람인 줄 알고.

제가요. 6학년도 겨우 졸업했어요. 지금도 카톡을 보내면 받침을 많이 빼먹고 그래요. 써 놓고도 후회를 많이 하죠. 그때 조금만 배웠으면 이렇게 빼먹지는 않았을 텐데 하고 내 원망을 하면 아들이 그래요. '엄마 이렇게 보낼 수만 있는 것도 감사하니까, 엄마 자신을 너무 내려놓지 마라'고 칭찬을 허더라고요.

학교도 열 살에나 들어갔어요. 그래서 열몇 살에 국민학교 졸업을 한 거죠. 아버지가 일만 시켜. 내가 일을 잘하니까. 어느 날 친구가 그러더라고요. '야, 이순아 우리 서울로 도망갈까?' 그때 기차비가 정읍에서 영등포까지 5백 원이었거든요. '나는 차비 없어서 못 가' 말해 놓고 보니까 아버지가 소 살라고 엄마 머리카락 팔아서 농에서 넣어 논 게 7백 얼마가 있었어. 그래서 그놈 갖고 도망을 왔는데, 갈 데가 없는 거야.

(중략) 언니가 방림방적을 데꼬 갔어요. 거기서 1년 2개월을 다니니까 스물둘이야. 국민학교밖에 못 나왔으니까 중학교 과정을 하려고 했는데, 신길동에 삼성 재건중고등학교[1]가 있더라고. 방림방적에서 그거 공부한다고 밤에는 학교 가고. 3교대인데, 잠이 디지게 많은데, 화장실 간다 하고 잠을 자 버려. 사람들이 막 찾으러 댕기다가 화장실 열어 보니까 거기서 이륵케 하고 자. 하하. '언니 난 잠이 너무 많아서, 방림방적 못 가겄어' 그랬더니 형부가 인천에 있는 어느 공장을 또 넣어 주더라고.

거기서는 피아노 만드는 데를 다녔는데, 지금 남편이 제 앞에서 노래를 부르고 피아노를 얼마나 잘 치던지. 노랫소리에, 피아노 치는 소리에 내가 스물두 살에 애기를 가져 부렸어. 집도 없고, 입덧을 해서 일을 못 다니니까 시집에 들어갔는데, 시동생 다섯에다가 시누이가 하나 있더라고.

결혼도 안 하고 애기를 하나 낳았는데, 집에 애기만 데리고 가고 싶더라고, 남편은 안 보고 싶고…. 막 울고 그랬어. 시집 옆에 시작은어머니가 살았는데, 애기 업고 베보재기 기저귀 열 개만 싸가지고 가서 막 울면서 '작은어머니 나 인자 못 살겄어요. 어디 가서 직장생활 해서 돈을 벌어 살아야 될 것 같아요' 그랬어. 그냥 차비만 조금 달라 그랬지. 그랬더니 작은어머니가 차비를 주는 게 아니라 손잡고 시집 문 앞에까지 와 가지고 '팔어다 주는 쌀에 밥이나 먹고, 더 참고 살어 봐라' 하더라고. 참고 여기까지 오니까, 지금은 참고 살았던 게 잘 살았던 것 같더라고. 행복인 것 같아. 이거를 글로 쓰라고 해도 내가 살

---

[1] 재건학교는 박정희 정권기의 국가주도 산업체 부설학교이다. 전국에 246개의 재건학교가 설립되었다. 재건학교 정책은 생산 현장에 필요한 노동력을 농촌 청소년 교육을 통해 공급하려는 의도에서 비롯된 것이다. (송행희, 「박정희 정권의 비정규교육 정책 연구: "재건학교, 새마을청소년학교, 산업체 부설학교"를 중심으로」, 『교육연구』 32권, 전남대학교 교육문제연구소, 2009, 1~37쪽 참조)

아온 인생이 너무 더러우니까 쓰기가 싫고 그래. 너무나 고생을 했기 때문에 잊어 불 수도 없고 눈물만 나."

누가 말을 더 보태지 않아도 될 정도로, 그의 '고생담'은 이미 완성되어 있었다. 지나온 삶의 장면들이 생생하게 느껴졌다. 이야기 실력에 처음 반한 이후, 이순 씨와의 만남은 언제나 맛깔나는 말들로 채워졌다.

오늘 하루도 살았다

성진은 이순 씨가 결혼 후 정규직으로 다닌 첫 회사였다. 고척동에 사는 언니 집을 지나다니면서 성진 공장을 보았다. 사람을 구하는 공고가 뜨나 보려고 먼 길을 빙 돌아서 공장 앞을 지나다녔다.

"맨날 수시로 와 봤지. 공고가 붙기를…. 어느 날 아줌마가 그래. '여기 얼마 안 있으면 사람 쓴다 그러데요.' 내가 며칠 있다 또 와본다고 했어. 사람 쓴다고 해서 이력서 써 갖고 가니까 그냥 됐어. 그때부터 한 번도 다른 데 안 옮겨 보고 했어. 그리고 요번에 잘린 거지."

그렇게 이순 씨의 자동차 가죽시트 만드는 일이 시작됐다.

"미싱 일자로 쭉쭉 박는 거. 가죽을 모냥 떠 줘. 그럼 연결 작업이니까. 내가 첫 스타트였어. U자로 한 라인에 여덟 명. 자기 공정이 딱 있어. 너는 소데[소매], 너는 옆구리, 너는 등판, 너는 헤드. 따로따로 공정이 있고, 완전히 헤드까지 붙여 가지고 쌍침을 치잖아. 완전히 재봉을 싹 해갖고 밖에다 내보내면, 인자 와이어 끼고 차곡차곡 앗세이(압정)[2]실로 보내. 앗세이 끼다가 가죽이 찢어졌다, 내가 대준 보강

천 그게 빠졌다, 그럼 도로 와. 새로 꿰매서 보내 주지. 불량 나면 꼭, 코오롱 본사로 갔어도 그게 와. 말일쯤 되면 그런 불량 반송 왔던 거를 다 천갈이 하고 그 온 만큼 개수를 보내 줘. 정신없지. 그놈 불량 고쳐서 보낼라면. 긍게 불량 안 낼라고 최선을 다 허지."

최선을 다했다는 것은 마음가짐만이 아니었다. 그의 몸이 부산히 움직여야 했다.

"여덟 시 출근해서 여덟 시 반부터 작업이 들어가지. 열 시 반에 10분 쉬고 또 바로 일하고. 열두 시 반이 점심인데 밥 먹는 한 시간 외에는 계속 서 있었거든. 일이 힘드니까 점심 먹고 자기 미싱 앞에 돗자리 하나 깔고 자는 거야. 일을 못하면 점심시간에 밥 안 먹고 일할 때도 있었어.
언제는 내가 바늘에 찍혔어. 나도 모르게 순간적으로 악 그리고 땡겨. 놀래 갖고 땡겨 버리니까 찢어져 버렸지. 그러면 이렇게 헝겊때기 주워 가지고 피 안 나게 일단 지혈을 해. 그래도 이놈을 이렇게 이렇게 잡고 일을 다 해서 줬다니까. 그리고 인자 저녁에 '아유 오늘도 하루 살었다' 그렇게 허고 집에 가고 그랬어."

20년 동안 1인당 생산량이 두 배가 늘었고, 노동 강도는 극에 달했다. 사고를 정지시키고 온 신경을 바늘 끝에 집중시켰다. 숙련을 넘어 기예가 되었다. 기계보다 빠른 속도로 가죽에 바늘땀을 새기는 일은 그 자리에 선 사람의 몸에도 같은 동작을 달달 새겨 넣었다. 일할 줄 아는 사람 세 명 네 명이 붙어도, 그 라인 그 자리의 한 명이 빠진 몫을 대체할 수 없는 구조였다고 한다.

---

2   あっせい. 압제, 압정을 의미하는 일본어.

회사가 사라졌다

"내가 안 고달프면 또 다른 사람이 고달퍼야 돼. 그렇게 맨날 싸우는 거야. '쟤 하던 걸 나를 줬냐.' 회사가 살벌했어. 지금은 노조 하니까 사람들이 친해졌지. 직장에 있을 때는 서로 살벌해. 서로 못 잡아먹어서 한이여. 바쁘고 힘드니까. 가시방석이야. '죽기 살기로 하자'라고 플래카드를 전무가 써다 걸어 놨어. 진짜 죽기 살기로 했어. 뺏기는 것도 죽기 살기로 뺏겼고."

죽기 살기로

공장의 벽에 붙어 있던 플래카드 때문이었을까. 이순 씨는 "죽기 살기로"라는 말을 반복했다. 죽기 살기로 일하고, 벌었다고 했다. 성진 공장과 또 다른 장소들 그리고 집까지, 모든 자리가 일할 곳이었고 돈 모을 수단이었다.

"성진 다니면서도 그전에는 저녁에 알바를 했어. 일곱 시에 갔다가 한두 시간 목욕탕 청소하는 거야. 같이 일하는 사람들한텐 내가 그런 소리 안 하지. 자존심이 있잖아. 한 시간에 7천 원씩 주더라? 성진 다니기 전에 조금씩 했는데, 다니면서도 아까워서 그 자리를 못 놓았어. 한 시간은 벌어 갖고 애들 간식 사 주고 그랬지.
성진 다니면서 내가 7년짜리 1억 5천 적금을 들었어. 124만 원씩 들어가더라고. 성진에서 월급은 120만 원밖에 안 탔어. 교회 십일조 12만 원씩 찾고, 시골 친정엄마 10만 원씩 드리고, 애기들 쪼금씩 주고. 나에 대해서는 안 썼어. 거기서 남은 걸 다 모으고 모자르는 건 머리 뼨 부업해서 채웠지. 사람들이 그래. '너 왜 이렇게 잠이 많어?' 밤새도록 일하고, 한 세 시쯤에나 자고, 여덟 시에 회사를 가는 거지. 근데 일손을 딱 놓아야 졸립지, 일할 때는 안 졸립더라. '아 이렇게도 사는구나.' 진짜 내 인생은 하늘이 알고 땅이 알지, 남들은 몰라. 우리

아저씨가 공무원이라서, 아저씨가 돈을 많이 벌어다 준 줄 알아. 아저씨는 평생 월급을 나를 안 줬어.
스물두 살에 애기를 낳아서, 업고 다니면서 벌었다 야. 경기도 여주 거기 가서 감자 이삭 줏어서 애기들 간식으로 멕였어. 넘들이 싹 캐 간 다음에 찌꺼기 남는 거 있지?
그래도 시댁에서 나오고 이렇게 성공하고 살은 거지. 어음 와리깡[3]도 해보고, 청소도 해보고, 그렇게 생활했지. 이렇게 지독하게 왔다. 애들이 '엄마가 참 대단하게 살었다' 지그들이 나를 칭찬을 해."

나이가 든 여성노동자의 이야기를 들을 때, 생활력 강한, 억척스러운, 고생만 한 '엄마'의 모습으로만 이해하고 싶지 않았다. 그러나 이순 씨의 생활력, 책임감, 돈 모으는 능력은 여성노동자이자 엄마인 이들에게 부과되었던 삶의 방식이기도 했다.

어린아이 때부터 시작해 한시도 일에서 놓여날 수 없었다. 농사일, 애 보기, 밥 짓기, 방적 공장, 피아노 공장, 임신, 출산, 육아, 청소, 빨래, 살림, 어음 대부업, 손부업, 목욕탕 청소, 자동차 시트 공장···. 그 촘촘하고 무거운 일의 굴레에서 많은 부분은 임금을 받을 수 없었다.[4] 임금을 받는 일들도 대부분 아주 싼 값에 지불되었다. 그럼에도 이순 씨는 돈을 모았다. 먹지도 입지도 쓰지

---

[3] 어음 와리깡(わりかん). 선이자를 떼고 어음을 현금으로 바꾸어 주는 일을 말한다.

[4] 실비아 페데리치는 여성들이 수행하고 있는 노동의 숨은 본질을 아래와 같이 서술한다. "여성으로서의 우리 자신부터 시작했을 때, 우리는 자본을 위한 노동일(勞動日)이 필연적으로 지불수표로 이어지지는 않으며, 공장 문 앞에서 시작되고 끝나지 않음을 알고, 가사노동 그 자체의 본성과 양을 재발견하게 된다. (중략) 가사노동은 단순한 집 청소가 아니다. 가사노동은 임금노동자에게 육체적, 정신적, 성적 서비스를 제공하여 매일같이 일터로 나갈 수 있게 만들어 내는 것이다. 가사노동은 아이들(미래의 노동자들)을 돌보는 것을, 즉 태어날 때부터 학교 다닐 때까지 시중을 들고, 이들 역시 자본주의하에서 기대되는 방식대로 일을 해 나가도록 만드는 것이다. 이는 모든 공장 뒤에, 모든 학교 뒤에, 모든 사무실이나 광산 뒤에는 공장, 학교, 사무실, 광산에서 노동하는 노동력을 생산하기 위해 자신의 생활을, 노동을 소진한 수백만 명 여성들의 숨은 노동이 있음을 의미한다." (실비아 페데리치, 『혁명의 영점』, 황성원 옮김, 갈무리, 2013, 65~66쪽)

도 않으며 밤낮으로 일해서 '돈을 모으는 것'. 이조차도 그의 일들 중 하나였다.

> "어떻게든 꿈적거려야 먹고 살으니까. 나도 돈이 없을 때는 마음을 기냥 내려놔 버렸는데, 통장에 천만 원, 2천만 원 쌓이니까 재밌더라고. 그래서 내가 돈을 더 마악 안 쓰고 모았지. 안 쓰고 밤낮으로 벌었어 그냥. 애들한테도 그 소리 하지. 엄마 인생처럼 되지 말고 열심히 할 수 있을 때 노력해서 부자로 잘 살라고. 나는 배움도 없고, 없는 집에 시집 와 가지고…. 내가 속으로 그래. 거지를 만나서 거부를, 왕자를 만들어 줬다고."

놀라웠다. 이순 씨는 애쓰고 사는 동안 내내 다른 사람의 삶을 책임지고 돌보았다. 그럼에도 '엄마'이기 때문에, 강이순이라는 한 사람의 노력과 삶의 성취들은 '사적인 것'으로만 여겨졌다. 그가 가족을 '먹여 살린 것'은 커리어가 되지 못했다.

> "내가 메누리[며느리] 하나 있잖아. 메누리한테 나 같은 인생을 안 물려줄라고 죽기 살기로 벌었어. 아들도 집 사서 장가보내고, 딸도 집 사서 시집보내고. 남의 집 살았을 때, 애기가 울면은 시끄럽다고 뭐라 그러는 거야. 그런 게 마음에 하도 되어서. 인자 내 새끼들은 그런 인생을 안 시켜야지 해서, 다 집을 사줬지."

이야기의 결론은 늘 "나 같은 인생을 안 물려 줄라고"였다. 대대로 이어지는 '나처럼 살지 마라'라는 엄마(들)의 주문은 이순 씨의 말 속에서도 반복되고 있었다. 자신이 살아온 것과 다른 인생을 물려주고자 한 그의 바람은 긴 세월 노력 끝에 이루어진 듯 보였다. 그렇다면 그는 어떤 이유로 폐업 이후 1년이 넘는 긴 시간 동안 싸움을 해나간 것일까.

늘그막에 만난 노동조합

> "노조? 처음엔 어거지로 했어. 다 하니까. 사람들 많은 쪽으로 서자 했지. 하하. 여든 명 중에 마흔일곱 명이 하고, 나머지가 안 했더라고. 그래서 노조를 들었는데 사무실에 맨날 모이더라고? 처음엔 계속 안 갔어. '이순아 오늘 꼭 가' '응, 알았어' 그러고 집에 쉭 가 버리고, 쉭 가 버리고 계속 그러다가."

성진은 최저시급 인상을 핑계로 모든 수당, 연차, 간식을 없애 나갔다. '이번이 마지막'이라는 생각으로 타협하고 또 타협했지만, 밥값 내고는 도저히 일할 수 없어 노동조합을 만들었고, 회사는 보란 듯 폐업했다. 이순 씨는 노동조합에서 함께 싸우기를 선택했다. 나이 든 여성노동자가 노동조합을 선택했던 순간은 뭔가 절박하고 결연할 것이라 짐작되지만, 유리한 편에 서기 위해 노조에 가입했다. 이순 씨에게 노조는 좀 고생스럽지만 새롭게 한 번 해볼 만한 경험이었다.

> "노조에 들어서 많은 교육을 받다 보니까 갑질에 대적할 수 있는 건 노조뿐이야."

노동조합을 시작하고 나니 당하는 줄도 몰랐던 '갑질'을 알게 되었다. 알면서도 속아 주고, 빼앗겨도 참았던 순간들이 '불쌍해졌다'.

> "첫 직장이자 마지막 직장[5]이 그렇게 됐어. 뺏어 갈 때는 '회사가 어

---

[5] 이순 씨는 수많은 일자리(방림방적, 피아노 공장, 청소, 손부업 등)를 경험했지만, 성진을 처음이자 마지막 직장이라고 여러 번 언급한다. 월급이 꼬박꼬박 나오고, 연봉과 상여가 있으며, 직장 동료가 있고, 기간에 정함이 없이 안정적으로 고용되었던 것이 성진을 '유일한 직장'으로 부른 이유가 되었을 것이다.

려워서 그런다', 맨날 '적자다' 그래. 안 믿어졌지. 우리가 일을 이렇게 해주는데 적자 볼 수가 없고, 적자면 운영을 할 수가 없는 거야. 알면서도 속고 모르면서도 속고 일을 해야 해. 다른 데 회사는 못 가니까. 배운 게 미싱이니까.

우리가 바보는 바보였어. 노조를 만드니까 사장이 문 닫는다고 그럴 때 일을 중단했어야 되는데, 그거를 다 매수를 맞춰 놓고, 마지막까지 일을 죽기 살기로 하고 왔어.

회사하고 집 회사하고 집. 그것밖에 안 다녔으니까. 놀러 다닐 새가 없었어. 그래도 노조 하면서 출세했지. 세종시도 가 보고 안 가 본 데가 없어. 남의 투쟁장에 연대 가서 다른 사람 갑질당한 것허고 나 갑질당한 것허고 비교를 해보면, 우리가 다 서글픈 인생을 살았더라고."

이순 씨는 연대하기 위해 이곳저곳 다닌 경험을 '출세'라고 표현했다. 이전의 그는 자신이 겪은 부당함조차 바쁘다는 이유로 지나치며 살았다. 싸움을 시작하고 다른 곳에 가서 다른 사람의 이야기를 들었다. 내 처지같이 서글펐다. 그렇게 같은 입장에 서서 함께 맞서기도 했다.

"그렇게 뺏길 때는 노조 생각을 못해 봤지. 무서웠지. 나는 노조라는 게 테레비에서 각목으로 때리고, 붙잽혀 가면은 경찰서 가야 되는 줄 알었어. 첨에는 그랬는데 지금은 같이 맞서서 하고 싶더라고. 레이테크가 고용노동청에 면담하자고 만나러 갔는데 [노동청 직원들이] 문을 안 열어.[6] 유리문을 밀고 땡기다가 유리가 터져 버렸어. 나도 병원

---

[6] 2018년 9월 18일 레이테크코리아분회 조합원들은 올바른 근로감독을 촉구하며 서울지방고용노동청장 면담을 요청하였다. 이후 근로감독관의 안내에 따라 건물 내 계단을 이동하다가 노동청 직원들이 갑작스럽게 문을 닫으며 막아 대치하는 상황에서 유리문이 파손되는 상황이 벌어졌다. 유리 파편이 쏟아지며 여덟 명의 조합원이 찰과상과 타박상을 입었고, 이마와 얼굴이 찢어지는 부상이 발생했다. (「여성 노동자들, 노동청 항의 방문 중 부상 입어」, 『여성신문』 진주원 기자, 2018년 9월 19일자 기사 참조)

에 가고 그랬어. 속이 미식거리고, 유리가 어깨도 때리고 주머니에도 유리가 막 들어갔어. 레이테크 사람들은 피가 철철 났어. '아~ 요놈들은 우리가 건전하게 투쟁을 해도, 이렇게 우리를 무시하는구나.' 저그가 시도를 걸어서 불법이야. 우리는 대화하자고 간 거잖아. 대화를 해주면 될 것이고. 그런데 무조건 문 잠그고 안 열어 줘. 코오롱에서도 우리만 가면 문 잠그잖아?

노조 해보니까는 인자 이렇게 갑질당하는 이런 것도 조금씩 알아지고 그래. 다 늘그막에 안 거지. 근데 지금은 좋아. 힘이 됐어, 노조가. 사장이 갑질한다, 그러면 말을 내세울 수가 있잖아. 뺏어가면 뺏긴 거 안 뺏길라고 싸우고. 좋아, 지금은 마음이 말도 못 해도, 최고로 행복한 거 같애. 내 인생에서 최고로. 끝이야."

이순 씨는 회사가 폐업하고 싸우고 있는 지금이 살아온 중에 최고로 행복하다는 말을 여러 번 했다. 그는 크게 바라는 것이 없었다. 딸과 아들은 출가했고, 모아둔 돈 덕에 생계도 급하지 않았다. 생각해 보면 아쉬울 것이 없었기에 1년 넘는 시간을 노조에 쏟았는지도 모른다.

하지만 아쉬울 게 없다는 이유만으로 노조에 남아 싸운 것은 아니었다. 싸우는 동안 이순 씨는 지나간 삶의 경험들을 다르게 해석할 수 있었다. 그저 '고생했구나' 하고 지나친 세월을 '갑질'이라 이름 붙이게 되었다. 고생했던 지난날에 사회가 '잘못'한 탓도 있음을 알고 나니 조금은 덜 힘들었다. '다 늘그막'일지라도 내세울 수 있는 새로운 말을 얻어서 좋았다.

고생 끝에 낙?

2019년 6월, 코오롱과의 협상이 '전직 지원 프로그램'으로 가닥 잡혀 가자 조합원들은 새 일자리에 대한 고민이 커졌다. 한 직장에서 얼마나 '오래, 능숙하게 일했는지'와는 별개로, 이들이 중장년 여성의 제조업 경력을 인정하는 안정적인 직장에 다시 진입할 가능성은 매우 적었다.[7] 그러나 이순 씨에게는 별다른 고민거리가 되지 않았다.

> "거 옆에 30년 된 아줌마한테 '누구한테 말하지 말고, 우리 둘이 컨설팅에서 직장을 시켜 준다고 그러면 청소 가자. 계단청소 그런 것이나 허자' 맨날 그런 소리해.[8] 우리는 육십이 넘어서 어디를 가. 노느니 쪼금이라도 벌어야지. 적금 빠져나가는 거만 끝나면 안 해야지. 인자 즐겁게 살아야지. 여기서 노조 끝나도. 뭐 갈 날이 가깝지, 살 날보다는. 그니까 인제 남은 인생을 그냥 즐겁게, 재미나게, 돈에 너무 구애받지 말고. 그냥 내 인생, 제2의 인생을 즐겁게 살다 죽을라고 그 생각을 하고 있어. 그동안 사느라고 애썼지. 하느님은 아시겠지 뭐."

이순 씨는 지금까지 살아온 '고생' 이야기를 '행복'으로 결말지었다. 그 고생담은 임금노동과 재생산노동에서 해방되어 가는 시점에서야 '가치 있는' 것으로 다시 쓰일 수 있었다. 그러나 그러한 성취는 적당히 잃은 건강, 때맞춰 오른 집값이라는 꽤 취약한 조건 위에 놓인 것이기도 하다.

지난날의 고생과 지금부터의 행복이 크게 대조될수록 이순 씨 삶의 궤적이 더 가치 있게 되는 것일까? 이순 씨의 고생 이야기가 적당한 보상과

---

[7] 중장년층 가운데 괜찮은 일자리 취업 가능성이 가장 낮은 집단은 인적 특성으로는 고연령, 저학력, 여성중장년이다. 여성, 고졸 이하 저학력층, 1년 전에 미취업상태에 있거나 비경제활동 상태에 있던 사람 가운데 5% 이하가 괜찮은 일자리에 취업한다는 점을 볼 때, 중장년층(특히 60세 이상)의 괜찮은 일자리 진입은 매우 힘들다는 점을 알 수 있다. (이성균, 「중장년층의 취업과 "괜찮은 일자리"」, 『한국사회정책』 15권 2호, 2008년 12월, 181~216쪽 참조)

[8] 청소, 육아, 요리, 살림 등의 가사노동(재생산노동)은 임금을 받지 못하는 노동이었다. 여성의 가사노동은 '사적인', '비생산성'의 영역으로 간주되어 가치 폄하되었다. 일자리에 있어, 제조업 노동과 청소 노동의 위계를 드러내는 이순 씨의 말들은 60대 이상 고령 여성이 재진입할 수 있는 일자리와 그에게 허용된 노동 시장 내에서의 위치를 고민하며 읽을 필요가 있을 것이다.

행복으로 끝맺음되어 기쁘지만, 한편으로 끝에 '낙'(보상)이 없는 고생은 어떻게 이해할 수 있을지 고민이 들었다.

이순 씨는 '입에 담기도 싫다'면서, 고생담을 말하고 또 말하였다. 그가 사람들에게 들려줄 자기 이야기를 만들며 어째서 삶의 '고생' 부분을 주로 발췌하는지 궁금했다. 이순 씨가 했던 수많은 고생들은 시간이 많이 흘렀지만, 여전히 '원래 여자가 당연히 해야 하는 일'이(었)기에 그 가치를 제대로 평가받지 못했다. 그가 가진 삶의 기술들과 전략가로서의 모습, 가족공동체를 유지하고 돌보았던 책임자 역할은 그저 '고생'으로 뭉뚱그려진다. 고생은 사회적이고 공적인 경력으로서 '커리어'가 되지 못한 채 생존을 위해 희생하는 억척스러운 '노동자이자 엄마의 대단함' 정도로만 추켜세워진다. 삶의 경험들이 사회적으로 인정받지 못했기 때문에, 이순 씨는 들어주는 사람을 찾아 '고생담'을 끝없이 말해야만 했을지 모른다. 그리고 이를 듣는 세상은 그 이야기의 의미를 다르게 해석할 수 있는 마땅한 말을 찾지 못하고 있다.

이순 씨가 하는 말을 들을 때마다 '어떻게 저렇게 살 수 있었을까?' 하는 존경의 마음이 들었지만, 한구석에는 '저렇게 살아야만, 살아남을 수 있는 것인가?' 하는 고민이 남았다. 이순 씨는 자신 같은 삶을 물려주고 싶지 않아 했다. '나처럼 살지 마라'는 엄마(들)의 주문 앞에 선 딸(들)은 '엄마처럼 살지 않겠다'고 응답한다. 이 말 속에는 자신의 삶을 온통 다음 세대의 삶에 쏟는 것에 대한 두려움과 동시에 한 사람의 고생에 대한 부채의식이 뒤섞여 있다.

돈을 모으고, 가족을 책임지는 것이 이순 씨 삶의 동력이었고 의미였다. '딸'의 자리에서, 20대 여성의 위치에서 내가 고민하는 삶의 조건들을 떠올린다. 노동소득만으로 생존[9]을 보장할 수 없고, '돈 모으기', '부동산 마련',

---

[9] 연구자 김홍중은 '생존'에 새로운 의미를 부여한다. "새로운 생존 개념은 삶의 거의 모든 영역 또는 생애 과정 전체에서 진행되고 있는 경쟁 상황에서 도태되거나 낙오되지 않는 상태를 가리킨다. 즉 새로운 생존의 의미는 재난이나 위기에서 목숨을 구하는 것이라는 본래의 뜻이 비유적으로 확장된 형태이다." (김홍중, 「서바이벌, 생존주의 그리고 청년세대: 마음의 사회학의 관점에서」, 『한국사회학』 49집 1호, 2015년 2월호, 179~212쪽 참조)

회사가 사라졌다

'가족 부양'을 삶의 동력으로 삼을 수도 없다. 엄마처럼 살지 않는다면 무엇으로 살 것인가.

 이순 씨와 '엄마(들)'의 고생 이야기는 어렵다. 무거운 마음으로 이순 씨의 말을 곱씹는다. '고생 끝에 낙'이 아니라도, 고생이 그 자체로 가치 있게 인정되기를 바란다. 삶에서 애쓰는 순간들, 노동들, 고민하고 나아가는 순간들이 모두 긍정되기를. 이순 씨의 고생담이 숙제처럼 놓여 있다. '나처럼 살지 않기'를 바라며 물려준 세계와 그 이야기가 남아 있다.

이기는 것?
하루 더 버티는 것!

| 레이테크코리아 정해선 | 희정 |

영화평론가와 소설가, 두 사람이 나와 영화에 대한 감상을 나누는 방송이 있다.[1] 마지막에 자신이 생각한 '최고의 장면'을 뽑는 순서가 있는데, 그 코너를 좋아했다. 좋아한 이유를 따로 생각해 본 적 없으나, 아마 기록 글을 쓰는 내일과 비슷하다고 생각했기 때문일지 모르겠다.

　　감독이 어떤 장면을 좋아했는지, 어떤 내용을 강조하고 싶었는지, 무엇을 숨기고 싶었는지 관객인 우리는 정확히 알 수 없다. 다만 추측할 뿐이다. 그리고 저마다 좋아하는 장면을 마음속으로 꼽는다. 나 또한 인터뷰를 마치고 돌아오는 길, 계속 맴도는 말이나 눈앞에 선명하던 풍경을 집어 든다. 그것이 '최고의 장면'이 된다.

　　물론 최고의 장면을 뽑는 일은 조심스럽다. 내가 좋아하는 장면이 다른 사람의 공감을 얻을 수 있을지. 당사자 본인은 그 기억이 부각되는 것을 어떻게 생각할지. 당사자에게는 별로 중요한 일이 아닐 수도, 어쩌면 좋은 기억이 아닐지도 모른다.

　　홀로 감상평을 써내는 영화학도처럼 타인의 삶을 떠올리고 생각하고

---

[1] <이동진, 김중혁의 영화당>(B tv 자체 제작 프로그램).

해석하는 일을 반복한다. 영화를 돌려 보듯 인터뷰한 녹취록을 뒤적이다가, 다시 한 번 그들을 찾아가기도 한다. 볼수록 더 모르겠는 영화도 있고, 보면 볼수록 새로운 장면이 눈에 들어오는 영화도 있다. 노동도, 싸움도, 삶도 그렇다.

　　　　레이테크라는 회사에서 일한 여자들의 이야기에도 내가 선정한 최고의 장면이 있다. 물론 이것이 그들 자신이 생각하는 최고의 순간은 결코 아닐 것이다. 그저 내게 울림이 컸던 장면이다. 그 장면을 만들어 준 사람은 해선 씨다.

내가 싸우는 걸 이해 못 해요

처음 만났을 때, 해선 씨는 해고된 상태였다. 자신이 일하던 부서가 아예 사라졌다. 그런데도 힘들거나 슬프거나 분노한 모습이 아닌 해맑고 순한 얼굴로 나타나 기억에 남았다. 첫인상이 선한 사람이었다. 낯선 상대인 나를 편하게 대하려는 태도가 고마웠다. 몸에 밴 배려였다. 그런 사람들을 알았다. 자신의 괴로움이나 슬픔을 뒤로하고, 세상에 나올 때 예의 바른 얼굴을 하는 사람들이 있다. 언뜻 순해 보이지만 실은 애를 쓰는 사람이다. 자신보다 타인을 먼저 생각하려고 노력하는 사람들.

　　　　회사 이야기를 하며 해선 씨는 과장되거나 감정적인 표현을 가급적 자제했다. 하지만 자신의 감정을 숨기지도 않았다. 때로 그것은 "너무 화가 났어요" 정도로 말해졌지만, 당시의 심정을 느끼기에는 충분했다. 그가 주는 편안한 인상과 더불어, 솔직하면서도 예의를 갖춘 표현은 내게 간격을 만들어 주었다. 이야기를 듣는 내내 나는 적정한 거리를 유지하며 그의 경험에 다가갈 수 있었다.

　　　　해선 씨가 보여 준 배려로 인해 나는 그를 더 이해하고 싶어졌다. 아니, 그의 싸움을 제대로 알고 싶었다.

"내가 싸우는 걸 주변 사람들은 이해 못 해요."

그가 몇 년을 강고하고 끈질기게 싸운 사람이라는 것을 알았다. 그래서 무던하고 순하게만 보이는 인상이 낯설었는지도 모른다. 내 편견이겠다. "매일이 시위"라는 말을 뒤집으면, 싸움은 이들이 살아가는 일상의 일부라는 의미였다.

'해선아' 하고 부를 때가 있잖아요

해선 씨와 그 동료들은 7년 동안 회사와 싸웠다. 정규직 일자리를 계약직·단시간 근무로 변경하려는 회사의 시도에 맞서 2013년 노동조합을 세웠고, 그 후 내내 노사갈등을 겪고 있다. 어떻게 그리 오랜 시간을 싸우나. 싸운다고 해서 세상이 대단하다고 정의롭다고 추켜세워 주는 것도 아니다. 나이 든 여자들이 젊은 사장과 싸우고 있으면 근로감독관도 '왜들 이러나' 하는 표정으로 뒷짐 진 채 멀찌감치 떨어져 선다. 지나치는 사람들 눈에는 소란일 뿐이다.
하루는 어떤 문제로 사장과 언성이 높아졌는데, 옆 사무실 사람이 복도에 나와 아줌마들이 시끄럽다고 소리를 질렀다고 했다. 노동조합 조끼를 입고 있어도 '아줌마' 소리에서 벗어나기 힘들었다. 아줌마들은 '드세고' 여자들은 '무섭다'면서도 세상은 중년의 여성을 함부로 대한다. 그런 시선을 마주하면 이들은 "우리가 원래 안 이랬는데"라고 변명을 하다가 또 "원래 아줌마로 살다 보면 억세져" 수긍을 하기도 한다.
'일하는 아줌마로 산다'는 것은 그런 것이었다. 함부로 계약직 (변경) 근로계약서를 건넬 수 있는, 정규직이라는 말이 무색하게 낮은 임금을 책정할 수 있는, 그마저도 사장이 무슨 대단한 혜택을 주는 양 굴 수 있는 지위에 놓이는 일이다. 자신들에게 야박한 세상을 향해 목소리 높이지 않고는 무엇 하나 순순히 얻을 수 없었다.

회사가 사라졌다

"미스 때 일하는 거랑 아줌마가 되어 일을 하는 거랑은 다르다는 걸 느껴요. 미스 때는 지금보다 수월하게 일을 한 것 같아요. 많이 봐주는 느낌도 있었고. 그런데 아줌마가 되어서 노동 현장에 들어갔을 때는 봐주는 게 전혀 없는 거예요. 나에게 더 요구되는 것들이 있어요. 더 가혹하게. 그게 현실인 것 같아요."[2]

그런 현실에서 다정하게 이름 불리며 살긴 쉽지 않다. 그러나 해선 씨에게는 이름으로 불러 주는 사람들이 있었다.

"버틸 수 있는 힘이요? 그거 같아요. 여기가 결혼하고 첫 직장인데요. 팀장님들이 누구누구 씨라고 안 부르고, 가끔 이름만 부를 때가 있거든요. '해선아' 하고 부를 때가 있어요. 결혼하고서는 저를 그렇게 불러 주는 사람이 없었어요. 우리 집 같은 경우에는 남편이 '누구 엄마'라고는 안 해요. 이름을 가끔 부르는데 그거랑 이건 또 다르잖아요. 그때 너무 좋았어요."[3]

해선 씨는 이어 말했다. 그래서 언니들을 떠날 수 없다고. 왜 계속 회사와 싸우는가에 대한 그만의 대답이었다. 이 말이 오래 기억에 남았다. 개인의 관계, 공간, 일상이 어떻게 싸움의 '현장'으로 옮겨 가는지를 보여 주기 때문이다. 아니다. 이런 이유는 굳이 찾아낸 것일지도 모른다. 그저 그 말이 좋았을지도. 해선 씨가 레이테크라는 일터에서 맺은 관계를 얼마나 애틋하게

---

[2] 비슷한 시기에 다른 현장에서 치열한 투쟁을 했던 톨게이트 수납노동자(유경화, 매송 영업소)의 말을 빌려 온다.

[3] 직장(일터)은 이들이 '생산직 노동자'가 되는 공간이기도 했지만, 동시에 자신의 이름으로 호명되면서 온전한 개인의 정체성을 느낄 수 있는 공간이기도 했다. 다른 업종에서의 연구이긴 하지만, 「시설관리서비스 산업의 노동의 특성과 작업장의 사회적 관계구조에 대한 연구」(조혁진, 『산업노동연구』 23권 3호, 2017, 177~216쪽)에 따르면, 노동자들은 작업장에서 이름으로 불리는 경험을 통해 일종의 '자기애'를 느끼게 된다.

여기는지를 조금은 눈치챘기 때문이다.

한 사람이 빠지는 건 크잖아요

그러고 보면 해선 씨가 인터뷰이로 섭외되는 과정이 독특했다. 인터뷰를 해 줄 조합원이 있을까 노동조합에 문의했더니, 조직부장을 맡고 있던 나미자 씨가 이렇게 물었다.

   "투쟁을 계속하자고 하는 사람이 좋을까요? 아니면 다른 의견을 가진 사람이 나을까요?"

   그때가 2019년 5월, 당시 레이테크 포장부 직원들은 해고까지 당한 상황이었다. 당연히 떠나고 싶은 사람이 있을 법했다.

   "아니다. 둘 다 하면 좋겠지요?"

   보통의 경우, 노동조합 간부가 자신과 같은 의견을 피력하는 조합원만 소개해 주지 않을까 우려하기 마련인데, 여기는 굳이 반대 의견을 가진 사람을 소개해 주겠다고 했다. 무언가 다르구나, 생각했다. 가려는 길은 다를 수 있어도 서로를 믿는 관계라는 것이 느껴졌다.
   신뢰라는 건 '오래 같이 싸웠으니까'라는 말로 설명되진 않는다. 종일 같이 시간을 보낼수록 등지고 살 이유가 더 많아진다. 서로 간의 믿음과 배려를 유지하기 위해 애쓰는 사람들이 있는 게다. 애쓰는 사람 자리에 해선 씨 또한 있었다.

   "내가 여기서 힘들다고 가면, 언니들 더 힘들어지겠지. 한 사람이 별

거는 아니지만 한 사람이 빠지는 건 크잖아요. 그렇지만 떠난 분들도, 도저히 못 있을 상황이 되니까 가는 거라 생각해요. 가면서도 편치 않고. 차라리 남아 있는 게 편하긴 해요. 미안한 마음은 없잖아요. 같이 있으니까."

누가 시켜서 하는 게 아니었다

"언니들이 일할 때도 많이 봐줬거든요."

그가 일했을, 문구용 스티커와 포장지가 가득 쌓인 작업대가 떠오른다. 결혼하고 첫 직장. 결혼 전에는 사무직 책상 한 켠을 차지했더라도 기혼이 되면 그런 자리를 꿈꾸기 어려워진다. 생산직 포장일을 찾았다. 여섯 시 퇴근이라는 장점 하나 보고 들어왔다. 당시 그에게는 어린이집에 다니는 막내가 있었다.

"가정주부로만 있다가 2011년도에 밖으로 나온 거예요. 저는 모든 회사는 다 이렇구나 했어요. 처음 들어왔는데 언니들이 옆을 안 보는 거예요. 그러고는 오전 근무가 다 끝나잖아요. 점심시간이 되어서야 옆 라인에 누가 안 왔는지를 그때 확인. 고개 한 번 들어 볼 시간도 없이 일해요. 화장실도 점심시간에만 가야 하는 건 줄 알았어요."

쉴 틈이 들어갈 자리 없는 작업대에서도 언니, 동생 하는 관계가 만들어졌다. 서로가 이름으로 불렀다. 한때 많게는 여든 명 넘게 근무했다는 포장부는 작업 종류에 따라 두 개 팀으로 나뉘었고, 각기 팀장이 있었다. 팀장 두 명이 포장부 관리를 도맡았다. 사무직 관리자는 따로 작업장에 내려올 필요도 없었다고 했다.

"우리는 누가 시켜서 하는 게 아니었거든요."

현장 통제가 들어설 자리를 성실함으로 메웠다. 당시 직원들에게 부서 사람은 가족 같았고, 회사는 자신들을 태운 큰 배와 같았다.

"하루에 2천 개, 3천 개 해야 할 수량이 있었어요. 수량을 맞춰야 한다기보다, 그만큼은 해줘야 한다는 생각이 다 있어요. 이건 꼭 해줘야 한다. 그래서 누가 시켜서 일을 한 게 아니라, 내 스스로가 열심히 했어요."

스스로에게 화장실 갈 시간도 주지 않은 채 일을 '해주었다'.

"내가 여기서 일을 하면서 책임감을 가지고 좋은 제품을 만들어 내야지 회사에 득이 되고, 그래야 나도 좋은 거니까."

회사가 성장해야 자신들의 일자리도 유지된다고 생각했다. 회사와 자신들을 운명공동체로 여겼다. 내가 하는 일에 대한 책임감과 자부심이 있었다. 이름 석 자 적혀 나오지 않는 생산품에서 자기 자신을 찾았다.

"물건 하나가 나가더라도 제대로 인정받고 싶은 거죠. 내가 만든 제품이 덜렁덜렁해서 '이런 걸 만들었어?' 그런 소리는 듣고 싶지 않잖아요."

해선 씨에게 이 말을 들은 후부터 문구품을 살 때면 포장지에 눈이 갔다. 대수롭지 않게 지나치던 포장 상태에서 미세하게 다른 것이 보였다. 견고하게 싸여 있는 비닐 포장을 보며 얼굴 모를 작업자의 꼼꼼한 솜씨를 떠올렸다.

성실한 노동에 대한 보답은 계약직으로의 전환 시도, 사업장 지방 이전 등이었다. 회사의 모든 시도에는 이 말이 담겨 있었다. 당신들에게 나가는 돈이 아깝다. 이들 대부분이 최저임금을 받는 정규직임에도 그랬다. 계약직 직원을 고용하거나 업무를 외주업체에 맡기는 등 비용을 아낄 수 있는 모든 경우와 비교당했다. 회사는 계산을 거듭한 끝에 포장부를 외주화한다. 이들은 해고됐다.

우리 회사와 내가 만든 물건. 그것은 한쪽만의 상상이었다. 이들의 상상으로 만든 공동체에서 회사가 이탈했다. 같은 운명이 아니었다. 회사가 이탈한 자리에 노동조합이 들어왔다. 해선 씨의 이름을 불러 주던 팀장은 회사가 포장부 직원 전부를 계약직으로 전환하려 할 때 노동조합을 세웠다.

그 후 해선 씨는 레이테크 소속 노동자이자 레이테크코리아분회 조합원으로 일했다. '매일이 시위'인 삶이 그에게 왔다.

아무나 데려다 놓고

포장부를 없앴는데도 사람들이 나가질 않자 회사는 물량도 주지 않았다. 반품된 지 수년 된 물건만 보내 왔다. 작업장과 작업대가 사라진 상황에서 포장부 사람들은 사무실 맨바닥에 돗자리를 깔고 작업했다.

> "재고 물품 작업을 하려면 먼지가…. 하나만 만져도 손이 새카매지니까. 숨을 쉴 수가 없어요. 그렇게 정리할 물건만 계속 보내졌어요. 재고 물건이 열 개가 오면 새로 포장할 물건은 한 개? 재고 물건은 몇 년치가 쌓인 거니까, 종류가 수백 가지가 되거든요. 같은 아이템이어도 색깔이 수십 가지이고."

이들에게 주는 최저임금마저 아까웠는지, 머리 복잡한 제조업보다는 유통 중심으로 회사를 재편하고 싶었는지, 아니면 '감히' 사장과 동등한 위치에 서려는 노동조합이 꼴 보기 싫었는지 몰라도, 회사가 2013년부터 이들에게 해온 모든 행위에는 이 말이 담겼다. 나가라.

그런 회사를 향해 정해선 씨는 '존중'이라는 단어를 썼다

> "아무나 데려다 놓고 일하는 게 아니잖아요. 그 사람이 일하는 기간 동안 자기 노하우가 생기는 거고, 어떻게 하면 좋은 제품을 만들까 생각을 하잖아요. 새로운 사람들 데려다가 그만큼 일하게 하려면 시간이 걸리는 거잖아요. 그러니까 있는 사람을 존중을 해줘야 하는데 그렇게 생각하지 않는 사장이 정말 미워요."

해선 씨가 '아무나'를 운운한 것은 사장이 "동네 아줌마들 데려다가 일 시켜 줬더니"라는 말을 했기 때문이다. 당신들 일은 누구를 데리고 와도 할 수 있는 거라 했다. 이 말을 사람 면전에 대놓고 했다니 참으로 무례하고 잔혹하다. 그러나 한편으로 이런 생각을 레이테크 사장만 한다고 말할 수 있을까. 생산직 노동(특히 '단순, 비숙련'이라 여겨지는 여성노동)에 대한 사람들의 인식은 저 사장과 얼마나 다른가.

"물건 하나가 나가더라도 제대로 인정받고 싶다"던 해선 씨의 말과는 참 다른 인식이다. 우리는 제품이 어떤 과정을 거쳐 만들어지는지도 모른 채, 손쉽게 타인의 노동에 '비숙련' '단순'이라는 수식어를 붙인다. 차량 가죽시트 제조업체인 성진에서 일하던 이는 가죽시트 뒷면의 바느질을 본 적이 있느냐고 물었다. 없었다. 매끈한 중형차의 견고함을 유지시키는 것은 그런 뒷면들일 텐데, 가죽시트 뒷면의 바느질이 얼마나 반듯하게 되어 있는지 우리는 모른다. 그 반듯함을 유지하기 위해 늘 손에 힘을 주어, 아침이면 뻣뻣해진 손을 뜨거운 물에 담그고 달래야 생활이 가능하다는 사람들을, 그리고 그 노동을 모른다.

이러한 무지는 사회적으로 조장된 것이다.[4] 타인의 노동에 '단순, 반복, 비숙련'이라는 환상을 심어야 그들에게 부과되는 저임금에 무심할 수 있다. 사장의 입장에서도 마찬가지다. 노동자의 숙련은 회사가 알고 싶어 하지 않는 사실이다. 해선 씨는 모르는 척을 넘어 함부로 무시하는 사장이 밉다고 했다.

> "그래서 쉽게 [싸움을] 그만둘 수가 없어요. '네[사장]가 그만큼 우리한테 했으니까 나도 그만큼 해야지'라는 생각을 가지면 안 되지만, 그렇게 되더라고요. 네가 우리를 존중해 줬다면 얼마든지 원하는 대로 해줄 수 있겠지만, 그게 아니니까 못 그만두겠어요."

좋은 끝을 바라기에

못 그만두는 또 하나의 이유가 있다. 아직은 '좋은 끝'이 아니기 때문이다. 좋은 끝이 무엇이냐고 묻자 그는 이렇게 답했다. "끝나고 언니들과 어디서 봐도 반갑게 볼 수 있는 사이로 남는 거요." 싸움이 힘들어 떠난 이들이든, 같이 버틴 이들이든 반갑게 볼 수 있는 사이로 남고 싶었다.

해선 씨에게 일터란 '나'라는 존재를 오랜만에 자각한 공간이었다. 여느 기혼 여성들처럼 책임질 것만 많은 삶을 살아오다가, 경제적 부담마저 이고 들어간 곳에서 '해선아'라고 불러 주는 사람들을 만났다. 그리고 그곳에서 일하는 사람이자, 동료이자, 후배이자, 친한 동생이자, 조합원으로 자신의 위치를 잡아 나갔다. 그 관계의 끝을 최선을 다해 지키고 싶다. 그래서 싸운다.

---

[4] "이런 작업장 내부의 노동윤리 구성은 성별 분업체계와 결합해 숙련과 미숙련의 경계를 성별구조로 분할했다. 숙련노동은 남성에게, 미숙련노동은 여성에게 할당된 것이다. 이는 실제가 아니라 하나의 담론이었다." (장훈교, 『일을 되찾자』, 나름북스, 2019, 133쪽)

그런데 싸움은 동료들과 함께 하는 것인 동시에 혼자만의 것이기도 하다. 싸우는 이유는 스스로 만들어야 한다. 누구도 '이렇게까지' 싸우는 이유를 대신 설명해 주진 못한다.

"아무리 이야기를 해줘도 이해를 못 해. 남편도, 가까운 사이도 나를 다 이해는 못 해요."

어느 날부터 아내에게 전화를 걸어 어디냐고 물으면, 고용노동부, 일자리위원회, 경찰서, 이런 곳의 이름을 대니 남편도 당황스럽기는 할 것이다. 해선 씨가 연대하고 있는 신영이나 성진 사람들, 그러니까 폐업에 맞서 싸우는 사람들에 대해 이야기하면 해선 씨의 남편은 이렇게 말한다.

"아니, 회사가 문 닫고 간다는데 그걸 어떻게 할 거야?"
"그럼 어떻게 해?"
"당신도 당신 살 길을 찾아야지."

해고되기 전부터 회사는 매일 나갔지만 월급은 거의 없다시피 했다. 하루는 사장이 작업중지 명령을 내리고, 하루는 노동조합이 그에 맞서 파업을 한다. 이런 날들이 이어졌다. 그 과정에서 모진 소리를 듣거나 수모를 겪지 않았을 리 없다. 그러니 사정을 아는 지인들은 걱정한다며 이런 말을 한다. "네가 결정한 거니 반대하진 않지만, 그게 최선인지는 모르겠다."

하지만 해선 씨는 싸움을 겪어 보지 않은 사람은 모르는 마음이 있다고 했다. 왜 싸우는지는 싸워 본 사람만이 안다. "나의 생계를 위해서 싸우지만, 100퍼센트 생계만은 아니거든요." 싸우는 사람들은 종종 저 말을 한다. 과연 당신이 믿을지는 모르겠다는 표정을 지으면서도.

"솔직히 나의 생계를 위해서 싸우지만, 100퍼센트 생계만은 아니거든요. 밑바닥 요만큼은, 작은 부분에는…. 내 마음 밑바닥에 요만큼은 대의가 있는 거거든요. 내가 이걸 견디지 못하면 나 아닌 내 가족들, 내 주변 누군가가 겪을 일이라 생각하니까…. 내가 여기서 조금이라도 견뎌 주면 누군가에게 갈 어려움이 줄지 않을까. 그런 마음이 있는 거거든요.

노조 조합원으로 이렇게 있는 게 쉽지만은 않아요. 많이 힘들고, 나이가 나이인 만큼 한 해 한 해가 다르더라고요. 몸이 고장 난 언니들이 많고. 우리가 갱년기잖아요. 나의 삶 때문에 하고 있는 거긴 하지만, 저번에 건국대 학생들이 와서 이런 이야기를 하더라고요. 이렇게 견뎌 주셔서 정말 고맙다고. 눈물이 막 나오고 여기가 막 먹먹하더라고요. 학생한테 너무 고맙다고, 나 이런 이야기 처음 들어 본다고…. 이렇게 알아주는 사람이 있잖아요."

'아줌마들 시끄러워'가 아니라, '싸워 주어서 고맙다'는 말을 싸움 7년 만에 처음 들었다고 했다. 그만큼 이해받지 못한 싸움이었다. 회사가 문을 닫는다는데, 구조조정을 한다는데, 사장이 자기 소유의 사업 규모를 줄인다는데, 그걸 어떻게 할 거야? 회사가 쫓아내도 나가지 않는 사람들을 세상은 답답하다는 듯 본다. 고령일수록, 여자일수록, 작은 회사일수록 이런 시선을 받는다.

싸워 본 사람은 알겠지만, 막상 싸움을 시작하면 싸움을 멈춰야 할 이유가 늘어 간다. 지나가는 사람들이 던지는 한마디, 답답하다는 듯 던지는 찰나의 시선이 이들을 흔들리게 만든다.

앞서 소개한 영화 소개 방송에서 영화평론가는 이런 말을 했다.

"신념을 공표하는 것보다 신념을 지켜 나가는 것이 더 어렵다."

내가 '왜 싸우는 거예요?'하고 쫓아가 묻는 사람들을 떠올려 본다. 평론가는 영화 <더 포스트>에 나오는 『워싱턴포스트』의 언론인들을 두고 한 말이었지만,[5] 정의와 안온 사이에서 선택을 해야 하는 순간은 펜을 쥔 이들에게만 오지 않는다. 일상을 사는 사람들도 선택을 강요당한다. 정확히는 피해 갈 것을, 감수할 것을, 체념할 것을 선택하도록 요구받는다. 그러지 않겠다고 선언하는 것도 어렵고, 지켜나가는 것은 더 어렵다.

냉장고에 코끼리 넣기

내가 만난 이들은 왜 싸움을 시작했는지에 대해서는 쉽게 답해도, 왜 아직도 싸우고 있는지에 대해 답하는 것은 어려워했다. 질문이 생소해서가 아니다. 스스로에게 너무도 자주 묻는 질문이기 때문이다. 왜 자신을 거리로 내몬 회사를 떠나지 못하는지. 언제까지 싸워야 하는지. 이 싸움은 언제 끝나는지.

싸우는 사람을 미궁 속에 빠트리는 이 질문에는 '냉장고에 코끼리 넣기' 같은 답이 따라온다. 싸우는 사람들끼리 통하는 농담이다. 냉장고에 코끼리를 넣는 방법은 이러하다. 냉장고 문을 연다. 코끼리를 냉장고에 넣는다. 냉장고 문을 닫는다. 답은 복잡하지 않다. 투쟁에 적용해도 마찬가지다. 언제까지 싸워야 이기나? 해선 씨는 이렇게 답했다.

"이기려면 자본보다 하루 더 버티면 된다."

이 알 수 없는 답을 믿고 산다. 지키고 싶은 것이 있기 때문이다. "해선아" 하고 불리는 순간 느꼈던 마음을.

---

[5] <이동진, 김중혁의 영화당> 140회. '저널리즘의 빛과 그늘' 편.

"늘 말하잖아요. 하루 더 견디면 된다. 그래서 우리 레이테크도 어떻게 될지 모르지만, 서로의 길을 가야 한다면 웃으며 가고, 웃으며 만나자고."

노동조합이 뽑은 최고의 장면

기록자가 세상에 내보이길 원하는 장면과 당사자가 보이길 원하는 장면은 다르다. 초고를 본 이필자 씨는 글에 한 장면이 더 들어갔으면 좋겠다고 했다. 그는 정해선 씨를 '해선아'라고 불렀다는 포장부 팀장이자, 레이테크코리아분회의 분회장이다.

그가 원고에 들어갔으면 한다는 장면은 이것이었다. 사장이 길거리에서 소리를 지르며 직원들에게 해고장을 나눠 준 사건. 그는 이 이야기를 동료로부터 전해 들었다고 했다. 교섭을 몇 시간 앞두고 사장이 해고장을 들고 왔다. 단체교섭[6] 중 해고는 단체협약 위반이라며 해고장을 받지 않겠다는 조합원들과 사장 사이에 실랑이가 벌어졌다. 조합원들은 대피하듯 회사를 빠져나왔다. 사장은 그들 뒤를 쫓아가며 해고장을 받아 가라고 소리 질렀다.

"○○○, 당신에게 너무 잘 어울리는 해고장이야. 받아 가!"

이 장면을 들었을 때 나는 얼굴을 찡그렸는데, 대사 자체가 너무 오글거렸기 때문이다. 그러나 이필자 씨는 심각한 표정으로 말했다.

"해고가 된다는 자체만으로도 너무 충격인데…. 앞날이 깜깜한 거잖

---

[6] 노동조합과 사용자 또는 사용자 단체 사이에 이루어지는 노동 조건의 유지·개선 등에 대한 교섭. 「알아 두면 좋은 용어 설명」 참조.

아요. 그거를 모르는 사람들이 구경꾼으로 있는 거리에서, 그것도 당신들에게 너무 잘 어울리는 해고장 당장 받아라, 이런 식으로. 상황을 전화로 전해 듣는데 너무 화가 나서 머리카락이 서는 거예요."

내가 처음 해고당한 순간을 떠올렸다. 감히 이들의 경험과 비교할 수도 없는 작은 경험이었다. 단기 알바였고, 이들에 비해 꽤 정중한 통보였다. 그럼에도 그날 나는 내가 별로 쓸모가 없는 사람처럼 느껴졌다. 세상으로부터 거절당한 기분이었다. 해고라는 것이 그저 일이 중단되는 단순한 문제가 아님을 알아버렸다.

이상하게도 해고란, 설사 부당함을 안다 해도 나의 쓸모[7]를 되돌아보게 한다. 그런데 자신의 쓸모가 뭉개지는 순간을 얼굴도 본 적 없는, 어찌 해명이라도 해볼 수 없는 사람들에게 보이고 만 것이다. 레이테크 포장부 사람들이 겪은 일이다.

레이테크코리아분회는 이날 일을 글에 넣어 달라고 했다. 그들이 '고용된 직원'이라는 이유만으로 어떤 수모를 당했는지 적나라하게 보여 주는 사건이기에 그럴 것이다. 오랫동안 마음을 짓누르는 일이었다.

그러나 나를 사로잡은 것은 오히려 소란이 있고 몇 시간 뒤에 열린 교섭 자리에서 벌어진 일이었다. 근로감독관의 중재로 고용노동청에서 열린 교섭에서 분회장은 사장에게 처음으로 반말을 했다고 한다.

"니가 사장이면 다냐. 처음이에요. 그때까진 '사장님'이라고 존칭을 써 가며 교섭했거든요. 그날은 사장이 아닌 정말 못난 인간에게 할 이야기를 다 했어요. 그랬더니 나를 뚫을 듯이 쳐다보더라고요. 왜 쳐

---

[7] '쓸모없음'을 느끼는 순간은 절망적이다. 그런데 이것은 우리가 '쓸모의 증명'을 강요받고 있기 때문이기도 하다. 사회적으로 인정하는 쓸모의 정도가 위계를 만들고 누군가를 차별하는 수단이 된다. 자본주의 사회에서 장애인은 '쓸모없는 노동력'으로 여겨진다.

다 보는데? 내가 틀린 말 했냐? 하고 싶은 말 다 했어요."

교섭 자리에서 나온 반말이 특이해서 기억에 남은 것이 아니다. 내가 놀란 지점은 이 일이 벌어진 시점이었다. 노조를 만들고 6년이 지난, 2019년이었다. 이날 교섭이 무산되면 해고되어 내일부터 남남이 될 바로 그 전날에야, 사장을 '너'라고 호칭했다. 그전에는 꼬박꼬박 존대를 했다고 한다.

아버지 사장이나 아들 사장이나 자기들 필요할 때나 '이 팀장'이지, 배알이 꼬인다 싶으면 '이필자', '김○○'이라며 직원들 이름부터 찾았다. '아줌마', '당신' 같은 호칭도 기분에 따라 나왔다.

"우리가 아무리 노조원이 스물한 명이더라도 이 사람이 사장이에요.
사장 대우 해줬지. 무시한 적도 없고."

지금껏 갖은 호칭으로 불린 분회장이 사장에게 단 한 차례 '너'라고 했을 뿐이다. 이것이 얼마나 특이하고 대단한 일이라, 나는 이 사건을 책에 담고 있는 것일까. 생산직일수록 들어야 하는 말의 길이가 짧다. 여자라면 반말을 들을 확률이 더 커진다. 그런데도 사장에게는 대우를 해주어야 한다. 세상은 '사장 대우'에 민감하다. 직원과 사장의 위계가 분명하다.

사장 그 자신도 마찬가지다. 기분 내키는 대로 말꼬리를 잘라 부르던 사람들이 어느 날 노동조합을 만들어 나타나면, 같은 테이블에 눈 마주하고 앉아 서로 존대해 가며 협의를 해야 한다고 하면 모욕감부터 느낀다. 불쾌하고, 눈엣가시 같고, 내쫓고 싶고, 돈이 아깝고, 그러다 보면 레이테크 사례처럼 내내 갈등을 겪게 된다.

레이테크 조합원들은 싸우는 이유 중 하나로 "이런 사람이 사장을 하면 안 된다는 것"을 보여 주고 싶다고 했다. 이것이 '개인'의 인성 문제만이 아님도 안다.

"사장에게 계속 학습이 되는 거예요. 법 테두리 안에서 이렇게까지 가능하다. 이 정도는 해도 된다. 학습이 돼서…. 그러니 싸움이 점점 길어지는 거예요." _박성남, 레이테크코리아분회

누가 사장을 학습시키나. 부당노동행위 신고를 받고 온 근로감독관은 뒷짐 지며 서로 좋게 해결하자고 하고, 그가 겨우 뒷짐 풀고 자료를 올리면 검찰은 기소까지 한세월을 보낸다. 기소를 해서 법원에 보내고 합당한 판정을 받더라도 돈 있는 자의 항소 파티가 기다리고 있다. 결국 일하는 사람은 수년 법정 싸움에 '돈 없는 것이 죄'라는 결론을 맞게 된다.

"법과 제도가 해결을 안 해주니까 사람이 달려드는 거잖아요." _박성남, 레이테크코리아분회

가진 것 없는 죄인이 분한 마음에 악이라도 쓰면 "기센 아줌마들이 나서다가 잘렸구만" 하는 시선이 온다. 외주화도, 해고도 그들 탓이 되어 버린다. 하지만 차가운 세상 시선에 주눅 들어도 알 것은 안다. 지금 사회가 사장에게 무엇을 학습시키는지도 안다. 싸우는 사람들이 끊어 내고 싶은 것은 '그래도 되는 세상'이다.

"맞서서 싸우고 있다는 그 자체만으로 정말 큰 의미가 있다고 생각해요. 더러워서 피할 수도 있고 치사해서 피할 수 있지만, 그러면 또 딴 사람이 이런 취급을 받아야 하니, 나는 맞서서 싸우겠다. 내가 잘못한 것이 없기 때문에. 온갖 못난 갑질에 피하지 않고 싸우고 있다는 자체만으로, 나는 이겼다고 생각해요." _이필자, 레이테크코리아분회 분회장

하루 더 버텨 웃으며 끝까지 가고 싶다는 이의 바람도, 싸우는 것 자체가 승리라며 마음을 다잡아 보는 일도, 얼마나 힘을 발휘할진 모른다. 일하

는 사람을 존중할 줄 모르는 사회다. '그래도 되는 세상'이 싫어 여자들은 뭉쳐 '달려든다'. 달려드는 여자들이 만드는 장면이 자꾸만 내 마음을 잡아끄는 이유다. 그 장면들이 모여 우리가 사는 세상의 풍경을 바꿀 것을 알기에.

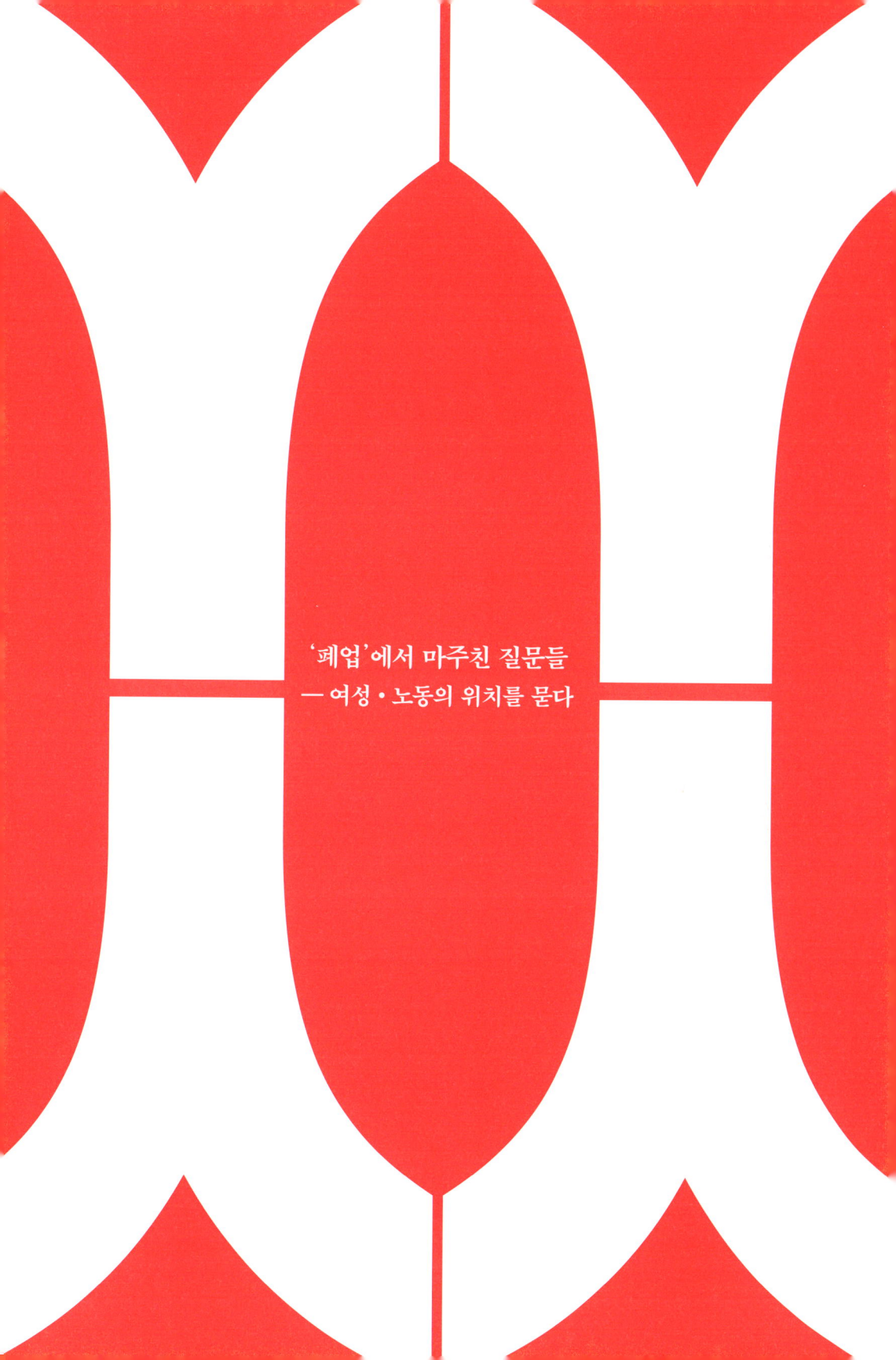

'폐업'에서 마주친 질문들
— 여성·노동의 위치를 묻다

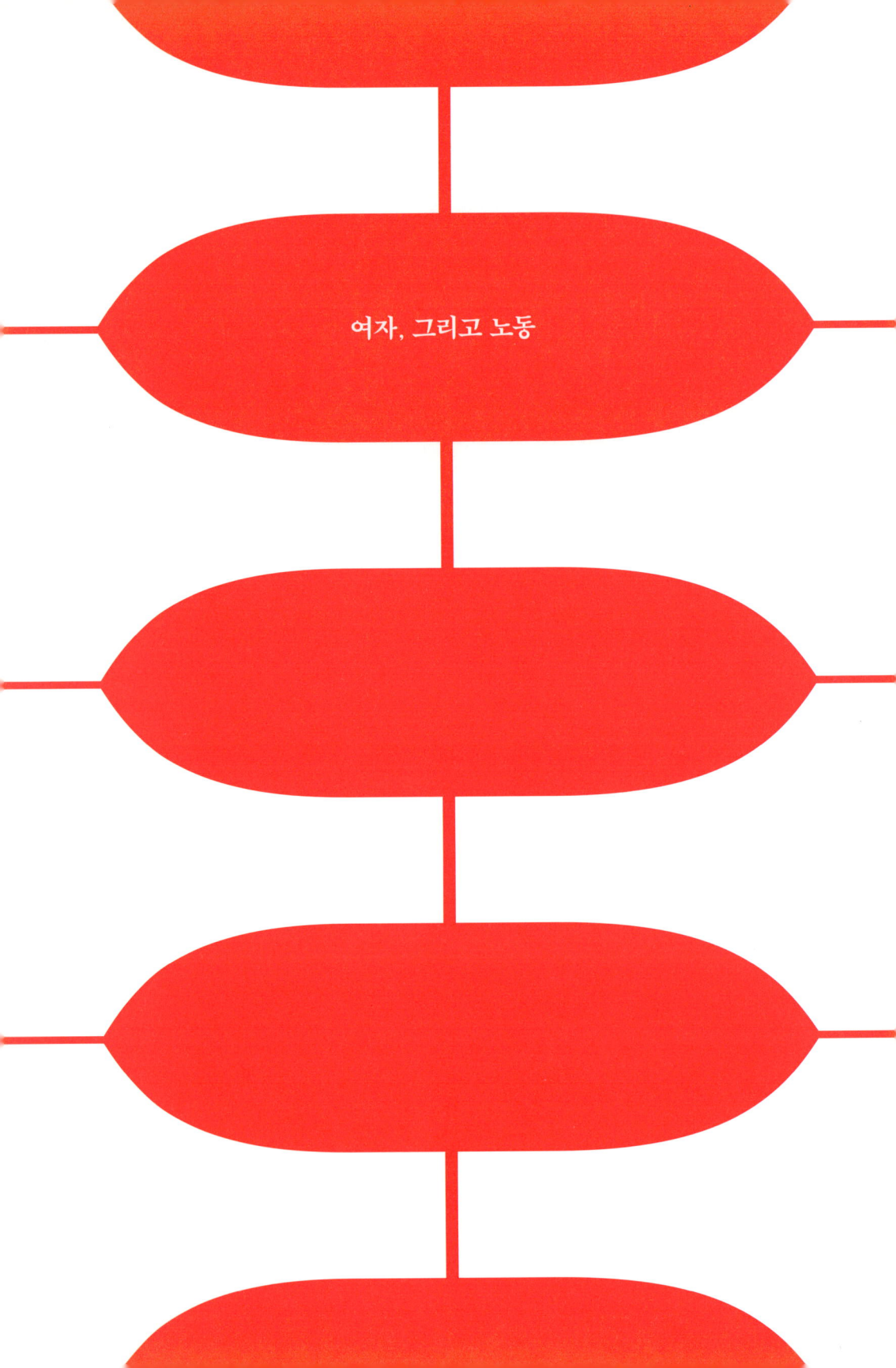

사장님의 계산법

"당신들 노동은 천 원짜리야"

희정

천 원짜리 노동

유명 크리에이터가 한 말이 있다.

"받는 만큼 일하려면 나 아침에 출근하자마자 퇴근해야 해."[1]

처음 들었을 때는 통쾌했다. 내 월급 빼고 다 오르는 물가가 지긋지긋하고, 길고 긴 노동시간은 더 끔찍했으니까. 브라운관 뒤에서 얼마나 많은 사람들이 자신의 시간과 재능, 열정을 헐값에 투여하는지 알기에 더 공감이 갔다.[2]

대부분의 노동자들은 본인이 받는 급여 이상의 일을 수행하고 있다.

---

[1] 크리에이터 재재가 한 말이다.
[2] 『방송계 비정규직 프리랜서 노동실태 조사』(2020년 4월)에 따르면, 방송국 비정규직 중 프리랜서 계약을 맺는다는 응답이 40.7%로 가장 높았고, 구두 계약을 맺는다는 응답도 40.2%였다. 임금 체불을 경험한 비정규직 노동자가 절반 이상인 52.4%이며, 열에 아홉은 「근로기준법」이 정한 노동자 권리(연차휴가, 퇴직금 등)를 보장받지 못했다.

하지만 본인이 받은 것 이상으로 일한다고 말을 꺼내기 어려운 직군도 어딘가 존재한다. 내가 만난 생산직 노동 현장의 사람들이 이런 이야기를 했다면 어떤 핀잔이 돌아올까.

"당신들 노동은 천 원짜리야."

레이테크 노동자들은 사장으로부터 이런 말을 들어야 했다. 한 시간에 천 원짜리 노동이 세상에 어디 있을까. 요즘 물가로 천 원이면 껌 한 통 산다. 이 말을 들은 건 최저시급이 7천 원을 넘긴 해였다. 레이테크 사장은 최저시급이 오르자 인력 감축(그러니까 해고)을 시도했고 노동조합의 반대에 부딪혀 성공하지 못했다. 그는 울분을 감추지 못하고 이 말을 뱉었다.

사장님의 계산법

하지만 오만하고 감정적인 말이라고만 치부하긴 힘들다. 나름 자본가의 수학적 계산이 들어가 있는 말이다. 여기, 레이테크 사장이 외주화 이유를 말한 대목이 있어 가져와 본다.

> "[레이테크 사장은] '내부에서 제품 하나를 포장하는 데 드는 비용이 120원인데 외부에 맡기면 25~35원 정도'라며 '그동안 무리하게 포장부 고용을 유지해 오다가 최근 매출 및 일감이 줄면서 불가피하게 외주화와 전환 배치를 결정했다'고 말했다."[3]

---

[3] 「레이테크코리아 노동자, 포장업무 외주화에 반발」, 『참여와혁신』, 이동희 기자, 2018년 2월 7일자 기사.

불가피하게 외주화를 결정했다고 한다. 레이테크의 모든 제품의 포장 업무를 외주업체에게 맡겼다. 그런데 비용 절감 액수를 계산하기 전에 의아한 것이 있다. 아무리 외주업체라지만 똑같은 포장일인데, 어떻게 작업 비용이 다섯 배나 차이가 날 수 있나. 포장 업무를 어디에 맡기면 저런 절감이 발생하나. 조합원들이 전해 준 바로는 부업 업체라고 했다.[4] 인형 눈알 하나 붙이는 데 1원이라는, 그 손부업(가내수공업) 말이다.

레이테크 사장이 말한 제품 하나 포장하는 데 드는 '25원'은 레이테크가 손부업 중간 알선업체에 지급하는 금액이었다. 여기서 수수료 등을 뗀 금액이 가내수공업 노동자에게 돌아간다. 레이테크 입장에서는 손부업 업체를 이용해 포장을 하면 임대료, 공과금, 4대보험, 식대가 들지 않는다. 값싸다. 그 모든 비용을 이름 모를 노동자가 감당하고 있으니 회사는 절약을 한다.

저임금, 장시간, 계약직…. 불안정 노동을 대표하는 이런 단어들에도 속하지 못하는 노동이 만연하다. 수치도 통계도 낼 수 없는 음지의 노동. 하지만 최근 늘어난 손부업 플랫폼 수를 보면 현실이 보인다. 수많은 회사가 포장하고 조립할 '값싼 손'을 필요로 하고 있다. 이제 노동자도 필요 없다. '손'만 있으면 된다.

이렇게 손만 있으면 되는 시스템이 만들어지니, 노동의 값은 끝 간 데를 모르고 떨어진다. 그러니 레이테크 노동자들이 아무리 꼼꼼하게 일해도, 회사는 이들에게 주는 최저임금이 아깝기만 하다.

---

[4] "2014년에 파업할 때, 그쪽에서 우리 업무를 한 적이 있어요. 불법 대체인력으로 판정이 나서 사장이 한 달간 출국금지가 된 적도 있어요. 그때도 진짜 외주가 밖에서 되고 있는지 가보자. 이름이 O아트거든요. 어디쯤인지만 알고 우리가 찾아다녔죠. 막 찾아다니다가 어디서 많이 본 박스가 보여서 갔어요. 들어가서 두드렸더니 문을 열어 주더라고. 우리 물건이 쫙 있더라고요. O아트 사장이라는 자가 태어나 처음 듣는 욕을 무지막지로 쏟아낸 적이 있어요. 말로 옮길 수도 없는. 우리에게 무슨 년들 해가면서. 고용노동부에 신고를 했죠. 불법 대체인력이다. 우리가 현장까지 잡았으니, 너희가 조사를 해라. 근로감독관한테 주소를 줬어요. 그런데 안 가더라고요." (이필자, 레이테크코리아분회 분회장)

"내가 이 나이 되어서 어디 가서 손가락질받지 않고 살았는데…. 뭐 어디 가서 나쁜 짓을 한 것도 아니고…. 왜 내가 사장한테 이런 소리를, 이런 비아냥거림을 눈앞에서…. 어휴 진짜 힘들었어요. 낮에는 몰라요. 집에서 불 끄고 자려고 하면 말들이 떠오르고. 누워 있다가 벌떡 일어나는 거예요." _이필자, 레이테크코리아분회 분회장

누군가의 노동 값이 함부로 계산된 곳에는 이처럼 모욕이 존재했다.

그곳에는 여자들이 있다

가정 내에서 '부업'이라고 불리는 일을 하는 사람들은 누구인가? 일단[5] 여자들이다. 그도 그럴 것이 폐업의 현장에서 만난 중년의 여성들은 '집 가까운 회사가 최고'라고 했다.

"여자는 집 가까운 게 최고지요. 그러면 웬만하면 다 감수하고 다니잖아요."

진짜 최고여서 그런가. 최고라 하기에는 너무 많은 것을 양보한다. 임금, 복지, 안정적 고용 형태, 그리고 인간적 대우 같은 것들 말이다. 그런데도 집 가까운 직장을 선호한다. '가정과 일의 양립'을 해야 하는 기혼 여성들의 현실적 선택이다.

집과 직장이 가깝다 못해 아예 집에서 일을 할 수 있다면? 더 많은 것을 감내할 준비가 되어 있다. 복지는 이미 다 내주었고, 더 내주어야 할 것은

---

[5] '여성'이라고 하여 하나의 동일한 집단은 아니므로 '일단'이라고 밝혀 둔다. 연령, 경제적 부, 문화적 자산, 지역적 조건, 결혼 유무 등에 따라 여성들 사이에도 수많은 위계가 존재한다.

노동자라는 지위이다. 스스로 사각지대에 들어간다.

회사가 사라진 여자들은, 그리고 레이테크처럼 회사가 이전을 하여 더는 '집 가까운 직장'이 아니게 된 일터를 '제 발로 나온' 여자들은 어디로 갈까. 일자리도 없다는 요즘이다. 이들은 발걸음을 집으로 돌리고, 일용직 노동자로도 포함되지 못하는 부업 인력이 된다.

그동안 레이테크와 같은 도심의 공장들이 땅값 비싼 부지를 지키고 있던 이유는 하나였다. 부지 임대료로 나가는 손실을 메워 줄 값싼 노동력이 도시에 있었기 때문이다. 집 가까운 직장이라면 적은 임금을 감수하는 사람들이 있었다. 멀리 나갈 수 없는 여자들 옆에 공장을 지었다. 집이 가까우니 많은 것을 포기하라 했다. 애초 당신이 있을 곳은 '가정'이고 이곳은 '임시'로 존재하는 곳이라 했다. 10년을 일하고 20년을 일해도 그렇게 말했다.

그런데 최근 10여 년 사이 공장들이 수도권 인근이나 '지방'으로 옮겨 가고 있다. 기업이 서울의 과밀을 우려해서라거나 정부 정책을 충실히 이행해서가 아니었다(물론 이전 시 감세, 금리 우대 등 혜택이 주어진다). 더는 도시의 값싼 (기혼 여성) 인력이 필요 없어졌기 때문이다. 더 저렴한 인력들이 등장하기 시작했다.

휴대폰 부품 제조업체인 신영에는 이주노동자 직원이 많았다. "[회사 건물] 4층에 기숙사 있는 게 다 중국 교포들 기숙사였어요. 중국 교포, 그리고 인도네시아에서 온 사람들." 왜 많나. "그 사람들은 특근하라면 다 해. 잔업하라면 다 해. 기숙사 쓰라는 건 [일에] 묶어 두는 거지." 이주노동자들은 저렴한 여성노동과 경쟁하거나 이들을 대체한다. 두 집단 모두 '값싸다'는 장점을 두고 경쟁 아닌 경쟁을 한다. 여기에 더해 파견, 계약직, 소사장제, 아르바이트 등 고용 형태가 확장되고 있다. 모두 저렴하고 (해고가) 유연하다는 특성이 있다. 외주화도, 가내수공업도 이러한 흐름 속에 있다.

2018년에 16% 인상된 최저임금이 기업을 위협하는 주범이라며 화두에 올랐지만(다음 해 최저임금 인상률은 3%에 그쳤다), 실제 많은 노동자들은 최저임금조차 지급받지 못했다. 개당 10원짜리 사각지대 노동이 만연했다.

값싼 노동이 어떤 형태로 드러나든, 그곳에는 여자들이 있었다.

우는 소리는 누가 내는가

그런데 정작 우는 소리는 여자들에게서 나오지 않는다. 사장들이 더 섧게 운다. 경기가 어렵다고 했다. 틀린 말은 아니다. 레이테크만 보더라도, 다이소처럼 저렴한 가격을 경쟁력으로 하는 대형 업체가 문구품 시장에 등장하는 등 시장 변동에 따라 어려움을 겪었다.

  불안정한 시대, 어려움은 누구에게나 온다. 다만 본인에게 유리한 방향으로 힘을 작동시킬 수 있는 집단은 정해져 있다. 레이테크는 노조 조합원을 제외한 직원들을 계약직으로 전환했다. 달리 말하자면, 계약직으로 전환되기를 거부한 포장부 직원들이 노동조합을 만들어 버렸다. 2013년의 일이다. 계약직으로 전환된 이들은 1년마다 재계약을 한다고 했다. 3개월짜리 계약직 직원(디자이너)도 있다고 들었다. 회사는 자꾸만 어렵다며 사람을 내보냈다. 여러 부서가 외주화되거나 사라졌다. 기계는 매각됐다. 그러는 사이 직원 수는 1/5가량 줄었다.

  신영 또한 명예퇴직을 서너 차례나 진행했다. 전자산업의 불황이 그 이유였다. 그런데 희망퇴직 공고가 붙은 작업장 저편에는 아르바이트 면접을 보러 온 이들이 줄을 길게 늘어섰다. 단기 아르바이트를 대대적으로 모집한 것이다. 폐업하기 1년 전인 2017년에는 아르바이트 노동자 수가 정직원(200여 명)과 맞먹는 수준이었다.

  회사는 위기를 극복한다며 사람에게 들어가는 비용을 절감했다. 그 방식이 제일 쉬웠다. "여기 사람 쓸 값이면 저기서 사람 몇 명 쓴다." 이 말 하나면 사회도, 정부도, 심지어 일하는 사람들마저 인정해 줬다. '저기'가 어떤 자리인지는 관심 두지 않았다. 자본의 이동이 자유로운 시기에는 '저기'가 제 3세계 현지이거나 그곳에서 온 노동자가 되는 경우가 많았다. 저기가 어디이

든, 이 문장의 주어는 '사람'이 아니다. '사람 쓸 값'이 사람 자리를 대신한다. 늘 돈이 주어 자리를 차지한다.

　　비용과 이윤을 사람 자리에 놓는 사회에서 '여기' 사람들의 삶은 무너지고 있다. 물론 '저기'는 더 말할 필요도 없다. 저기와 여기가 나뉘는 가운데 사람들은 무너진 삶을 이고 간다. 사람 선 자리를 아무리 쪼개도, 직원을 아무리 내보내도 기업은 힘들다는 말을 멈추지 않는다. 힘들다고 말하는 이유는, 말할 수 있기 때문이다.

　　말은 아무나 할 수 있는 것이 아니다. 목소리(언어)는 힘이기도 하다. 그 목소리를 내지 못하고 사라지는 사람들이 있다. 이들을 통해 기업은 위기로부터 손쉽게 탈출하려 한다.

위기는 위계 피라미드를 타고 아래로 흘러간다

희정

요구할 수 없는 사람들

신영에서 십수 년 일해 온 여자들은 말했다. "우리 일에는 '꽁밥'이라는 게 없다." 공짜 밥 먹은 적 없이 열심히 살았다는 소리다. 최저임금 기본급에 일을 더 한 만큼, 더 빨리 한 만큼 돈(수당)이 붙었다. 어떻게든 덜 주려 하는 사람은 있어도 더 주는 사람은 없었다. 주야간 맞교대 근무에, 쾌적한 환경도 아니었다. "덥지. 시끄럽지. 하여튼 더운 게 최고"였다. 여름이면 속옷까지 다 젖을 정도였다. 24시간 돌아가는 사출 기계가 열을 뿜어 댔다.[1]

> "뭐든지 콤비어(컨베이어 벨트)를 태우는 작업은 사람 신물 나게 만들어." _이순영, 신영프레시전분회

---

[1] "요만한 휴대폰 부품 찍는 기계 하나 온도가 300도가 넘는 거예요. 이게 스물 몇 대가 있다고 생각해 보세요. 커다란 에어컨이 양쪽에 있고 강풍기를 돌리고 선풍기를 작업자마다 하나씩 놓고 밑에 얼음방석 깔고 목에 냉찜질하고. 화장 그런 게 어딨어. 선풍기에서는 뜨거운 바람 나오지. 미치는 거야. 실오라기 하나, 머리카락 하나라도 닿으면 짜증나는 거 있잖아요. 머리띠로 맨날 머리 올리고 얼굴은 맨날 붉어. 우리 회사가 4계절 다 작업복이 있어요. 근데 사출은 못 입지. 뭔 긴팔이야. 한 겨울에도 반팔을 입고, 갈아입을 속옷 가지고 다니는데." (이순영, 신영프레시전분회)

회사가 사라졌다

그 신물 나는 일을 많게는 한 주에 91시간(하루 13시간 7일 근무)씩 했다. 그래도 괜찮았다고 했다. 우리 회사가 잘나갈 때는 상여금이 몇백 퍼센트였다면서 그 시절 이야기를 자주 했다. 여기서 벌어 아파트 대출금도 갚고, 자식들 등록금도 냈다. 그래서 '우리 회사'라고 했다.

회장님 건강 챙긴다고 철마다 가져다 바치는 건강식품이나 음식에는 '잘 봐 달라'는 의미만 있지 않았다. 진심으로 회장의 건강을 염려했다. "회사가 잘나가야 우리도 여기서 오래 다닐 수 있다고, 진짜 이렇게 생각한 거예요." 한번은 신영 회장이 구속될 뻔한 일이 있었다. 너무 오래 일을 시킨 게였다. 2018년 법 개정에 따라 주 최대 법정근로시간이 52시간으로 줄어드는 일이 있었다. 개정안 시행을 앞두고 고용노동부가 근로감독을 시행하였는데, 신영의 장시간 노동이 문제가 된 것이다. 신영은 고용노동부로부터 두 차례 지적을 받았다. 세 차례 적발 시에는 사업주 구속도 가능했다. 그때 회장님 구하겠다고 직원들은 탄원서도 썼다. 관리자 압박 때문이기도 했지만, 사장이 있어야 자신들의 고용도 있다는 생각 때문이었다.

구속을 면한 회장님은 주야간 맞교대를 포기하고 3조 3교대로 근무 형태를 변경한다. 하지만 3교대는 일하는 이들에게 '여유 있는 삶'으로 연결되지 못했다. 오히려 사라진 잔업만큼 임금이 삭감됐다. 금전적 여유 없는 삶이 이들을 기다렸다. 기본급이라고는 10년을 일해도 20년을 일해도 최저임금 수준이었다. 호봉도 적용되질 않았다. 이들의 생활과 자녀 등록금, 대출금을 책임지던 것은 잔업수당이었다.

월급명세서를 붙잡고 시름이 깊을 때, 같은 부서(사출팀) 남성들은 연봉제로 전환해 임금을 보전받는다는 이야기가 들렸다. 남성직원들이 '3교대로 버는 돈으로는 생활이 안 되니 나가겠다'고 하니, 회사가 대안을 내놓은 것이다. 그러나 사출팀 대부분은 여성이었다.

여성직원들은 관리자 면담을 요청했다. 면담 요청은 이들에겐 큰 용기를 낸 일이었다. 바로 옆 건물이었으나 한 번도 들어가 본 적 없는 본사 사무실을 찾아갔다. 그곳은 오직 사무직 관리자들의 공간이었다. "여기[본사 건물] 오라 그러면 그게 더 큰일이었지. 혼날 때나 불려 가는 거야." 그런 곳에 나서서 간 것이었다. 그만큼 임금은 중요한 문제였다.

하지만 찾아간 관리자로부터 들은 말은 이것이었다. "당신들은 요구할 수 없다." 정확히는 이 말이었다. "당신들은 요구해서는 안 되니 그런 거 하지 마라."

신기한 말이다. 요구를 들어줄 수 없다가 아니라 요구할 수 없다니. 이들 대부분은 신영에서 일한 지 10년이 넘은 정직원이다. 그런데도 무엇을 요구해서는 안 된다니. 회사가 한 이 애매하고도 모호한 말을 일하는 여자들은 찰떡같이 알아들었다.

> "너희들에게 베풀어 주고 해주는 것 많았다. 오히려 고맙게 생각해라. 이런 의미였던 것 같아요." _이순영, 신영프레시전분회

'집에서 노는 사람들' 데려다가 그동안 돈 벌 수 있게 해줬는데 이제 요구까지 한다는 것이다. 고용노동부가 법 위반이라 이야기한 장시간 노동마저 회사 입장에서는 '이렇게 많이 일을 시켜 줘서 많이 벌게 해줬다'로 합리화되었다. 화를 북돋는 소리다.

남성들에겐 하지 않는 말을 이들에겐 이토록 거리낌 없이 하는 이유가 있다. 애초 '그녀'들은 쉽게 나가라고 있는 존재들이다. 전자산업 내 여성들의 근속기간은 평균 4년이다(남성의 경우, 평균 10년).[2] 짧게 고용되고, 오랜 시간 일하고, 적게 벌었다. 그것이 전자산업, 아니 제조업 산업 전반에서 여성노동력의 위치였다. 4년짜리 인력을 10년 넘게 '고용해 준' 것이다. 그러니 회사는 당당히 말할 수 있었다. "못 버티겠으면 나가라."

---

2 이유미, 「전자산업 여성노동자의 실태와 요구」, 『사회운동』 103호, 노동자운동연구소, 2011, 59~73쪽.

위기는 전가하고 입은 씻는

실제 많은 여성들이 나갔다. 지난 7년간, 남성노동자 수는 3천 명 줄어든 데 비해 여성노동자는 1만 명 가까이 사라졌다.[3] 이러한 까닭은 무엇인가. 1만 명이 사라지기 전, 휴대폰 시장에는 위기가 있었다. 아이러니하게도 그 위기는 우리가 환호하던 기술혁신으로부터 만들어졌다.

더 첨단의 기술, 더 세련된 디자인. IT업계에서는 광고에 '최상'이라는 단어를 넣지 않는다고 한다. 석 달 뒤에 '더 최상'인 제품이 반드시 나오기 때문이다. 끊임없이 새것을 내놓아야 한다. 휴대폰은 모델 교체 주기가 빠르다. 지금 선도적 자리를 유지한다고 해도 모델이 바뀌면 판매량은 급변한다. 판매량을 예측할 순 없는데 신제품 도전은 계속해야 한다. 그러니 위기가 발생한다. 기업들은 저마다 이 위기(리스크)[4]를 관리하겠다고 든다.

신제품 속도전에서 승리하기 위해서는 신속한 공정 구축이 생명이다. 발 빠른 변화를 위해 필요 없어진 설비와 기술, 인력은 미련 없이 교체한다. 이때 교체에 따른 비용과 손해를 감당하는 것은 외주·협력업체.

신영 노동자들은 원청인 LG전자를 두고 '입 씻었다'며 원망했다. 신제품을 도입한다며 신영에 새로운 공정을 구축하고 기계를 사들이게 했다. 그리고 신제품 도입이 무산되자, '입 씻었다'. LG와 같은 글로벌 대기업은 위기를 아래로 내려 보내는 방식으로 리스크 관리를 한다. 손해는 온전히 신영과 같은 협력업체의 몫이었다.

신영프레시젼의 전신은 1993년 설립된 '신영정밀'이었다. 신영정밀은 당시 통신수단인 삐삐(호출기)를 제조하던 회사였다. 이후 시대 흐름에 따라

---

[3] 휴대폰 제조업의 매출액은 2011년부터 2017년 사이에 45.3% 감소하였다. 한편 남성노동자 수가 11.6% 줄어들 때, 여성노동자 수는 46.9% 줄었다. (2018년 통계청 사업체 조사 참조)

[4] 리스크(risk)란 금융에서 많이 사용하는 용어로, 예측할 수 없는 불확실성에 노출된 정도를 의미한다. 그러나 이 글에서는 '위험'이라는 단어와 혼용해 쓰려 한다.

모토로라 등 휴대폰 부품 사업으로 전환했다. LG전자와의 거래는 2000년대 초반 들어 시작됐다. 처음에는 거래처일 뿐이었는데, 점점 LG 제품의 지분이 높아지더니 어느덧 LG는 연구비용 투자 등을 명목으로 자사 부품만을 생산하기를 요구했다. 우리가 흔히 말하는 원청의 협력회사 '종속화'이다. 그렇게 신영은 LG전자의 1차 협력업체가 되었다.

회사가 있던 독산동도 세월의 흐름에 따라 구로공단이라는 이름을 벗고 서울디지털산업단지라 불렸다. 디지털이라는 세련된 이름을 붙여도, 아파트(형 공장)라 이름 붙여도 그 안이 24시간 돌아가는 기계에 맞춰 장시간 저임금 노동으로 채워지고 있는 것은 공공연한 비밀이었다. 마찬가지로 평등한 관계처럼 보이는 협력업체의 다른 말은 '하청'이다.

협력과 상생도 공단 이름에 붙은 '디지털'처럼 현실에는 큰 영향을 미치지 못하는 단어였다. 전자제품 대부분이 삼성과 LG라는 굴지 기업의 계열사와 하청업체들에서 생산된다. 두 기업에 포섭되는 것을 선택하지 않고는 중소규모 업체들은 생존하기 힘들다.

"원래 하청을 노예로 생각하니까."

신영 사람들은 이런 말을 자주 했다. 그런데 골프장 사업에 리조트까지 건설할 야무진 꿈을 꾸는 신영 회장님은 아무리 봐도 노예 이미지와는 거리가 멀다. 진짜 '노예'는 따로 존재했다.

원청 기업이 자신들 산하로 종속하여 단가를 낮추고, 손해를 떠넘길 수 있는 대상으로 협력업체를 찾았듯, 협력업체 또한 그럴 만한 대상을 찾는다. (공장 안에) 종속시키고, 단가(임금)를 낮추고, 손해를 (해고로) 떠넘기기 좋은 인력이 필요하다. 그리고 여기, 같은 시간을 일해도 절반에도 미치지 못하는 임금을 받고 일하는 집단이 있다. 이들은 남성에 비해 두 배나 짧은 근속연수를 가지고 있다. 대부분이 단기, 계약직으로 일하고 있다는 소리이다.[5]

여성노동자들 평균 근속연수가 4년인 전자산업이라지만, 신영에는

20년 경력자도 많았다. 신영의 여성노동자들이 대부분 정규직인 데는 이유가 있었다. 호황 시절, 물량이 넘쳐흐르면 밥도 안 먹고 집에도 안 가고 라인에서 부품 잡고 버틸 사람들이 필요했다. 그런데 장시간 노동을 해야 하는 자리에 남자를 뽑으면 비용이 너무 많이 나간다. 그래서 여자들을 데려다가 정규직으로 채용했다. "초짜 쓰는 것보다 나으니까 주저앉히려고" 했던 것이다. 같은 이유로 신영은 이주노동자를 채용하기 시작했고(신영 본관 4층을 이주노동자들의 숙소로 썼다. 이들은 집에 갈 필요조차 없었다), 하청의 하청 즉 자신들의 협력업체를 사내에 들였다.

오히려 '여자라서' 안심하고 정규직으로 채용했을 수도 있다. '여자 정규직'은 허울뿐인 걸 아니까. 그래서 계약직원인 남성들의 월급은 올려 주면서도 여성 정규직에겐 요구할 수 없다고 말했다. 회사의 논리대로라면, 이 바닥 근속 평균이 4년이라는데, 10년 넘게 '고용해 준' 것이다. 나이 든 여자 일자리 대부분이 비정규직인데 정규직으로 채용해 줬다. 그런데도 요구를 하다니. 괘씸하다는 것일지도 모른다.

위기가 닥치자 신영은 배운 대로 '위기 관리'를 했다. 사실상 위기를 전가하고 입을 씻는 방법이었다. 앞서 말했듯, 업계 전반이 1만 명의 여성노동자를 줄여 내며 위기를 모면하는 가운데, 신영 또한 정규직 인원을 줄이고, 그 자리를 3개월 파견과 일용직 아르바이트 인력으로 채웠다.

신영 여성노동자들은 회사를 나가길 거부했다. 호구가 호구로 남지 않으려 하자, 회사는 그들을 걸림돌 취급했다. 그리고 정리해고를 감행했다. 더 나아가 걸림돌이 있는 회사 자체를 버렸다. 신영이 청산을 이야기할 때도, 지난 10년간 신영프레시젼에서 벌어들인 돈이 흘러간 신영 골프장(신영종합

---

5 2009년 사업체 조사에 따르면, 전자산업 여성노동자들은 전자산업 남성노동자의 월 평균임금인 322만 6천 원의 49%인 157만 9천 원을 받는 것으로 나타났다. 평균 근속 역시 여성이 57.1개월로 86.9개월인 남성에 비해 짧다. (이유미, 「전자산업 여성노동자의 실태와 요구」, 『사회운동』 103호, 노동자운동연구소, 2011, 59~73쪽)

개발)은 건재했다.

그릇이 깨졌는데 어떻게 소리조차 없을까

호구나 노예를 필요로 하는 것은 LG뿐이 아니다. 이윤이 만들어지는 곳곳에서 누군가를 쥐어짜는 소리가 들린다. 호구가 되기 좋은 조건은 사회적 위계와 맞물렸다. 자국민, 남성, '정상'인 건장한 몸인지를 가려 이에 속하지 못하는 사람은 노동시장 위계 맨 아래쪽에 놓았다.

위기는 위계 피라미드를 타고 아래로 흘렀다. 오래된 산업단지는 위기를 모으는 그릇으로 기능했다. 이 산업단지에서 벌어들인 이윤은 기업이 운영하는 레저, IT, 금융 산업으로 옮겨 가는데, 위기만 이곳 낡은 산업단지를 벗어나지 못했다.

흘러내린 위기는 가장 아래 놓인 그릇에 고였다. 기업 운영자들은 이를 '리스크 관리'라 불렀다. 하지만 그 관리가 원활하게만 이뤄질 리 없다. (어떤 이들에겐) '좋았던 시절'이 끝나가고 있었다.

2019년 4월 LG전자는 평택 공장의 문을 닫는다고 발표했다. 국내 최대 스마트폰 생산지이던 평택 공장은 문을 닫고, 설비는 베트남으로 이동시킨다고 했다. 제3세계라는 더 저렴하고 큰 그릇을 찾아간다는 소리였다.

1차 협력업체인 신영프레시젼은 그보다 몇 개월 앞서 문을 닫는다고 했다. 이들은 LG처럼 저렴한 노동력을 찾아 국외로 가는 대신 골프장으로 자산을 옮겼다. 신영이 공장을 가동하는 동안 신영 이사진은 860억 원의 배당금을 찾아갔다. 채무 정리를 포함한 법인청산 절차 중 의사결정을 하는 공간은 오직 주주 이사회밖에 없었다.[6]

위기를 온몸으로 감수한 노동자들은 회사가 문을 닫는 과정에서 어떤 말 하나 얹을 자격이 없었다. 공장이 운영을 멈췄으니 어쩔 수 없다며 법도 행정기관도 이들의 문제에 관여하지 않았다. 일하는 사람들만 팔짝 뛸 노릇이었다. 기업이 위기를 모으던 그릇을 버렸지만 소리조차 없었다. '어쩔 수 없다'는 생각이 사회적 음소거 역할을 했다. 그러나 신영의 여성노동자들은 소리 없이 사라지길 거부했다.

회사는 법인을 사라지게 함으로써 위기를 관리했다. 그러나 사라질 수 없는 사람은 온몸으로 위기를 겪어야 했다. 자원 없는 사람들에게 위기는 스스로 극복해야 하는 것이었다. 실직은 개인이 부족한 탓이었고, 취업은 스스로 해결해야 할 일이었다.

안전망이 없는 사회에서 인생에 닥친 위기는 오롯이 개인의 몫이었다. 그래서 우리는 제각기 다른 방식으로 위기에 대처해 왔다. 젊을 때는 개인의 능력을 키우는 '노오력'으로, 나이가 들어서는 주식과 창업, 그리고 아파트(부동산)를 둘러싼 재테크로 대처했다. 이를 두고 사회는 '자기계발'이라 불렀지만 실은 '위기 관리'였다. 신자유주의는 개개인마저 기업 경영의 마인드로 자신을 관리하라 했지만,[7] 사람과 기업의 차이는 분명했다. 기업과 달리, 타자(실은 노동자)에게 위기를 전가할 권력과 자본이 없는 개개인의 위기 관리는 실패를 거듭하기 마련이다.

어쩌면 신영 노동자들의 삶도 다르지 않았다. 꿀밥 없다는 공장 노동을 마치고 와서 공인중개사 자격증 공부를 했다. 재개발 건축 정보도 찾아다녔다. 남의 돈 벌러 다닐 나이가 지나면 창업을 할 생각에 틈틈이 기술을 배웠다.[8] 그렇게 인생을 관리하면 성공한 인생까지는 아니라도 평온한 노후가 올 줄 알았다. 그러던 중 인생에 폐업이라는 사건이 닥쳤다.

신영 노동자들은 선택을 해야 했다. 자신에게 닥친 위기에 어떻게 대

---

[6] 「알아 두면 좋은 용어 설명」 참조.

[7] 인적자본론. 노벨 경제학상 수상자인 게리 베커가 제시한 이론으로, 투자를 통해 경제가치나 생산력의 크기를 증가시킬 수 있는 자본으로 인간을 바라본다. 미셸 푸코는 게리 베커의 이론을 두고 '기업으로서의 개인'이라 칭했다.

[8] 신영 노동자들이 인생 이모작을 준비한다고 배운 기술(미용, 수선 등)은 어떤 의미에서 농성장을 풍성하게 해주었다.

처할지. 결과적으로 신영 노동자들은 이전의 삶과 다른 대처법을 시도했다. 노동조합을 선택한 것이다. 40여 명의 노조 조합원들은 본사에 남아 농성을 했다. 위기를 발생시킨 이들에게 책임을 묻기로 한 것이다. 당장의 생계가 걱정이고 미래가 불안했으나, 1년 가까이 함께 농성장을 지켰다. 자신들에게 닥친 위기를 서로 나누어 가졌다. 그렇게 서로의 불안을 나누어 가지며 버텼다.[9]

---

[9] 신영프레시전과 보상금 합의를 한 후, 해고자 중 일부는 보상금을 씨앗으로 하여 사회적기업을 세우려는 노동조합 계획에 동참했다. 동료들과 함께 스스로 일자리를 만들어 내고자 한 것이다.

여자 해고는 해고도 아니다

희정

반찬 같은(?) 노동, 해고 아닌 해고

레이테크 노동자들과 나눈 간담회에서 나온 말이다.

> "여자가 해고를 당하면 사람들이 아무렇지도 않게 생각해요. 남자가 해고당하면 '어쩌나, 그 집 어떡하지' 그러거든요. 내가 주위 사람들 한테 '나 해고당했어' 얘기를 하면 쉬라고, 봉사활동이나 하라고 해요. 이렇게 노동가치를 뜨겁게 생각해 주지 않는 거예요." 최옥심, 레이테크코리아분회

해고는 억울한 일인데, 세상은 함께 억울해하지 않는다. 잘리는 일뿐인가. 그 자신들이 노동을 대하는 태도는 너무 뜨거운데, 이들의 노동을 보는 세상의 태도는 미적지근하다. 반찬값, 자녀들 학원비 벌이라 부른다. 반찬은 상황이 여의치 않으면 몇 개 안 올리면 되는 거니까. '여자 벌이'는 밑반찬처럼 없어도 되는 일로 여겼다.

불안정 노동의 다른 말, 시간제 일자리

요즘 세상엔 '잘리는 것'도 운이 좋아야(?) 당할 수 있다. 해고가 되어야 실업급여라도 타는데 회사는 자르지도 않는다. 정리해고나 희망퇴직도 어느 정도 규모 있는 회사에서나 벌어지는 일이다. 보통의 경우 제 발로 알아서 나가도록 종용한다. 기업은 해고로 인한 부담조차 지려 하지 않는다. 일하는 사람이 그만둘 수밖에 없는 상황을 만든다.

상황은 이렇게 만들어졌다. 레이테크 포장부 팀장 이필자 씨는 2013년 4월에 회사로부터 변경된 계약서를 받았다. 팀장이니 팀원들의 서명을 받아오라 했다. 계약서에는 다섯 시간 근무로 변경된 조건이 담겨 있었다. 일명 시간제 일자리였다. 당시 정부는 일-가정 양립을 위한 일이라며 시간제 일자리를 권장했다. 그러나 일하는 사람 입장에선 시간만큼 월급도 반 토막 나는 파트타임 아르바이트와 다를 바 없었다. 포장부 사람들은 "차라리 잘라 달라"고 했다. 이필자 씨는 회사에 부서 사람들의 의견을 전했다.

> "회사가 일이 없다면서 사람을 내쫓으려 하는 것 아니냐. 차라리 권고사직(해고)을 해줘라. 이 사람들 실업급여라도 받으면서 다른 회사 알아볼 수 있게."

그러나 회사는 거절했다. 사람은 필요 없지만 해고는 못 시킨다는 것이었다. 2013년 1월 레이테크는 '고용창출 우수기업'에 선정됐다. 이것이 계약서 변경의 이유가 아닐까, 이필자 씨는 추측한다.

> "회사가 한동안 사람을 많이 뽑았어요. 자세히는 모르는데 고용창출 우수기업이 되면 지원받는 게 상당하다고 들었어요. 앞에서는 사람 뽑고 뒤로는 내보내고. 회사가 권고사직을 하면 아무래도 [우수기업] 혜택을 덜 받게 되겠지요?"

필요 없는 사람을 알아서 나가게 하는 방법은 괴롭힘이었다.

"사람들이 힘들어 했죠. 실업급여도 못 타게 뺑뺑이 돌려서 내보내고. 이 부서에서 며칠 있다가 또 다른 부서로 일 배우기가 무섭게 다른 부서로 보내고. 누가 회사 나오고 싶겠어요?"

그럴지언정 자르진 않았다. 고용창출 우수기업에 주는 혜택이 뭐 그리 대단한가 싶어 찾아봤다. 세액 공제, 금리 우대 등에 더해 지원금까지.[1] 수많은 혜택 중 세무조사와 근로감독 유예라는 문구가 눈길을 잡아챈다. 관리/감독을 면제해 준다니. 기업에게 이처럼 기쁜 이야기가 어디 있을까. 그러니 잘리는 사람이 생겨서는 안 된다. 다만 '제 발로 나간다면' 어쩔 순 없다. 그 빌미가 시간제 일자리로의 전환이었을까?

시간제 일자리는 당시 정부의 권장 정책이었다.[2] 시간제 일자리로 전환한 기업은 2013년부터 3년 사이 4천여 개로 늘어났다. 기존보다 열 배 가까이 증가한 수라 했다.

시간제 일자리 대부분은 여성에게 '권장'됐다. 300여만 명 시간제 노동자 중 70%가 여성이다. 정부는 시간제 일자리 정책을 제안하면서 '경력단절' 여성이 겪고 있는 어려움을 내세웠다. 기혼 여성 네 명 중 한 명은 경력단절 경험이 있다고 했다. 정부는 여자들이 '집 밖' 일터에 있을 시간을 줄여 주는 시간제 일자리가 일과 가정의 양립을 도울 수 있을 것이라 했다.[3]

그러나 통계청 조사 결과에 따르면, 시간제 노동자들의 평균임금은

---

[1] 고용창출 우수기업에 선정되면, 법인세 세무조사 면제 등 총 114건에 이르는 혜택이 주어진다. (「고용창출 100대 우수기업, 겉만 번지르르」, 『업다운뉴스』, 김규현 기자, 2017년 10월 12일자 기사 참조)

[2] 지금의 정부는 유연(탄력)근무제를 선호한다. 유연근무제 일자리 열 개 중 여섯 개는 시간제 일자리이다.

[3] 여성가족부, 「경력단절여성 비율 줄고, 비취업 여성 시간제 일자리 선호」, 대한민국 정책 브리핑, 2017년 2월 21일자.

74만 원(2017년 기준)으로 나타났다. 이는 정규직 노동자의 62%에 머무는 수준이다. 전체 비정규직 노동자와 대비해도 93% 수준이다. 시간제 노동자들을 대상으로 "현 직장 내에서 전일제 근무로의 전환이 자유롭게 이뤄질 수 있느냐"고 질문했을 때 86.7%가 그렇지 못하다고 응답했다. 전일제 근무가 '정규직' 또는 무기계약직을 의미한다고 볼 때, 정규직원이 될 수 없는 단시간 근무자는 사실상 파트타임 비정규직인 것이다. 이를 보도한 언론의 말을 빌린다.

"시간제 일자리가 전일제 근무로 가는 징검다리라기보다는 막다른 길(dead-end)이 되고 있는 현실을 반영한다."[4]

레이테크 노동자에게 시간제 일자리 제안은 막다른 길이었다. 아무리 정부가 그것을 '선택'이라 포장해도 변하지 않은 사실이다.[5] 선택을 할 수 있는 주체는 없는데, 선택에 따른 결과로 이득을 얻는 이는 있었다. 월급이 반토막 나거나 회사를 그만두거나. 노동자가 무엇을 '선택'하든 회사 입장에서는 둘 다 좋은 일이다. 정부가 기업 위주로 고용 정책을 펼치는 한 바뀌지 않을 일이기도 하다.[6] 그러나 노동자들은 회사에게 '좋은' 선택을 하지 않았다. 포장부 직원들은 다른 선택지를 들고 왔다. 2013년 6월, 노동조합을 만들었다.

---

[4] 「시간제 일자리의 두 얼굴…공짜노동과 압축노동」, <KBS뉴스>, 선재희 기자, 2019년 12월 3일자 기사.

[5] 시간제 노동은 여성에게 '선택'일 수 없다. 2018년 여성 노동자 391명을 대상으로 한 설문조사에서 30% 넘는 이가 시간제 일자리를 선택한 이유를 '전일제 일을 구하지 못해서'라고 답했다. (<시간제 일자리, 여성에게 선택인가. 강요인가>, 전국여성노동조합 주최 토론회, 2019년 11월 19일)

[6] 이 책에서는 시간제 일자리의 불안정성을 문제 삼지만, 모든 사람에게 여덟 시간 노동이 기본이자 표준이 되는 일터를 바라는 것은 아니다. 시간제 일자리는 모든 사람이 여덟 시간 노동(전일제)을 수행하는 것이 기본이라는 전제에서 나온 개념이다. 근대 이후 사회는 규율과 교육을 통해 사회 구성원을 전일제 노동이 가능한 몸으로 길들였다. 다만 여덟 시간 노동이 기본이라 말하는 사회에서, 예외적으로 특정 성별과 집단에게 강요되는 지금의 '시간제 일자리'가 누구의 이익을 강화하고 있는지 생각해 볼 일이다.

함께 억울해하는 법을 배우도록

세상이 여자들의 해고를 해고도 아닌 것으로 생각하는 한 이런 사장들은 계속 나올 것이다. '(기혼) 여자라서' 가능한 일들이 있다. 해고를 해도 별것 아닌 것이 되고, 파트타임을 양산해도 '일-가정 양립'이라 이름 붙일 수 있는 일. 여성들이 취업과 고용 형태에만 불이익을 받았던 것은 아니다. 일하는 사람에게 직장 내 화장실 청소를 시키는 일, 상사의 점심상을 차리게 하는 일, 사적으로 불러다 '아버지처럼' 혼내는 일, 과도한 용모 꾸밈을 요구하는 일, 사장의 친목모임 술자리에 참여하라고 강요하는 일…. 이런 일이 특정 집단에겐 쉽게 전가되거나 요구된다. '반찬 같은' 노동이기에, 세상이 함께 억울해하지 않는 노동이기에 그렇다.

　　세상은 타인이 처한 노동 현실에 대해 함께 억울해하는 법을 배우지 못하도록 노동하는 사람 사이에 위계를 형성했다. 그렇지만 여자라서 가능한 일은 장애인이라서, 노년이라서, 청소년이라서, 사회 초년'생'이라서, 낮은 학력이라서, 그리고 어쩌면 노동자라서 가능한 일이 된다.

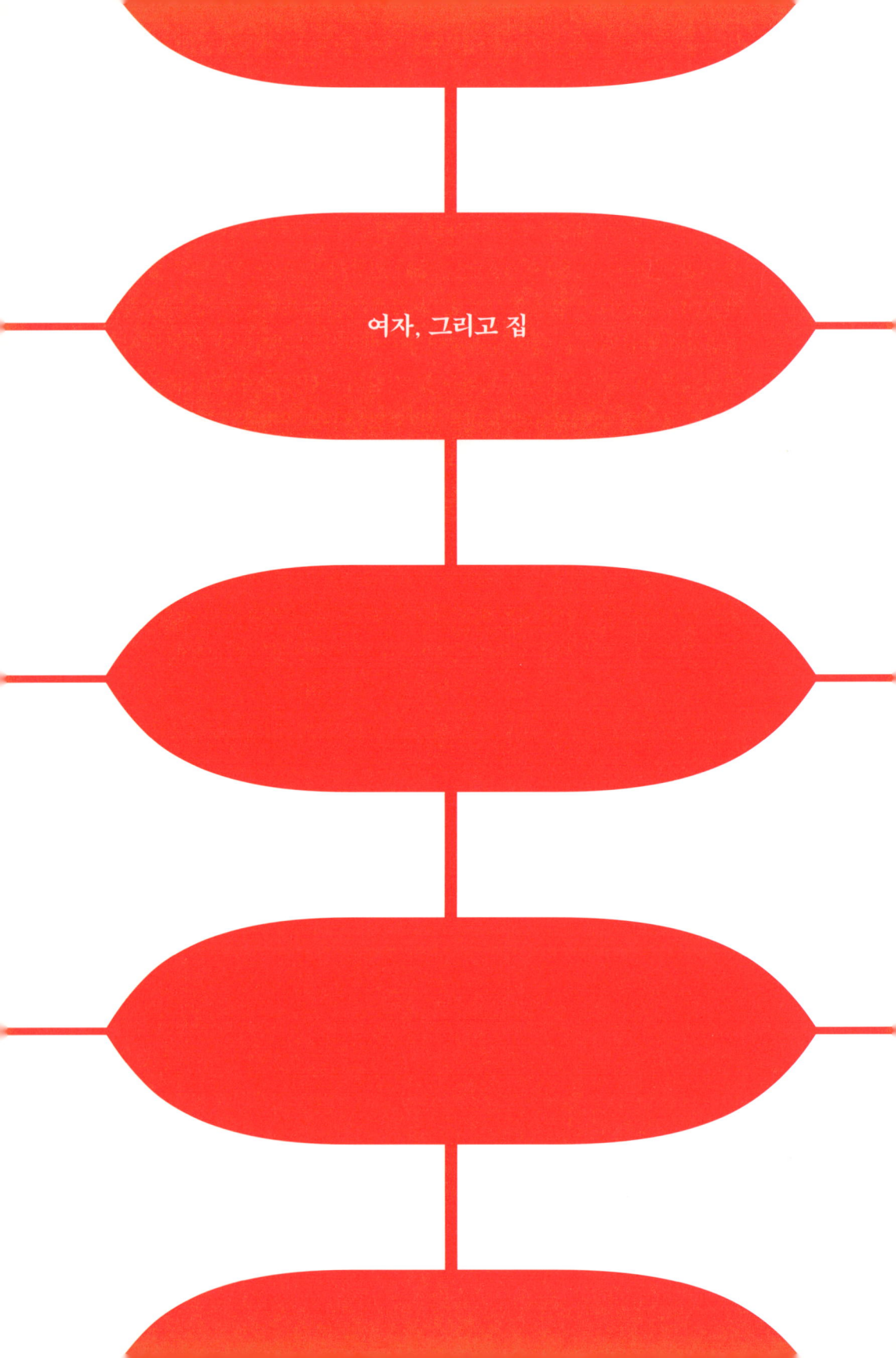
여자, 그리고 집

'가족 같은 직장'이라는 신화

림보

> "이데올로기화된 가족생활의 이미지들은 사회적 삶의 다양하게 얽힌 구조에 스며들어 그것들을 하나로 통일시키는, 대단히 중요하고 지배적인 사회적 의미의 복합체를 제공한다."[1]

일터에서 느껴지는 '가족'의 냄새

2020년 한국, 도시는 밤에도 불빛이 환하다. 코로나19 감염이 기승을 부리고 있어도 여전히 그렇다. 많은 불빛 속에 24시간 밤낮 없이 일하는 사람들이 있다. 편의점을 지키고, 택배를 분류하고, 야식을 배달하거나, 공장에서 야근하는 '노동자'. 어째서 이렇게 오랜 시간 일을 하게 되었을까. 2012년과 2017년 대선 정국에 좋은 반응을 얻으며 회자되던 '저녁이 있는 삶'이라는 말은 한국 사회가 얼마나 장시간 노동에 시달리고 있는지 보여 준다. 일터에서 보내는 시간이 오죽 많으면, 집에서 각자 원하는 저녁 시간을 살도록 만들어 보자는 선거용 슬로건이 나왔는가 말이다.

이런 우리 사회의 일터 문화 및 노동 환경을 설명하기에 꽤 적절한 개념이 가부장적 경영 체제다. 한국 사회에서 경영 주체와 노동자의 관계는 아버지(父)-아들(子) 관계와 유사하다. '부권적 간섭'[2]을 앞세워, 경영진은 노

---

[1] 미셸 바렛·메리 맥킨토시, 『반사회적 가족』, 김혜경·배은경 옮김, 나름북스, 2019, 65쪽.

동자를 다스린다. 노동자의 생사여탈권을 손에 쥔 절대권력자 사장은, 임금을 주며 생계를 책임지고 있으니 충성하라고 요구한다. 노동자들이 경험하는 일터의 가부장성은 생각보다도 더 가혹한 모양이다. 촛불시위로 대통령을 바꾼 K-민주주의 시대를 살고 있지만, 일터만은 여전히 봉건제 사회에 머물러 있다는 이들이 여전히 많은 걸 보면 말이다.

자칭 '우리나라'를 먹여 살리는 기업이자, 우리나라가 먹여 살리는 기업인 삼성은 심지어 왕국이라고 불린다. 이병철-이건희-이재용에 이르는 80년 3대 세습을 유지하며 봉건적이고 가부장적인 기업의 정점에 서 있는 '삼성왕국'. 이밖에도 가부장 권력이 군림하는 회사는 규모와 상관없이 어디에나 널려 있다.

홍찬숙 교수는 우리 사회의 이러한 상황을 '노동시장 가족주의'라고 이름 붙인다. 유교 가족주의가 가족-기업-국가정책의 제도적 관계를 조율하는 동시에 가족문화와 기업문화를 결정하고 있다는 것이다. 불평등한 성역할 규범은 가부장적 집단주의와 좀 더 긴밀하게 결합되어 있고, 유교 가족주의의 진원지가 '가족'이 아니라 오히려 '기업'이라고 주장한다. '가족문화'로서의 유교 가족주의는 이미 힘을 잃었고, 그 자리로 노동시장 가족주의가 안착했다는 말이다. 홍 교수는 '노동시장 가족주의'의 핵심이 '장시간 노동 체제'에 있다고 본다. 기업에 대한 충성심을 제도화한 장시간 노동 체제가 서구에서처럼 계급 갈등에 위협받지 않았던 까닭은, 유교 가족주의의 '가문과 조상에 대한 헌신'과 기업문화가 통합되었기 때문이라는 것이다.[3]

'가족처럼 일할 분'을 찾는 구인광고는 노동시장 가족주의를 극명하게 드러내는 장면 아닐까. 가족 같은 분위기라는 걸 내세우는 회사도 많고, 규

---

2   paternalism을 번역한 것. 이 단어를 가부장적 온정주의나 후견주의로 번역하는 것은 아버지/가부장의 자애로움을 설파하는 것처럼 보이기도 한다.

3   홍찬숙, 「동북아 가족주의와 한국 여성의 '사회적' 지위: 노동시장 가족주의 대 가족행태의 (제한적) 개인화」, 『동북아역사논총』 58호, 2017, 372~415쪽 참조.

모가 작을수록 그런 경향이 있다. 임금은 적고 회사가 챙겨 줄 게 별로 없으니까, '가족 같은' 끈끈함으로 메우겠다는 거라면 다행이다. 오히려 가족끼리 그런 거 따지는 거 아니라고 윽박지르는 곳이 더 많다.

사장은 혼을 낸다

성진 사장은 직원들이 점심값마저 포기해야 하는 취업규칙 변경에 반발하자, 노동자들을 사장실로 따로따로 불러들였다. 자신이 어떻게 이 사업을 일궈냈는지를 구구절절 말하다가 분회장에게 "너희 때문에 내가 이제 사장님 소리도 못 듣는다"고, "내가 당신들 돈 벌어 주려고 회사를 운영하는데 어떻게 나한테 이럴 수 있냐"고 호통을 쳤다. 여성노동자들은 사장실로 불려 가 수시로 혼난다. 그렇게 몰리는 사람들은 대개 40대에서 60대에 이르는 사람들이다. 일을 못해서 혼나는 게 아니다. '당신들 때문에 회사를 운영한다'는 얘기는 '너희들 먹여 살리느라 고생스럽게 일한다'는 아버지의 훈계를 떠올리게 한다. 회사가 가족을 말하는 방식은 위계를 통한 통제, 그 이상도 이하도 아니다. 돌보고 베푸는 자와 돌봄받는 자 간의 권력 관계는 평등하지 못하다. 그의 성별과 관계없이 사장과 경영진은 가부장의 역할을 스스로 도맡는다.

> "니네는 요구할 수 없다. 요구해서도 안 되고 요구할 수 없다. 그런 거 하지 마라. (왜요?) 회사에서 너네들한테 베풀어 주고 해주는 거 많다, 오히려 고맙게 생각해라. 그런 의미였던 것 같아요." _이순영, 신영프레시젼분회

노동자로서 마땅히 누릴 수 있는, 「헌법」 33조에 떡 하니 적혀 있는 권리인 노동3권을 한 번 행사해 보겠다는 것뿐인데, 사장들은 노동법 따윈 안중에도 없는 모양이다. 가부장인 사장에게 노동조합이란 복종을 거부하는 자

식이다. 가족을 떠난 탕자다. 감히 개인/노동자의 권리를 운운하다니. 딸(여성노동자)일 경우 괘씸함과 가소로움이 배로 커진다. 가부장제 사회에서 아버지의 권위를 꺾는 '부성 살해'가 가능한 존재는 '아들'에 한정됨이 여기에서도 적용되는 것일까.

　　　규모 있는 기업이 교묘하게 제도적 방법으로 노동자들을 통제할 때 (인사 이동을 하거나 성과연봉제로 임금협상 때 불이익을 주는 등), 그렇지 못한 일터는 '목줄' 하나만을 무기 삼아 막무가내식으로 권위를 휘두른다. 게다가 여성의 노동은 늘 그렇게 관리해 왔고, '그래도 되니까' 여성노동자를 고용한 것이다.

노동조합의 일상에도 스미는 가족주의

노동시장 가족주의라는 기업의 노동 통제 전략은 가족을 유지하는 데 중요한 요소로 여겨지는 '희생과 헌신'이라는 가치와 관련이 깊어 보인다. 게다가 집단주의 문화가 강력하게 작동하는 한국 사회는 확장된 가족으로 사회와 국가를 인식하는 경향이 크다. 확장된 가족으로서의 국가를 상상하는 근거가 되는 이미지는 이성애 중심 남녀 부모와 자녀로 구성된 '정상가족', 특히 단란하고 화목한 정상가족이다. 그러나 친밀한 정상가족이라는 신화를 완성하기 위한 부담과 책임은 누가 지고 있는지 생각해 볼 일이다. 집안이 편해야 만사가 편하다거나, 믿을 건 가족밖에 없다는 인식은 사회가 책임질 일을 가족에게 떠넘기는 일에 아무런 문제의식을 느끼지 않는 밑바탕이 되는 동시에, 친밀한 관계 안에 잠식한 폭력을 묵인하는 효과를 만든다.[4]

> "누구누구 씨라고 안 부르고, 가끔 이름만 부를 때가 있거든요. '해선아' 하고 부를 때가 있어요. 결혼하고서는 저를 그렇게 불러 주는 사람이 없었어요."

회사가 사라졌다

해선 씨는 이름을 불러 주는 일에 의미 부여를 하고 조합원들과 친밀한 관계를 맺으며, '노동자 정해선'으로서 자기애를 키웠을 것이다. 작업장에서 머리를 맞대며, 파란만장한 노동조합 활동을 통해 끈끈한 동료애를 얻고 소속감을 얻었을 테다. 언니가 동생의 이름을 불러 주고, 동생은 그 언니를 따르며 서로를 살뜰히 대하는 사이. 이런 친밀한 관계는 나이 위계를 인정하고 그로 인한 위계질서를 받아들여야 성립할 수 있으므로, 평등한 관계라고 하기는 어려워 보인다. 성별과 나이에 따른 위계를 수용하기보다 다른 방식으로 관계 맺기를 원하는 사람에게는 불편함을 넘어 권위적인 요구로 느껴질 수도 있다. 교육이나 보호를 위해 통제하는 것을 사랑이라고 부를 때, 그 사랑을 폭력과 구분하는 것은 쉽지 않다. 보호와 통제의 대상이 되는 구성원(대체로 자녀)은 자신의 무(능)력이 폭력의 원인을 제공했을 거라는 그릇된 자책에 시달리곤 한다.

가족은 불평등한 사회다. '남성 가부장'–'아내이자 엄마인 여성'–'자녀'로 이어지는 권력의 위계가 명확하고, 각자에게 부여되는 권한과 역할도 명확하다. 친밀한 가족이라는 신화는 위계를 활용해 이윤을 확대하는 기업에게 차용하기 좋은 모델이 된다. 어쩌면 우리가 싸워야 하는 것은 우리의 삶의 사소한 순간, 편하고 안전하다고 느끼는 모든 순간이다.

살림하듯, 일하고 활동하고

"우리가 조합가를 만들어서 녹음도 하고, 투쟁하면서 광화문 한복판

---

4   "몇 년 전에 유행한 '저녁이 있는 삶'은 실은 전업주부의 희생을 기본값으로 놓고 그리는 환상이었다. 언제든 '가족'이 사회적 돌봄을 메꿀 수 있다는 우리 사회의 시선 역시 전업주부든, 임노동을 하는 여성이든, 가족 내에서 희생을 전제로 하고 있다고 본다." (『[코로나 시대, 우리의 노동 시간은①] 공교육에 대한 의문으로 끓어오르는 코로나19의 시간: 재택기록활동가 림보 인터뷰』, 한국노동안전보건연구소 취재, 『오마이뉴스』, 2020년 9월 22일자 기사)

에서 연극도 했어요. 저는 거기 본사 앞에서 사장 역할을 했어요. 살면서 언제 연극이나 녹음이나 해보겠어요? 그리고, 여행도 갔잖아요. 나름 역사 공부를 많이 했어요. 굉장히 똑똑해지는 느낌이 들었어요. 그리고 말하는 능력! 여기저기 회의에 많이 다니다 보면, 아 이런 식으로 얘기하는구나! 그것도 또 하나의 배움이 되니까." _박성남, 레이테크 코리아분회

여성노동자들은 가정이 아닌 '바깥 세상'에서 자신의 자리를 넓혀 간다. 앞서 성남 씨는 노동조합을 통해 여러 가지를 경험해 왔다는 이야기를 들려주었다. 이처럼 노동조합은 많은 역할과 책임을 감당하게 하기도 하고, 새로운 경험을 할 기회를 제공하기도 한다. 사장과의 싸움을 기록으로 남기고, 집회를 기획하고 발언하며, 법률적인 대응을 위한 전략을 짠다. 앞으로 진행될 투쟁의 계획을 세우기 위해 함께 토론하고, 농성장을 지킨다. 가족에게 노동조합 활동에 대해 긍정적으로 인정받은 경험이 있는 노동자들은 자신감이 더욱 높아진다.

여성노동자들이 활약하는 영역은 넓고 다양하다. 하지만 이렇게 하는 일도 많고, 해야 할 일과 배울 일도 많은 노동조합에서, 여성노동자는 살림을 하기도 한다. 농성장을 지키고 집회를 비롯한 다양한 노동조합 일정에 참여할 때면, 사람들이 먹을거리를 챙긴다. 커피를 따라 주고, 바나나도 나눠 먹는 훈훈한 분위기가 연출되곤 한다. 하지만 이런 풍경은 여성노동자들이 많은 투쟁 현장에서 자주 보인다. 자발성, 동료들에 대한 호의로만 이해하기에는 유독 여성노동자들만 그 자발성을 도맡은 것인가 싶어 마음 한편이 자꾸만 걸린다.

신영프레시젼분회 조합원들은 농성장에서 거의 매일 밥을 해먹었다. 늘 사람이 모이는 농성장에서 끼니마다 밥을 사 먹을 수는 없으니, 조별로 식사 준비와 설거지를 나눠 맡았다. 밥을 해먹는 날이 늘어 갈수록 '괜찮은 음식'을 준비해야 한다는 부담이 생기고 차차 스트레스가 되었다. 밥을 하고 사

람을 챙기는 일이 당연하게 여자의 일이라고 여겨지는 세상에서 '살림하는 여자'는 그냥 자연스럽다. 그들이 겪는 어려움을 궁금해하지도, 알려고 하지도 않을 뿐이다.

여성인 청소노동자가 '나는 평생 청소해서 세상을 구할 팔자인가 봐!'라고 말했다면, 우리는 이 말을 어떻게 옮겨 적어야 할까. 그 말이 자기 노동을 긍정하는 것이라고 해석할 수도 있겠지만, 이를 그대로 전하는 일이 '청소는 곧 여성의 일'이라는 이미지를 더 고착시키는 것은 아닐지 여전히 고민스럽다.

최근 들어, 이러한 사회적 통념을 흔드는 자연스럽지 않은 시도가 나타나고 있다. 톨게이트 노동자들의 캐노피 농성 때의 일이다. 한국노총 조합원들은 손빨래하고 햇빛에 말리는 개운함을 누리는 일을 즐거워했다. 싸우는 틈틈이 조합원들이 직접 빨래를 하고 볕에 말렸다. 그런데 민주노총 톨게이트 지부는 조금 다른 선택을 한다. 빨래는 빨래방에 맡기고,[5] 식사도 밥차 후원을 조직해서 해결했다. 투쟁할 동안은 살림이 아니라 투쟁에 집중하기 위해 조합원들과 함께 회의를 거쳐 내린 결정이었다.

가만 들여다보면, 나이가 어리거나, 조직 활동의 경력이 짧거나, 기획이나 정책을 만드는 일을 어렵게 여기는 존재들이 주로 '살림'을 하게 된다. '살림'처럼 부차적이고 사소해 보이는 일은 사실 누군가 꼭 해야만 하는 필수적인 일인 경우가 많다. 그 일을 감당해 온 존재들이 일터와 노동조합 같은 조직을 제대로 움직이게 하는지도 모른다. 여성노동자들이 그렇게 묵묵히 감당해 오던 일들은 자주 나이가 어리거나 이주민이거나 새로 등장한 낯선 이들이 나누어 맡기도 한다. 이런 상황을 적절하게 표현하는 말이 바로 노동의 여성화이다.

---

[5] "수돗물을 끌어올려서 샤워텐트를 쳤어요. 빨래는 빨래방에 보냈죠." (김경남 조합원의 말. 「위험한 캐노피 위, 수납원들은 어떻게 98일을 버텼나: 톨게이트 요금수납 노동자들의 투쟁이 남긴 것②」, 『일다』, 나랑, 2020년 4월 8일자 기사 참조)

'여성의 자리라고 정해진' 가정을 나온 여성은 '바깥 세상'인 일터나 노동조합으로 나와 사회적인 관계를 쌓아 간다. 노동자의 기댈 언덕인 노동조합은 여성노동자들이 세상을 바라보는 시야를 넓히기 위해 아낌없이 지원한다. 노동자들도 노동조합을 신뢰하고, 노동조합이 가려는 길을 기꺼이 함께 가려 한다.

그러니 이제는 노동조합이 먼저 고민하고 질문해야 한다. 기존의 온정적이고, 가족주의적인 방식들에 대해서 말이다. 그래야 조합원들도 같이 고민할 기회를 얻을 것이다.

드센 아줌마와 엄마의 사이 | 림보

드센 게 아니라, 생각이 바뀐 것

2007년 이랜드 투쟁을 다룬 다큐멘터리 영화 <외박>[1]에 등장하는 여성노동자들은 당번을 정해 교대로 집에 다녀온다. 집에 가면 밀린 가사노동을 해치우고 애들과 남편을 챙기느라 쉴 틈이 없다. 오죽하면 밥해 달라는 사람이 없어서 농성장이 편하다는 농담까지 나온다. 억척스럽지만 줏대 있고 책임감마저 강하여 슈퍼우먼이라 할 만한 면모를 가진 여성노동자들은 쉽게 '드센 여자'라고 손가락질당한다. 성남 씨도 그런 시선을 종종 느낀다.

> "친구들한테 해고당했다는 말을 못 했어요. 젊은 사장이 어떻게든 해보려는데, 저 드센 아줌마들이 나서서 못 잡아먹어 안달이다, 그런 눈빛을 많이 느끼니까. 책에 써 주실 때는 꼭 우리는 그렇게 드센 아줌

---

[1] 김미례 감독의 2009년작 다큐멘터리 영화. 기간제 노동자를 보호하기 위한 비정규직 보호법안이 시행되는 첫날(2007년 7월 1일)을 앞두고, 이 법안을 회피하기 위해 대형마트 홈에버(이랜드 계열사)는 무자비한 계약 해지를 감행한다. 2007년 6월 30일 밤, 500여 명의 여성노동자들은 상암 월드컵 홈에버 매장 계산대를 점거했고 1박 2일로 예정된 매장 점거는 510일이나 계속됐다. 최규석의 웹툰을 원작으로 만들어진 드라마 <송곳>, 부지영 감독의 영화 <카트>도 같은 싸움을 다룬 작품들이다.

마늘이 아니라고 써 주세요. 지금도 사장이 왔다고 하면 무서워요. 우리가 생각을 바꾸면서 나아진 거지, 우리가 드세서 여기까지 와서 해고됐다, 그건 아니거든요."

'드센'과 '생각을 바꾸면서' 사이에 놓인 '무서워요'가, 문득 도드라져 보인다. 세상이 우리를 드세다고 하지만, 그저 폭력적인 사장 앞에서 두려워할 수밖에 없는 '연약한' 여자라는 걸 항변하려는 듯이.[2]

자기 일이 있고 의견을 가지고 싸우는 여성은 늘 드세다는 말을 들어왔다. 남편이 벌어 준 돈 받아 가며 집 안에서 살림하고 애 키우며 얌전하게 '포근한 보금자리'를 가꾸는 것. 여자에게 허락된 자리는 정해져 있었다. 그런데 여자들이 돈씩이나 밝히고 자기도 직장 있다고 설치고, 자꾸 눈에 띈다. 그럴 때마다 세상은 여자들에게 말했다. 여성은 남편과 가족을 위한 존재라고, 그러니 보이지도 말하지도 말고 네 공간을 가질 생각일랑 접으라고 말이다.

남성 중심 가부장제 사회는 여성을 틀에 박힌 표현으로 뒤범벅된 '역할' 속에 끝없이 가두려 한다. 노래 가사에 자주 등장하는 것처럼, 하늘 아래 그 무엇도 어머니의 은혜·희생·사랑·정성만 한 게 없다. 아내는 내조를 잘하고 고분고분하되 가끔 섹시해야 하고, 며느리는 아들도 안 해주는 살가움을 장착해야 한다. 딸은 엄마의 친구, 아빠의 애교쟁이 노릇을 하는 살림 밑천이 되어야 한다. 그런 '노릇'을 잘해야 '착한' 여자라고 인정해 주는, 사회적인 통념은 힘이 세다.

---

[2] "적지 않은 여성들이 노동분규에 휘말리기 전에는 자신들이 얼마나 순수하고 여성적이며 얌전했는지를 향수어린 말로 표현하고 이후의 노동자의 자아정체성을 '여자다움을 잃은 것'으로 생각했다. 여성들은 노동자가 되는 과정에서 세력화되고 있다는 점을 강조했지만 동시에 가부장제 사회에서 요구하는 수동적이며 희생적인 여성성을 상실한 것으로 해석함으로써 여성적 정체성과 노동자 정체성 사이의 갈등을 경험했다." (김현미, 『글로벌시대의 문화번역』, 또하나의 문화, 2005, 120쪽)

> "우리가 이야기하면, 사장이 30cm 가까이 닿을 정도로 와서 '어이구 더러워' 이러면서 지나갔어요. 그때마다 얼마나 모욕감을 느꼈는지 몰라." _이필자, 레이테크코리아분회 분회장

레이테크 사장의 폭언은 상상을 초월할 지경이었다. '나쁘다'거나 '못됐다' 정도로 불편함을 표현할 수도 있는 일이다. 그런데 왜 '어이구 더러워'일까? 있어야 할 자리에 있지 않으면 사람이나 물건이나 '더러운 것'이 된다. 사장은 '말 잘 듣는 직원'이 아니라 자기 목소리를 내고 싸우며 '노동자'의 자리로 옮겨 가는 이들에게 드세다고, 더럽다고 모욕하는 데 주저함이 없다.[3]

'여자다움'이 향하는 곳

사실, '드센 아줌마'의 '드셈'과 싸우는 여성노동자의 힘 또는 '드셈'은 다르지 않아 보인다. 어차피 가부장제 사회는 '생각을 바꿔서' 자기 의견을 갖게 된 여성 존재를 환영하지 않는다. 세상의 기준이 이미 여성에게 불리하다면, 오히려 여성노동자가 그 기준을 다시 세우고 "싸우는 우리는 드센 아줌마들이다! 왜 어쩔래?" 하고 세상이 세워 놓은 잣대를 넘어서는 편이 나을지도 모른다. 그런 잣대를 넘어서려는 싸움이 있었다.

2016년 9월 성주 군수가 성주 지역 사회단체장들과 면담하는 자리에서 사드 배치 반대에 나선 주민들을 비하하는 발언을 했다. "특히 여자들이 정신이 나갔어요. 전부 술집 하고 다방 하고 그런 것들인데…."

---

[3] "더럽다는 것은 제자리에 있지 않다는 것이다. 신발은 그 자체로는 더럽지 않지만 식탁 위에 두기에는 더럽다."(김현경, 『사람, 장소, 환대』, 문학과지성사. 2015, 73쪽)
"오염의 메타포는 그것이 겨냥하는 대상이 지배계급의 통제에서 벗어나 있음을 함의한다. '더럽다'는 말은 죽일 수도 길들일 수도 없는 타자에 대한 미움과 두려움을 담고 있다. 그 말은 상대방의 존재를 부정하는 동시에, 그러한 부정이 굳이 필요했음을 인정함으로써 그의 주체성을 역설적으로 인정한다." (같은 책, 80쪽)

이 발언을 규탄하는 기자회견장에서 주민들이 들었던 피켓 내용이 의미심장하다. "나는 커피 파는 여자다. 너는 성주 파는 군수냐", "다방 하고 술집 하면 최소한의 안전도 보장받지 못하나. 막말 군수 사퇴하라."[4]

　　성주 군수가 '술집 하고 다방 하는 것들(여자들)'로 사드 배치 반대 주민들을 싸잡아 비난했지만, 주민들은 '그게 뭐 어때' 하며 맞받아쳤다. 여자다움을 내세운 비난에 해명하지 않고 판을 뒤집는 답변으로 비난을 옹색하게 만들었다.

　　여성노동자들의 싸움에서나, 성주 군수의 비하 발언에 대응하는 성주 주민들의 반발에서나 '여자다움'이 주된 논점으로 등장한다. 사회적으로나 생물학적으로나 여성인지 아닌지가 중요한 게 아니다. 권력을 가진 이를 위해 존재하고 그의 욕망에 맞춰 반응할 것을 요구받는 모든 존재는 이미 여성의 자리에 '함께' 있다. 문제는 가부장제 사회가 만든 여자다움 혹은 소수자다움 그 자체다.

우리 언니들은 여성스럽고

　　"우리 언니들도 여성스럽고, 근무도 하는 엄마들이고, 가정을 경제적으로 이끄는 사람들이니까 근무할 때 포장 비닐봉지 하나도 함부로 안 썼어요. 끝이 구겨지면 일하기 불편하니까 깔고 앉아서 잘 펴고. 한 장도 허투루 쓰지 않아요. 불량 난 제품 중에 성한 걸 골라 다시 포장하면 1천5백~2천 원으로 팔 수 있죠."

　　성남 씨를 만난 두 번째 자리에서 이 이야기를 들었다. 우리는 이렇

---

[4] 「"(사드 반대 여성) 술집하고 다방하는 것들" 김항곤 성주군수, 여성비하 막말」, 『뉴스민』, 박중엽 기자, 2016년 9월 13일자 기사.

게나 마음을 다해 일하는데, 어떻게 우리한테 이렇게 대할 수 있느냐는 안타까운 분노가 담긴 말이었다. 노동자들은 회사를 아끼고 잘 되기를 바라면서, 알뜰하게 일을 '해줬다'. 노조를 만든 것도 내 일터에 대한 애정에서 비롯된 것일지도 모른다. 그 애정을 비웃고 때로는 불손하고 더럽다고 말하는 사장에게 여성노동자들이 하는 항변일 수 있다.

여성노동자들은 우리는 우리가 있을 자리에 있다고, 가정을 위해 일하고 싸운다고 했지만, 사장의 질문을 전복하지는 못한 것 같다. 오히려 동료들과 일하면서 '엄마들의 알뜰함'을 발휘했다고 한다. 궁금했다. 드세다는 세상 사람들의 따가운 시선과, 더럽다고 모욕하는 사장의 욕설에 "우리 언니들도 여성스럽고, 근무하는 엄마들이고"라고 하는 이유가 뭘까? 어떻게 여자다움의 자리와 엄마의 자리가 한자리에서 만나게 되는 걸까.

엄마의 수고로움을 떠받드는 사회

가부장제 사회가 요구하는 여자다움(여성성)이 허상이라고 했지만, 여자다움은 단지 다소곳하고 친절한 여성의 이미지만을 말하는 것은 아니다. 가정을 지키는 것도 여자다움과 쉽게 만난다. 아내, 엄마의 역할을 할당받은 여성들은 자녀를 책임지고 관리/지배하는 권한을 가부장에게 위임받는데 그 역할을 잘 수행한다면, 가부장의 보호를 받을 자격이 있다고 여겨진다.

그래서일까. 자기 몫을 찾으려 목소리를 낸 여성노동자들은 대부분 일터에서 일도 잘하고 가족을 챙기는 데도 '소홀함'이 없다. 그들은 '일터에서나 집에서나 책임을 다하는 사람'이라는 자부심을 가진 듯 보였다. 일터와 가정, 그리고 노동조합에서 그들이 맺고 있는 관계에 대해 나눈 인터뷰가 쌓여갈수록, 노동자의 싸움이 정당하다는 사실을 '인정받으려는 여성노동자'의 이면에 엄마 역할을 성실히 해나가며 '인정받고 있는 여성노동자'가 보였다.

"남편이 무너지면 집이 무너지지 않아요. 엄마가 더 강하게 일어나잖아요. 근데 엄마가 무너졌어요. 그럼, 남자들은 그런 걸 덜 하잖아요. 역할이 없어서 그런 것 같아요. 남편이 사업 하다 망하면 물론 이혼하는 사람도 있지만, 보통은 다 엄마가 주축이 돼서 또 일으켜서 빚 갚고 뭐하고 다 하잖아요."

성남 씨는 '엄마'로서의 자긍심이 높아 보였다. 성남 씨가 말한 것처럼, 그리고 얼마 전에 출간된 책 제목처럼[5] 사실 우리는 '엄마가 먹여 살렸'다. 이런 한국의 가부장제를, 여성학자 정희진은 '가부장 없는 가부장제'라고 이름 지으며, "남성이 가부장으로서 책임을 다하지 않는, 혹은 할 수 없는 사회에서 여성의 노동과 역할은 많을 수밖에 없다"라고 설명했다.[6]

이렇듯 생계부양자이면서 동시에 주 양육자의 역할을 수행한 어머니에 대한 숭배와 찬양은 아이러니하게도 여성혐오와 함께 동전의 양면을 이룬다. 어머니의 역할을 제대로 수행하지 못하거나, 거부하는 여성들에 대해 비난을 쏟아내는 방식으로 말이다.

나이 든 여성에게 아무런 거리낌 없이 '어머니'라고 부르는 것을 존중이라고 여기는 문화는 여성들을 '어머니'라는 자리에 붙들어 놓는 듯 보인다. 다행히(?) '어머니'라고 부르는 사람은 그나마 함부로 대하지는 않는다.

동지, 조합원님, 혹은 어머니

2000년대 초반, 청소노동자들과 연대하던 활동가들 또한 그들을 '어머니'라

---

5   김은화·박영선, 『나는 엄마가 먹여 살렸는데: 어느 여성 생계부양자 이야기』, 딸세포, 2019.
6   정희진, 「메갈리아는 일베에 조직적으로 대응한 유일한 당사자」, 『한겨레』, 2016년 7월 30일자 칼럼.

고 부를 것인지, 조합원님 또는 동지라고 부를 것인지를 두고 치열하게 고민도 하고 논쟁도 했다고 들었다. 물론 청년이 많았던 연대활동가들과의 큰 나이 차이를 이유로 '어머니'라고 불러 주기를 원하는 조합원도 적지 않았다고 한다.

그동안 손쉽게 청소노동자들이 어머니로 불려 왔던 것은 노동조합 운동 역시 가족주의의 영향에서 벗어날 수 없었다는 것을 보여 준다. 여성노동자가 경험하는 '일터에서의 여성 차별'을 호소하기 위해 가족주의와 모성담론에 기댄, 뻔하고 밋밋한 통념의 언어와 정서에 매달리는 전략을 여전히 고수하는 것은 게을러 보이기도 한다. 때론 노동조합은 여성노동자가 투쟁하는 이유를 알리고 사회적 지지를 얻기 위해 '여성스럽고' 성실하며 책임감 있는 '엄마'의 이미지를 적극 활용한다. 노조에서 나오는 홍보물이나 언론 기사에는 싸우는 여성 조합원을 응원하는 가족의 인터뷰 혹은 편지가 자주 등장한다. 여성노동자는 가족을 사랑하고 헌신하는 엄마로 재현된다.

출산과 독박육아, 가사노동, 가정을 관리하고 경영하는 일까지 오롯이 도맡아 하고 있는 어머니의 역할은 무거운 짐이거나 굴레처럼 여겨질 수도 있지만, "도전적이고 만족을 주며 존경받는 일"이기도 하다. 더불어 여성이 "사회적 지위와 정치적 권력을 얻기 위한 유일한 토대"가 되므로 어머니 되기는 "전적으로 합리적인 행동전략"[7]일지도 모른다.

어머니라는 자리를 지키는 일이나, '나는 드센 아줌마가 아니다'라고 항변하는 일에 마음 편하게 동의하기 어렵다. 엄마를 과하게 떠받들면서, 받은 만큼 헌신하라는 가부장제 사회의 요구가 가볍지 않아 보여서다. 그 요구에 저항하는 선택을 하려면 어머니라는 역할 앞에 놓인 존경과 숭배가 만들어 내는 힘 혹은 권력에 대해 함께 고심할 필요가 있다. 노동자의 권리를 찾아 나서는 싸움 안에서 가부장제와 가족주의라는 규범에 대한 탐색이 필요하고,

---

[7] 엘리자베트 벡 게른스하임, 『모성애의 발명』, 이재원 옮김, 알마, 2014, 104쪽.

이를 위해 노동조합도 여성노동자들과 이런 논의를 나눌 장을 만들어야 할 테다.

자기 삶을 지키기 위한 영민한 선택

"내가 그렇게 만만한 사람이 아니다. 한다면 하는 사람이다. 싸워서 보여 줘야지. 아니 처음부터 그러면 안 되지. 처음엔 말 잘 듣는 척해야지. 그러다가 나한테 불리하게 해버리면 그때는 보여 줘야지."

_강이순, 성진씨에스분회

우리는 누구나 삶의 순간마다 선택을 하게 된다. 때로는 자기의 진짜 욕망을 묻어 두고 사회가 원하는 각본대로 말하기도 한다. 모든 싸움이 정면으로 맞서는 방법만 있는 것은 아니니까, 가끔은 더 나은 때를 노려 멈추거나 뒤돌아 가기도 한다. 그러나 다시 싸우기 위해 힘을 모으고 지혜를 짜낸다.

이순 씨가 말한 것처럼 사람은, 특히 소수자인 여성은, 다 자기만의 삶의 전략이 있다. 노동조합을 만들고 사장과 맞서는 데도 큰 용기가 필요할 것이다. 폐업 투쟁은 가뜩이나 어려운 싸움이고, 짧지 않은 투쟁 기간으로 지쳐 버린 노동자들에게 안전하게 돌아갈 자리 하나쯤 있다면 얼마나 다행인가. 각자 놓인 상황에서 자기를 지키고 삶을 이어 가기 위한 영민한 선택을 할 뿐이다. 그런 선택을 비난할 자격이 우리에게 있을 리 없다.

여성노동자들은 본인을 '쉽게 쓰고 버릴 수 있는 노동력'으로만 대하려는 사장과 자본에 맞서 '일하는 사람'이 되기 위해 싸웠다. 아니 지금도 그 싸움은 계속 이어지고 있다. 그 긴 싸움을 통해 품게 된 질문에 답하기 위해 애쓰고 있는 여성노동자들이 결국 미미하게나마, 세상을 바꿀 것이다. 그러다 보면 삶의 다른 관계와 시공간으로 질문의 방향이 옮아 가기도 하고, 새로운 질문을 만나기도 할 것이다.

회사가 사라졌다

어머니라는 자리가 움켜쥐고 있는 힘에 대해서도, 어머니가 지배하는 관계에 대해서도 함께 고민하고 싸울 수 있기를 고대한다. 가부장제 사회가 허락한 '유일하게 안전한 자리'에 안주하다 보면 싸우면서도 가부장제 사회에 힘을 보태는 불행한 상황이 계속 이어질지 모른다.

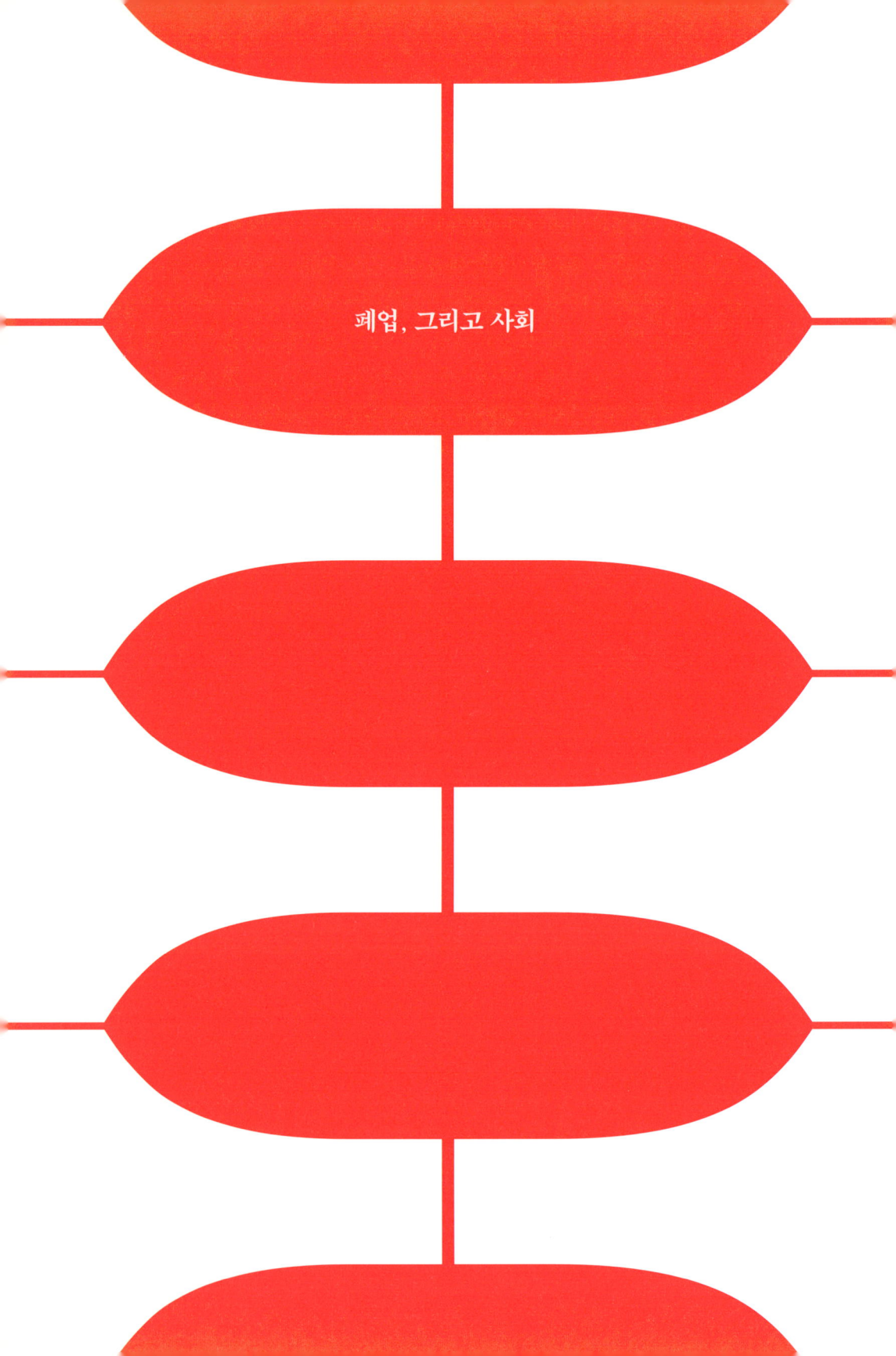

폐업, 그리고 사회

교육, 폐업에 대한 해결책이 될 수 있을까?

하은

성진 노동자들이 원한 것은 '일자리'였다. 원청인 코오롱과 협의가 진행된다고 했을 때, 자동차 시트를 만드는 경력을 살려 코오롱의 다른 하청업체에서 일할 수도 있겠다는 기대가 있었다. 그러나 ○○커리어(업체)의 '전직 지원 프로그램' 설명회를 듣고 난 후, 그것이 민간업체에서 제공하는 취업 알선 서비스일 뿐임을 알게 되었다.[1]

차라리 그 돈을 우리에게 줬으면

"교육은 6회였어요. 적성검사, 심리검사, 마음의 평정을 찾는 법, 자기소개서를 쓰는 법, 본인에게 맞는 메이크업 톤을 찾는 법…." _정영희, 성진씨에스분회 분회장

1주일에 두 시간, 6주에 걸쳐 성진 노동자들이 받았던 '교육'의 내용

---

[1] ○○커리어는 취업 지원 서비스를 제공하는 회사로, 주로 기업과 계약을 체결하여 재취업 지원 프로그램을 운영한다. 공공기관의 위탁을 받아 고용 서비스(취업 성공 패키지 등)를 제공하기도 한다.

이다. 이전의 노동 환경보다 더 나은 일자리가 갑자기 손에 쥐어지길 바라진 않았다. 그래도 원청이 최소한 고용에 대한 일말의 책임을 나눠 질 것이라는 기대가 있었다. 그러나 성진 노동자들에게 제공된 교육 프로그램은 기대와 어긋났다. 전직 지원 프로그램을 제공하는 취업 컨설팅 업체에서 이들에게 적합하다고 제시한 일자리는 청소, 요양보호, 급식소 등이었다. 기존 경력을 살려 미싱이나 재단 기술을 활용할 수 있는 일자리 정보는 얻을 수 없었다.

그렇다고 재취업을 위한 전문 교육을 받을 수 있는 것도 아니었다. 전직 '지원' 프로그램은 새로운 일자리를 찾아야 하는 조합원들이 기대했던 '지원'과는 거리가 멀었다. 지원프로그램과 별개로 각자 구직사이트와 신문을 뒤지거나 주변을 통해 알음알음 소개받아 일자리를 찾아 나섰다.[2]

> "난 여기서 도움을 받아서 좀 괜찮은 데 취직할 수 있을 거라고 생각했거든. 자기네들도 뭐 사이트 같은 것 뒤져 봐서 그냥 그렇게 하는 거더라고. 그렇게 할 바에야. 나도 뭐 컴퓨터 뒤져 봐서 그렇게 하는데. 나중에는 거의 우리가 알아서 취직을 했잖아. 결국에는 언니들이 그러더라고. 그 돈을 [민간 커리어] 업체에 주지 말고 우리나 주면 얼마나 좋아. 우리가 알아서 취직할 텐데." _임은옥, 성진씨에스분회

정부는 폐업이나 구조조정 등으로 일자리를 잃은 노동자의 구직을 돕는 서비스를 제공하기도 한다. 그로부터 실업 대란을 해결하겠다는 것이다. 성진 노동자들이 받은 '전직 지원 서비스'와 같은 종류의 프로그램이 제공되는데, 이때 정부의 지원금이 흘러가는 곳은 지원 서비스를 위탁받은 컨설

---

[2] 전직 지원 프로그램을 시작하고 3개월이 지났을 때 조합원들과 인터뷰한 결과, 경력을 살리거나 더 나은 조건의 직장으로 이직한 조합원은 드물었다. 이직한 일자리는 청소업무가 가장 많았고, 창고 자재관리, 학교급식소, 병원(소독 및 의류세탁) 등이 있었다. 조합원들은 업체 알선보다 사적 인맥이나 자체적으로 얻은 구직정보를 통해 일자리를 구했다고 대답했다. 어떤 경로로 재취업을 하든 구직확인서를 제출하기만 하면 업체는 취업 축하금 100만원을 지급했다.

팅 업체이다. 그런데 정작 성진 조합원들이 프로그램을 통해 얻을 수 있던 지원은 얄팍한 취업 알선뿐이었다. 취업컨설팅 업체에게 기업과 정부의 자금이 흘러가는 동안, 교육생인 노동자들은 생계를 유지하는데에 아무 경제적 지원도 받을 수 없었다.

> "우리는 100퍼센트 고용을 시켜 준다는 생각에 투쟁을 정리했는데, ○○커리어는 자기네가 최선을 다해서 취업 정보는 제공하지만 안 되면 어쩔 수 없다고 하니까. ○○커리어에서 하는 것도 마음에 안 들고, 만나기만 하면 불만이 터져 나오는 거예요. 우리끼리 모이는 것도 힘들게 된 거죠." _정영희, 성진씨에스분회 분회장

'전직 지원 프로그램'의 부실한 내용이 문제였을까? 그렇다면 실용적이고 전문적인, 더 나은 내용의 직업 교육은 재취업에 얼마나 도움이 될까? '직장을 다니는 중에도 새로운 교육을 통해 다른 일에 도전할 수 있다.' '실업 상태라도 직업 교육을 받고 다른 일자리를 찾을 수 있다.' 우리가 고용과 관련하여 '직업 교육'에 흔히 기대하는 바이다. 그런데 교육이 일자리, 특히 재취업을 하는 데 사실 별 도움이 되지 않는다면?

에이미 골든스타인의 『제인스빌 이야기』는 대규모 자동차 공장(GM) 폐쇄로 인한 지역 내 대량해고와 그 이후 지역사회의 변화를 5년에 걸쳐 추적한 책이다. 이 책은 평생교육을 통해 더 나은 일자리와 삶의 기회를 얻는다는 신화를 깨부순다.

정당, 노동조합, 지역 방송국, 학교 등 제인스빌의 지역공동체들은 힘을 합쳐 몇십 억 단위의 지원금을 확보하고 평생교육을 담당하는 지역대학 수업을 한 학기에 88개나 증설하는 등 노동자 재교육에 역량을 총동원한다. 그런데 결과는 충격적이었다. 직업 재교육은 구직 기회나 임금을 늘리는 데 아무 도움도 안 됐다.[3]

지금, 여기의 현실은 더 열악하다. 제인스빌의 경우, 대량해고와 실직

문제를 돌파하기 위해, 정치적 입장 차이가 있더라도 지역공동체와 노동조합, 중앙정부가 가능한 모든 힘을 합쳤다. 교육에 참여하는 노동자들에게 직접적인 비용 투자가 필요하다는 사회적 합의도 충분했다. 무엇보다 직업 재교육을 받는 동안 실직 노동자에게 교육비와 생계비를 지원하는 제도도 갖춰져 있었다. 한국에서는 기대하기 힘든 것들이다.

희망도, 책임도 아닌 교육

일자리 문제에 있어 생계에 직접 도움을 주는 것은 단기적 해법이고, 장기적 관점에서 교육이 더 타당한 해결책이라 생각하기 쉽다. 대량해고 이후 제인스빌 지역의 2년제 기술전문대학에서 재교육을 받은 이들의 통계를 살펴보면, 이들의 취업률이 교육을 받지 않은 실직자들의 취업률보다 낮았다. 2년제 교육 프로그램을 끝까지 이수한 사람들의 무직 비율이 더 높았다. 학교를 다녔던 해고자들은 다른 해고자들보다 일을 구한 후에도 더 낮은 급여를 받았다. 2년 이상의 시간을 들여 새로운 직업 지식을 얻는 동안, '나이'가 변수가 되어 새로운 일자리 진입이 어려워졌기 때문이다.

   성진 노동자들의 상황도 별반 다르지 않았다. 중장년 여성이 재교육을 통해 새로운 직업 기술이나 자격을 갖추더라도, 우리 사회에서 이들이 자격이나 경력에 따라 일자리를 찾을 가능성은 매우 적다.

  "○○커리어에서는 우리 경력은 생각지도 않고 나이대에 맞는 직종
  이라 생각하고 정보를 주는 거예요. 거의 다 청소 아니면 요양보호

---

3 제인스빌에서 대규모 실직이 이루어진 2008~2010년 사이 2년제 공립학교인 블랙호크 기술전문대학에 등록했던 모든 학생의 기록을 전수 조사하였다. (에이미 골든스타인, 『제인스빌 이야기: 공장이 떠난 도시에서』, 세종서적, 2019, 470쪽)

사." _정영희, 성진씨에스분회 분회장

성진 조합원들은 10~20년의 미싱 경력이 있었지만, 중고령의 여성이기에 재취업 일자리는 돌봄과 청소 영역에 한정되었다. '더 좋은 일자리'는 고령, 여성, 저학력일수록 직업교육과 무관하게 멀어진다. 그런데도 교육을 실업의 무난한 대안으로 되풀이 하는 이유는 무엇일까?

'교육'이라는 단어는 그 자체로 문제될 것 없는 가치중립적인 단어처럼 보이지만, 실업문제에서 교육을 대안으로 강조하는 맥락을 더 깊이 고민할 필요가 있다. 교육을 강조할수록 실업 문제는 쓸모있는 혹은 경쟁력있는 '자격'을 갖추지 못한 개인의 문제로 전환된다. (재)교육을 받고 능력을 갖춰야만, 개인이 실업상태를 벗어날 수 있다는 것이다. 만약 노력하고도 일자리를 얻지 못한다면, 부족한 만큼 '끝없이' 노력해야한다.

실업이 문제라는 말이 식상할 만큼 실업문제가 만연한 사회다. 자신의 노동력을 팔아야만 먹고살 수 있는 사람들에게 노동할 권리는 곧 생존할 권리다. 죽을만큼 위험하지 않고, 삶의 기쁨을 잃을만큼 혹사당하지 않으며, 생존을 위협받을만큼 불안정하지 않게 일할 수 있는 권리는 자격에 따라 선별적으로 주어져야 할 권리가 아니다. 우리는 모두 '그렇게' 살 수 있어야한다.

실업 문제를 교육으로 해결할 수 있다는 막연한 희망을 부풀릴수록, 능력이 없으면 생존할 자격조차 없다는 두려움이 함께 커진다. 폐업과 실업을 겪는 이들이 일할 곳 없는 사람이라는 이유만으로, 살아갈 자격부터 의심받는 자리에 놓이게 된다. 일자리를 잃은 이들이 두려움 속에 고립되지 않으면서 삶의 새로운 길목으로 나아갈 수 있기를 바란다.

뭘 줘야 폐업을 안 하지?
다 줘야 폐업을 안 하지!

노동자의 목소리로 듣는 폐업의 사회적 해법

시야

"사장은 2천만 원 가져가다가 만 원만 못 가져가도 적자라고 울어. [회사 말로는] 성진에서 18년 동안 흑자 난 적이 한 번도 없었어. 우리는 뺏겨도 몰랐지. 여기 붙어서 일하니까 감사했지. 다 뺏기고서 이제 노조를 만들었어. 뺏길 것도 없을 때 노조를 만든 거야. 더 못 뺏어 먹으니까 사장이 문을 닫아 버렸어. 상여금도 뺏어 가고, 학자금도 뺏어 가고, 빵도 우유도 뺏어 가고, 차비도 뺏어 갔어. 이제 밥값을 뺏을라고 해. 이제 연차휴가도 뺏을라고 해.

우리는 일하고 싶어서 연차 15일은 뺏어 가도 밥은 회사에서 주는 식대로 먹겠다고 했어. 사장은 [노동자들] 밥을 먹여 주면 공장을 운영할 수가 없대. 밥값을 못 뺏어서 폐업을 시켜 버렸어.

'뭘 줘야 폐업을 안 하는 거야?' 다 줘야지. 사장 말은 법이었어. 우리가 반항하면 사장 얼굴이 막 붉어지면서 우리를 다 모아 놓고 위협해." _강이순, 성진씨에스분회

회사 말로는 흑자가 한 번도 난 적이 없는 회사가 18년이 지나서야 문을 닫았다. 참 신기한 일이다.

노동조합을 만들자 성진 경영진은 자세를 낮추는 듯하더니, 2018년 3월 말 돌연 태도를 바꿔서 폐업을 발표했다. 회사가 사라졌으니 어쩔 수 없다며 정부와 법은 해고에 '정당성'을 부여한다. 열심히 일했던 사람들만 팔딱 뛰는 것이다.

회사가 사라졌다

소유는 사적인데, 손실은 사회적으로 해결

우리가 살고 있는 자본주의 사회에서는 회사를 차리는 것도 그만두는 것도 자본가의 마음이다. 사유재산이라고 했다. 물론 이 모든 것을 갖추는 데 사장 소유의 자본이 투여되었다. 사장이 가진 땅에 건물을 짓고, 시설을 갖추고 원료를 준비했다. 하지만 신영이 40평 임대공간에서 신영정밀로 출발해서 20여 년 만에 건물 다섯 동을 지은 튼실한 중소기업이 되기까지, 수천만 대의 휴대폰을 조립하고 이익을 낼 수 있게 한 건 노동자들이었다.

공장이 돌아가는 동안 황금알을 낳는 거위가 사장에게 따로 있었던 게 아니다. 기계의 부품이 되어 일했던 노동자들이 있어서 땅을 늘리고 건물을 세울 수 있었다. 어찌 보면 노동자들이 그 거위 역할을 했을지도 모른다.

> "회사가 아무리 자기들 거라지만, 자기 주머니에 들어가기 전에 노동자들의 피땀이 들어 있는 건데, 그거에 대해서 나라는 아무런 제재가 없어요. 그게 너무 화가 나요. 그걸 어떻게 할 방법이 없다는 거예요." _김정숙, 신영프레시전분회

받을 건 다 받고 문 닫는 기업

공장과 생산수단이 사장 개인의 사적소유라고 하면, 회사가 흥할 때나 망할 때나 온전히 다 사장의 책임이어야 할 테지만, 회사가 폐업하기까지 정부도 가만히 손 놓고 지켜만 보지는 않았다. 통닭집이나 피자집 같은 영세한 자영업과 달리, 공단의 공장은 어려운 고비마다 정부가 막대한 지원을 해서 살려왔다.

1990년대 말 대우그룹의 부도로 협력업체가 연쇄 도산을 일으키자 정부는 30조의 공적자금을 투입했다.[1] 2000년대 들어서는 대우해양조선,

STX조선해양 등의 조선산업 위기 때나 쌍용자동차, 한국GM 등의 자동차산업의 위기 때마다 정부는 손을 놓지 않고 공적자금을 투입했다. 그런데도 기업은 구조조정과 정리해고로 늘 노동자에게 책임을 물었다.[2]

폐업을 하면 노동자에게 임금과 퇴직금을 청산해야 하고, 해고예고수당[3]도 지급해야 한다. 하지만 회사가 지급하지 않을 때에는 국가가 임금채권보장제도(체당금제도)로 대신 지급하고 있다. 회사가 잘나갈 때는 사적소유이고 사유재산이지만, 망하면 손실은 사회가 감당할 몫이 된다.

가까운 예로 한국GM은 신차 개발을 위해 2018년 KDB산업은행으로부터 8천1백억 원을 지원받았다. 평창 동계올림픽이 한창이던 지난 2018년 2월 한국GM은 군산공장을 폐쇄하겠다고 전격 발표했고, 정부에서 공적자금을 지원하지 않으면 부도를 신청하겠다고 했다. 실제 군산공장 폐쇄를 발표하기 전 1월에 GM 해외영업부 사장인 베리 앵글은 산업통상자원부를 방문해 "한국의 수백만 일자리 수호자가 되고 싶다"면서 일자리를 빌미로 한국 정부에 자금 지원을 압박했다.[4]

결국 한국 정부는 GM의 요구를 수용해 2018년 4월에 8천1백억 원 규모의 공적자금 지원을 결정했다. 공적자금을 지원받은 GM은 한 달 만에 군산공장 폐쇄를 공식 발표한다. 그리고 2019년 12월 말로 GM 창원공장의 일곱 개 하청업체와 계약을 종료해 버린다. 한국 정부는 공장이 폐쇄되고 비정규직 노동자들이 쫓겨나는 걸 지켜보면서도 아무런 제재를 취하지 않았다.[5]

---

1 「대우그룹은 어떻게 몰락했나」, 『매일경제MBN』, 원호섭 기자, 2019년 12월 9일자 기사.
2 「공적자금 투입된 기업들의 현주소」, 『일요시사』, 양동주 기자, 2015년 11월 2일자 기사.
3 해고예고수당은 사용자가 근로자를 해고할 경우, 적어도 30일 전에 예고하지 아니하였을 때 지급하도록 규정한 수당이다.
4 「'군산공장 폐쇄' 꺼내든 지엠…한국지엠 구조조정 신호탄」, 『한겨레』, 홍대선 기자, 2018년 2월 13일자 기사.
5 「노동자 '쓰고 버리고' 법 위에 선 한국지엠」, 『경남도민일보』, 박종완 기자, 2019년 12월 3일자 기사.

공장이 망하지 않았음에도 한순간 '탁' 하고 문을 닫고 떠나 버리는 건 너무 쉽고 간편하기만 하다.

노동조합 잡으려다 초가삼간 다 태우는

지금은 서울디지털국가산업단지로 탈바꿈하였지만, 구로공단으로 불리던 시절부터 노동조합 활동을 하며 노조 탄압과 공장 폐업에 맞서 싸웠던 금속노조 조합원은 말했다.

> "민주노조를 만들면 노동조합을 파괴하기 위해서 자본이 가장 손쉬운 방법으로 채택하는 게 공장 자체를 폐업하는 거예요. 집단적으로 정리해고를 자연스럽게 당하게 되는 거죠. 그럼 우리가 어떻게 대응해야 할까요? 용인하지 않겠다는 민주노조 내의 공감대가 형성되어야 하고, 공장폐쇄에 맞서서 어떻게 싸울지 방향을 정해야 하잖아요. 그런데 어느 순간 위로금 얼마씩 받고 정리를 해버리는 거예요."
> _김혜진, 하이텍알씨디코리아 민주노조사수 투쟁위원회

폐업은 공장 문 닫는 것 이상의 의미를 갖는다. 노동조합을 만들면 공장을 닫아 버리겠다는 암묵적인 메시지를 노동자들의 기억에 각인하는 것이다.

> "공장을 폐쇄하는 일은 노동자의 생존권을 파괴하는 것이잖아요. 그런데 민주노조 자체를 없애기 위해 공장을 폐쇄하는 자본가들이 있어요. 그래서 민주노조를 지키는 건 우리의 생존권을 지키는 거라고 생각해요." _김혜진, 하이텍알씨디코리아 민주노조사수 투쟁위원회

폐업을 막을 방법은 정말 없는 것일까.

> "노동조합을 결성했을 때 공장이 폐업을 하면 부당노동행위를 의심할 수 있겠지만, 위장폐업[6]임을 입증하는 일이 쉽지는 않아요. 진성 폐업이라면 더욱 막을 방법이 없고요."[7] _김용주 노무사, 노무법인 참터

신영이 청산 절차를 밟겠다고 하자 노동자를 해고시키는 일은 아무 요건을 갖출 필요 없이 당당해졌다. 노동자들은 열심히 싸웠지만, 신영이 정말 청산폐업을 할 줄만 알았다. 그래서 결국 2019년 9월 신영 본사 농성 투쟁을 마무리했다. 하지만 신영은 석 달 후에 청산을 철회했다. 제조업을 다시 할 생각은 없다면서, 회사를 청산했을 때 발생하는 세금 문제 등을 피하기 위해 법인을 유지하고 부동산 임대사업에 손을 대고 있다.

영국의 경우, 기업의 폐업도 법 제도로 엄격히 규제하고 있다고 한다.[8] 그러나 한국 사회는 법인 청산과 해산, 폐업에 관해 엄격하게 규제하는 법 제도를 찾기가 어렵고, 그나마 노동조합 활동을 탄압할 수단으로 위장폐업을 하는 경우라야 부당노동행위로 인정해 형사 처벌 대상으로 두고 있다.

위장폐업은 강도 높은 부당노동행위로 가중처벌 대상이 되어야 마땅하다. 특히 신영의 사례로 알 수 있듯 법인 청산을 이유로 노동자들을 통상해고했다 하더라도, 회사가 이후 실제 청산하지 않는다면 이를 부당해고로 다

---

[6] 경영의 악화로 하는 것이 아닌, 계획적이고 의도적으로 하는 폐업. 노동 쟁의가 발생했을 때, 노동조합을 해체할 목적으로 하는 폐업 따위를 이른다.

[7] 노동조합을 결성하자 청산폐업을 하는 경우 법적으로 제재할 방법이 있을지 전화로 인터뷰한 내용이다. 전화 통화는 2020년 6월 25일에 이루어졌다.

[8] 영국의 기업은 「기업법」(Companies Act)에 의해 폐업할 수 있으며, 아래의 조건을 모두 만족시켜야 한다. △ 지난 3개월간 영업 활동이 없어야 함. △ 지난 3개월간 기업의 이름을 바꾸지 않았어야 함. △ 현재 법적 분쟁이 진행되고 있지 않아야 함. △ 자산이나 권리를 이미 판매하지 않았어야 함. 이러한 네 가지 조건을 모두 충족할 경우 폐업신청서를 작성해서 기업등록소(Companies House)에 제출하면 된다.

시 판정할 수 있는 법적 보완이 필요해 보인다. 그래야 사장의 꼼수를 원천 차단할 수 있고, 노동조합과의 정정당당한 협상이 이뤄질 수 있다.

회사가 피치 못할 사정으로 폐업을 하더라도 사용자의 책임이 면제될 수 있는 것은 아니다. 회사의 경영 상황과 자산 현황을 노동자들에게 투명하게 밝혀야 한다. 어쩔 수 없는 진성폐업임을 입증할 책임은 사용자에게 있다.

노동자가 말하는 폐업의 사회적 해법

때로 폐업은 금액으로 보상되기도 한다. 신영의 사례에서 알 수 있듯, 사용자는 형사소송과 손해배상 청구 등 법적 분쟁을 피하고 노동자의 합의 사직을 유인할 만한 금전적 보상을 제시한다. 하지만 합의금이든 위로금이든 금전 보상을 받기까지 노동자들이 보낸 세월은 순탄하지 않았고, 사계절을 아스팔트 위에서 지내며 견뎌내야 했다.

노동자들에게 필요한 것은 몇 달치 월급을 대신한 보상금이 아니라, 안정적인 일자리다. 물론 정부도 고용 안정을 말하고, 일자리 창출을 말한다.

"일자리 창출도 중요하지만, 있는 일자리도 못 지키면서 무슨 일자리 창출?" _정영희, 성진씨에스분회 분회장

좋은 일자리 정책은 지금 일하는 곳에서 계속 일할 수 있게 하는 것이라고 성진, 신영, 레이테크 노동자들은 입을 모았다.

"사람들이 왜 이렇게 노동법에는 무관심한지…. 노동자들이 더 살기 힘들어졌다는 이야기를 많이 들어요. 제 친구들이 미싱을 했거든요. 메이커 옷을 만들었어요. 옛날에는 서로 데려가고 싶어 했거든요. 지금은 직장을 옮기고 싶어도 일할 데가 없다고 그러더라구요. [해외로

가고, 외주로 빠지고] 더 살기 힘들어진 것 같아요. 그러니까 우리 최저임금 올랐다고 회사 폐업하고, 임금 싼 곳 찾아서 해외 나가고, 이런 거 못하게 하는 법을 만들어야 해요. 제발 좀 사장 마음대로 못하게요." _이필자, 레이테크코리아분회 분회장

노동자들의 경험에 따르면, 정부도 국회도 법원도 기업이 문을 쉽게 여닫는 일로부터 보호막 역할을 해주지 않았다. 오히려 기업에 편의와 이익을 더 얹어 주지 못해 안달이었다.

"폐업한다고 다른 곳에 가고 해외에서 사업하는데 여기에 대해 어떤 규제 같은 게 없어 보여요. 마음만 먹으면 하루아침에 접을 수 있고, 해고시킬 수 있고, 마음대로 자르고, 폐업하고, 공장 접고. 절차가 어렵게 구조를 만들어야 하는 것 아닌가요?" _박성남, 레이테크코리아분회

국가가 준 혜택은 몇 배로 토해내야 해

"아까 폐업을 한 회사는 정부 지원을 받아서 회생을 시켰다고 했잖아요. 아마 공장이 정부로부터 지원, 혜택을 받는 줄 알고 있는 사람은 별로 없을 거예요." _송동주, 아사히비정규직지회 [9]

공단의 작고 영세한 사업장부터 한국에 공장을 세운 GM 같은 글로벌 대기업에 이르기까지. 정부로부터 공적자금을 지원받아 공장을 돌리고, 신제품을 연구개발하고, 사세를 확장해 왔다는 것은 새삼스런 사실이 아니

---

[9] 아사히비정규직지회의 송동주 씨 인터뷰는 이 책의 212~219쪽에 실려 있다.

다. 또한 일상적으로도 기업에 대한 규제 완화, 세금 감면 혜택, 무상 임대, 고용 창출을 위한 성별·세대별 임금 지원 등 이루 헤아릴 수 없을 정도의 정부 지원이 기업으로 흘러 들어가고 있다.

> "법을 강화시켜야 된다니까요. 함부로 폐업을 시킬 수 없도록. 국가에서 너희에게 이런 혜택을 줬으니까, 몇 배로 토해내야 한다고요. 벌금도 많이 때리고, 자질이 안 되는 사람은 [기업을] 하지 못하도록 만들어야 해요." _이필자, 레이테크코리아분회

회사가 만들어 내는 이윤은 사장만의 공이 아니다. 노동자들의 피땀으로 만들어 냈고, 국가의 지원이 있어서 가능했다. 위기의 순간에는 모두가 허리띠를 졸라매고 고통을 분담하면서 사회적으로 해결하는데, 정작 회사가 폐업할 때는 사장이 혼자서 재산을 독점해 처분하려고 한다. 그렇다면 그동안 정부가 지원했던 공적자금은 어떻게 되는 걸까. 회수는 가능한 걸까. 정부는 기업에 막 퍼주기만 해도 괜찮은 걸까.

분명히 알 수 있는 건 폐업은 사장 개인의 재산을 처분하는 단순한 문제가 아니라는 것이다. 가족의 삶, 지역사회, 지역경제에도 막대한 영향을 끼치는 사회적 문제이다.

사회는 응답할 책임이 있다

코로나19 위기가 장기화되면서 휴업을 실시했던 영세한 사업장이 버텨내지 못하고 문을 닫는 경우도 있지만, 이 위기를 틈타서 멀쩡하게 잘 돌아가던 회사도 문을 닫고 사업을 종료하는 폐해가 늘고 있다.

2020년 코로나19 감염병 사태가 장기화로 치닫자 정부는 제41차 비상경제 중앙대책본부회의에서 기간산업안정기금 운용방안을 발표했다.[10] 항

공·기계·자동차·선박·해운·통신·전기 등 기간산업에 40조 원의 안정기금을 지원하겠다는 대책이 구체적으로 제시되었다. 그런데 남성노동자 수가 많은 규모 있는 산업군에는 대규모 예산을 집행하는 반면, 여성노동자들이 집중된 산업과 업종에는 어떤 대책이 제시되고 있는지 눈에 잘 들어오지 않는다.

특히나 어린이, 노인, 장애인 돌봄 등 사회서비스의 공백이 코로나19 사태로 노골화되고 사회적 문제로 대두되었지만, 정부 차원의 대책을 찾아보기가 어렵다. 학교 급식소, 방과후교실, 돌봄교실, 학원, 학습지, 문화예술, 식당 등 여성이 집중되어 있는 산업과 업종은 현재 휴업과 폐업을 번갈아 가면서 겪고 있다. 수개월째 임금도 받지 못한 채 불안정한 노동 현장에서 꾸역꾸역 일상을 꾸려 가고 있지만, 이러한 산업군에 대한 지원은 부족하기만 하다.

당장 실업 기간 동안 실업급여를 받을 수 있는 대상은 고용보험 가입자인데, 영세한 사업장일수록 4대보험 가입률이 낮고, 특수고용 노동자는 해당되지 않아 실직을 당해도 사회보장제도에 따른 지원을 기대하기 어렵다. 우선 전 국민의 고용보험 가입을 보장해야 한다. 그리고 폐업으로 인한 실업이 발생할 경우, 고용보험 가입 여부를 따지기보다 다급한 상황을 고려해 정부의 공적자금을 긴급 지원하는 형식이 바람직할 것이다. 기업이 어려울 때 사회적 자금이 투여되는 것처럼, 실질적 비용(사회보장제도 마련 등)을 들여 폐업 사업장 노동자들을 구제해야 한다. 폐업으로 인한 실업 기간의 급여는 생활이 가능한 적정 수준으로, 안정적인 직장을 구하기 전까지 최대한 지원되어야 실효성이 있다고 볼 수 있다. 하지만 이런 주장에 따라오는 질문이 있다. 이 모든 것을 가능하게 만들 재원은 어디서 나오는가이다.

재원을 마련하는 방법은 간단하다. 지금껏 기업에 투입했던 정부의 공적자금을 회수해 오는 것이다. 특히나 공적자금을 지원받고도 폐업하여 자산을 처분하는 기업은 자산을 샅샅이 뒤져서 회수해야 한다. 이것이야말로

---

10 "기간산업안정기금, 차입금 5000억·300명 이상 항공·해운 지원, 1조 이내 협력업체 지원프로그램도 가동…6개월 이상 고용 90% 유지 조건" (대한민국 정책브리핑, 기획재정부, 2020년 5월 20일)

정부가 해야 할 일이다. 지금까지 정부가 기업에 투여했던 지원금은 실로 천문학적인 액수이다. 이 지원금들을 제대로 회수만 할 수 있다면, 이를 노동자에게 직접 지원해서 실질적으로 구제하는 방식을 취해 볼 수도 있지 않을까.

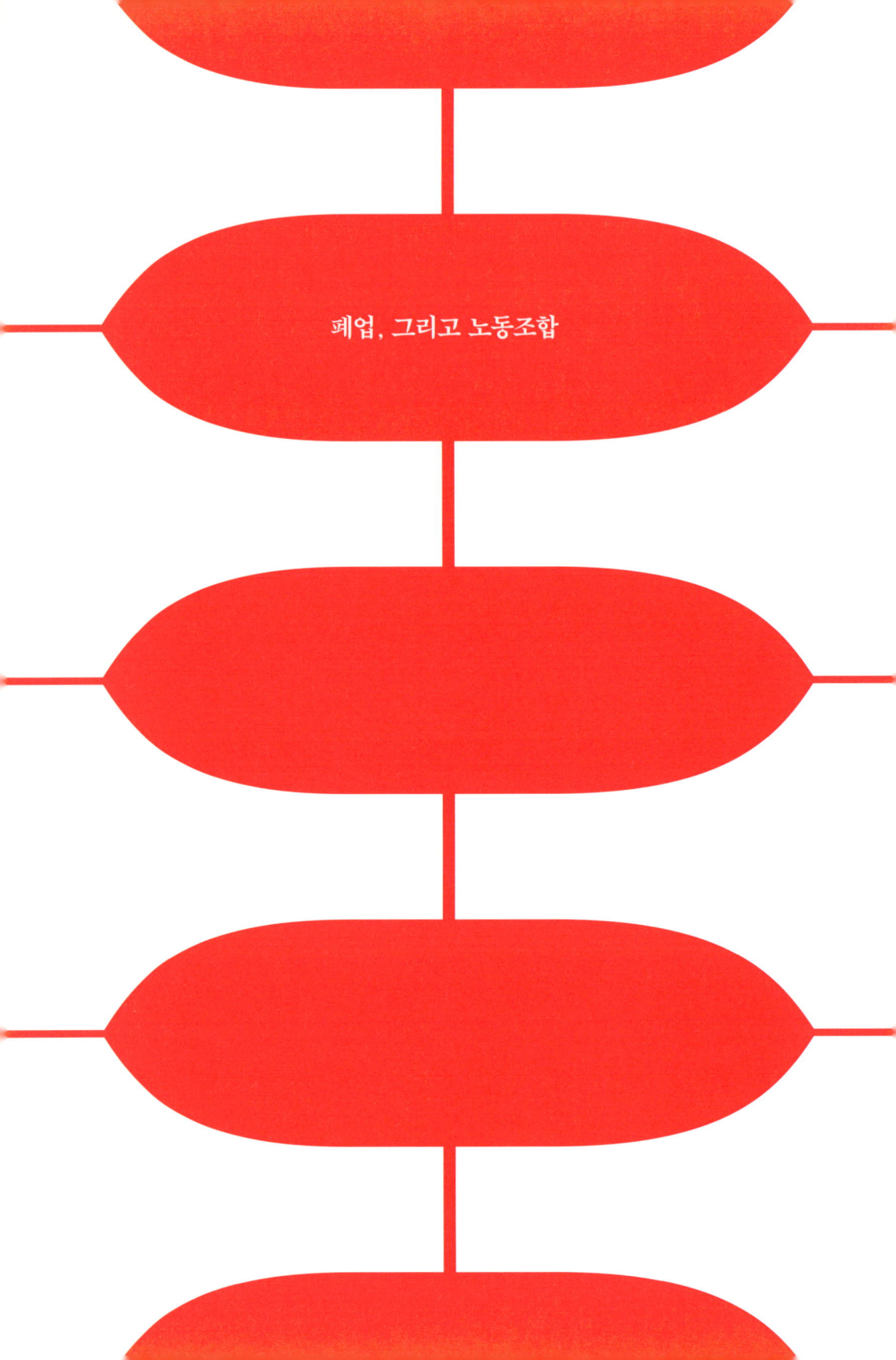

폐업, 그리고 노동조합

노조답다는 건 | 시야

어떤 장면

5월의 햇살은 뜨거웠다. 광화문 일자리위원회 건물 앞 광장에서는 신영, 성진, 레이테크 세 개 회사의 여성노동자들이 몇 시간째 집회를 이어가고 있었다. 일자리위원회 건물 안에서는 노동조합 대표자들과 일자리 위원들이 면담 중이었다. 어느 날 나는 그날의 집회현장에서 느꼈던 의문을 조심스럽게 질문했다.

"일자리위원회 면담할 때 왜 안 들어가셨어요?"

분회장이 면담장이 아닌 집회 장소에 있는 것을 보았기 때문이다.

"[상급]노조에서는 성진이 웬만큼 협상이 되고 있는 중이라고 하면서 국회의원이 코오롱 관계자에게 빨리 진행하라고 했다더라고요."

상급노조가 코오롱 관계자와 몇 번의 자리를 만들었을 때도,

"대표들만 만나는 자리에 굳이 내가 들어가서 해야 할 게 없다고 이야기하더라고요."

성진 장희성 사장이 공장에서 기계를 빼내는 날도 정작 조합원들은 자신의 의견을 사측과의 협상에 반영할 수 없었다.

"매일 공장을 지켰어요. 아침부터 가서 물건을 빼나 안 빼나 지키고 있었지. 주말도 안 거르고 계속 지켰는데 어느 날 차가 보이는 거예요. 물건을 빼려는 게 보인 거죠. 메시지를 다 보내서 조합원들 빨리 오라고 하고, 주변에 있던 사람들을 다 불러 모아서 못 나가게 막기도 했어요."

"사장이 [상급]노조와 의논을 하더라구요. 사장이 기계를 파는게 아니라 어디 놔둘거라고 했는데, 나중에 알고 보니까, 이미 다 팔렸다고 하더라구요."[1]

조합원들은 미심쩍은 마음을 호주머니에 구겨 넣었다.

"억울하든, 화가 나든, 당사자 얼굴을 봐야 이야기를 할 거 아니에요. 코오롱 관계자 얼굴도 난 몰라."

신영 회장은 상황이 다급해지자 금속노조로 달려가서 협상을 요구했다. 신영 본사 건물에서 [옛]직원들이 농성하고 있다는 걸 알면서도 회장은

---

[1] 사장은 단 한 번도 노동자에게 진실을 말해 준 적 없었다. [상급]노조의 입장에서 공장 임대기간의 만료가 얼마 남지 않아서 기계반출을 막고 농성을 하게 될 경우, 회사로부터 당할 고소고발의 문제와 농성장을 밤낮으로 유지할 동력의 문제 등을 고려해서 노동조합이 판단하였다.

공장으로 가지 않고, 상급노조로 찾아갔다.[2] 회장이 애지중지 아끼는 향우회 골프대회를 앞두고 분회 조합원들은 골프장 앞에도 천막 농성장을 설치하고 날마다 집회와 시위를 벌여 가고 있었다. 상급노조는 협상에 응했다. 당시 노조 분회장이 피치 못할 사정으로 부재 중인 상황에서, 그를 대신해 협상에 참여한 조합원은 없었다.

우리는 투쟁이 마무리된 후, 이들이 노동조합에 대해 털어놓는 이야기들을 마저 들었다. 그것은 투쟁의 성패나 결과에 대한 평가와는 다른 이야기였다.

폐업 투쟁은 답이 없나요?

이 책이 '폐업'을 주제로 하는 방향으로 결정되자, 이 이야기를 들은 어느 노조 활동가는 "답이 없다"고 했다. 폐업은 답이 없어 노동조합도 잘 싸우지 않는다는 것이었다. 당사자의 강한 의지가 있어야 투쟁이 시작될 수 있었다.

처음 이 말을 들었을 때 수긍하기 어려웠다. 하지만 취재를 하면서 그의 말이 틀리지 않았다는 것도 알 수 있었다. 하지만 노동조합이 투쟁해야 하는 게 명확해 보이는 상황에서 투쟁하지 않는다는 말은 의미심장하다. 그러면 노동조합이 노동조합다울 수 있을까. 싸우지 않는 노동조합이 폐업을 마주하면 어떻게 되나. 사실 폐업한 회사보다 투쟁을 못하는 노동조합이 더 절망스럽다고 여겨질지 모른다.

숱한 폐업 투쟁의 경험을 듣고 싶어 노동조합의 간부와 이야기를 나눈 적이 있었다. 그는 여전히 준비된 게 없다고 인정하면서도 내게 한마디 툭 던졌다.

---

[2] 산별노동조합의 경우, 원칙상 상급노조에게 교섭 권한이 있다. 신영 회장이 금속노조를 찾아가 교섭을 요구한 것이 노조 규약상 어긋난 문제는 아니다. 「알아 두면 좋은 용어 설명」 참조.

"[생각났다는 듯이] 폐업 투쟁의 전략과 전술이라고 하는데, 다른 거 뭐 있나요? 노동조합이 생계비를 끝까지 책임지면 싸울 수 있지 않을까요?"

그의 말을 듣자 많은 생각이 들었다. 민주노조 운동은 노조 파괴와 공장 폐업에 맞서 노동조합을 지키기 위한 싸움을 통해 힘을 키워 왔다. 그런데도 공장 폐업에 관한 대응 매뉴얼이 없다고 이야기한다. 그만큼 폐업은 답안지를 만들기 힘든 싸움이다. 그럴수록 질긴 것이 전략이 된다.

노동자가 자본의 횡포에 맞서 투쟁하는 동안 조직이 노동자들의 생계비 문제를 책임진다는 것 또한 주요한 전략이다. 만약 노동조합이 자본을 넘어설 전략이 설사 준비되어 있지 않다 하더라도, 자본을 넘어설 때까지 싸울 수 있는 결의가 충천하다면, 노동조합이 생계비를 끝까지 책임진다는 결정은 자본을 후덜덜 떨리게 만들 수 있을 것이다.

금속노조에는 노동조합 활동으로 해고되어 장기간 투쟁하는 노동자에게 보장되는 생계비가 있다. 실업급여 받는 기간을 제외하고 9개월가량 된다. 노동자들이 자기 권리를 위해 싸울 수 있는 물적 조건을 한시적으로 마련하기 위한 것이다. 맨몸으로 하는 싸움이 얼마나 힘든지 아는 노조 조합원들이 머리를 맞대어 만든 제도이다. 그런데 일각에서 생계비를 한시적으로만 지급하는 것이 오히려 '독이 든 약'으로 작용할 수 있다는 의견도 있다.

생계비가 지원되는 기간이 6~9개월이라는 사실은 자본도 알고 있고, 생계비 지원이 끝나는 시점이 다가오면 노동자들도 생계걱정에 마음이 조급해진다. 때를 맞춰 자본은 노동자들을 개별로 유혹하고 노동조합을 흔드는 공작을 하기도 한다.

오래전 생계비를 지급하지 못했던 시절에도 노조를 만들면 자본가는 폐업이라는 강경한 수단으로 노조파괴를 일삼았다. 민주노조운동은 폐업을 전체노동자의 생존권을 위협하고, 자본의 공세적인 노조파괴라고 인식해서 노조가 힘을 모아서 공동투쟁을 해왔다. '내가 다니는 공장 하나 문 닫는 문제'로 협소하게 바라보지 않았다는 뜻이다.

무엇보다 폐업은 노조파괴 뿐 아니라 폐업으로 인해 실직하게 될 불안과 공포를 조장해 일하는 사람을 위협하기 때문에 노동자 개인의 권리도 박탈되고 민주노조 운동이 설 자리도 잃게 만든다.

노동조합이 생계비를 지원하는 것이 주요한 전략이 될 수 있는 건, 폐업을 사회적으로 굉장히 심각한 문제로 인식하는 것이 선행되고 노조가 투쟁을 끝까지 책임지겠다는 자세를 가지는 것이다. 그럴 때 노동자도 자신감을 가지고 투쟁을 계속할 수 있고, 자본도 잽싸게 계산기를 두드려서 값싸게 해결할 방법을 찾아낼 것이다.

노동자들이 쉽게 포기하지 않을거라는 판단이 설 때, 자본가도 오래 싸움을 끄는 것이 자신에게 손해라는 계산을 하게 된다.

작은 사업장이 증가하고, 폐업이 갈수록 늘어나고 있다. 책임을 면피하려는 자본의 꼼수도 더욱 교묘해지고, 자본의 분할전략은 노동자 사이의 위계로 형성해 단결을 해치고 있다. 노조운동의 조건이 점차 악화되어 투쟁의 열기가 점차 떨어지는 것을 노동조합의 잘못으로 볼 수는 없는 문제다. 그럼에도 노동자들이 기댈 곳은 노동조합 밖에 없기에 좀더 사회적인 연대를 확장하고 이끌어갈 수 있는 새로운 전략이 필요한 시점이다.

폐업은 공장 하나 문 닫는 문제가 아니다.

공식을 깨야 답이 보인다

'폐업은 답이 없다'는 공식을 깨야 하는 건 노동조합이다. 노동조합마저 폐업은 답이 없다고 한다면, 폐업을 당해서 지푸라기라도 잡는 심정으로 노동조합을 찾는 사람들에게 어떤 이야기를 할 수 있는가? 이렇게 오래도록 답을 찾으려는 의지 없이 내버려 둔다면, 그건 정말로 깨지지 않는 공식이 될 것이고, 더 냉혹한 현실을 만들어 낼지도 모를 일이다.

당사자들은 답도 없다는 폐업에 맞서 투쟁을 시작한다. 회사가 문을 닫는 이유가 미심쩍기 때문이다. 회사를 잃고 내몰린 당사자의 의지로 시작했을 투쟁은 점차 연대로서 사회화되어 갔다. 투쟁을 통해 문제가 제기되었을 때, 비로소 머리를 맞대고 사회적 해법을 찾을 수 있었다. 투쟁해야 하는 이유가 개인적인 차원에 머무르지 않고 여기에 사회적 의미가 희미하게나마 부여될 때 더 큰 투쟁도 가능하다.

투쟁의 승패를 따진다면 노동조합의 승률은 높아 보이지 않는다. 그렇더라도 사람들에겐 노동조합을 선택한 이유가 있다. 노동조합은 분명 노동자를 권리의 문턱까지 안내해 주었다. 부당하고 부조리한 현실에 맞서는 법을 알려 주었다.

노동조합은 여전히 노동자들이 찾고 기댈 수 있는 언덕이 되어 주며, 유용한 연장으로서 역할하고 있다. 하지만 이 연장이 좀 더 뾰족하고 날카로운 것으로 벼려지기를 바라는 이들이 많다. 현실을 뚫고 나가길 바라며 모인 조합원들에게, 노동조합은 맨 앞 가장 뾰족한 날이 되어 주어야 한다.

내가 노조 하면서 하나 배운 것 | 시야

"지금도 댕겨?"

"어 댕겨."

"거기[노동조합] 가지 마, 나라가 시끄러워."

"사장들이 너무 갑질하니까 뺏기기 싫어서 노동조합 들었어. 사장이 갑질 안 하고 정상적으로 주면 왜 노동조합을 만드냐? 밥값 뺏어 가, 연차 열다섯 개 다 뺏어 가고, 빵값도 뺏어 가고, 차비도 뺏어 가고, 나중에는 작업 시간에 화장실 청소까지 시키더라. 그래서 보너스 550% 뺏어 갈 때도 안 들었던 노조를 밥값 뺏어 간다는 소리에 들었어."

"사장이 너무 도둑놈이구만, 들을 만하구만…."

이순 씨와 교회 교인들이 주고받은 대화이다. 노동조합을 바라보는 주위의 시선이 곱지만은 않다.

"노조는 내 편이니까. 세상 사람들은 다 사장 편이야. 노조는 그래도 우리 편이잖아. 어느 회사나 노동조합 들어야지 힘없는 놈들이 덜 뺏기겠구나라는 걸 여기 와서 느껴." _강이순, 성진씨에스분회

빼앗기지 않는 법

빼앗김의 연속이었다. 성진 노동자들은 한 공장에서 미싱을 돌렸지만, 동료

들 간에 월급이 달랐다. 내가 남들보다 임금이 적을 때는, 임금이 적을 이유가 없다는 것을 증명하기 위해서 더 빨리 미싱을 돌렸다. 내가 남들보다 임금을 조금이라도 더 받을 때는, 더 많은 물량을 생산해 내기 위해서 지문이 닳도록 일했다.

눈에 보이지 않는 경쟁이 서로를 갉아먹는 동안 사장은 재미를 톡톡히 보았다. 그렇다고 임금이 많은 것도 아니었다. 대다수가 최저임금을 웃도는 수준이었고, 어떤 이는 최저임금보다 적었다. 그래도 모두들 군소리 없이 일했다.

> "[회사 말로는] 성진에서 18년 동안 흑자 난 적이 한 번도 없었어. 우리는 뺏겨도 몰랐지. 여기 붙어서 일하니까 감사했지." _강이순, 성진씨에스분회

회사가 문을 닫을지도 모를 위기의 순간 곧바로 노동조합을 만든 건 아니었다. 공장 문을 닫지 않고도 좋게 좋게 해결할 방법을 찾아 사장이 요구한 연차휴가를 양보도 해보았지만, 사장은 다 내놓으라고만 했다. 관공서를 찾아도 누구 하나 노동자의 말에 귀기울여 주지 않았다. 해결 방법도 보이지 않았다. 그때 노동조합이란 '막차'에 올라탔다.

노동자들에게 해결책이 보이지 않을 때, 찾다가 찾다가 막다른 곳에 왔을 때, 무슨 흥신소 찾듯이 노동자는 노동조합을 찾았다. 흥신소는 돈만 주면 어떤 일이든 해결해 주겠지만, 노동조합은 흥신소처럼 돈을 받고 문제를 해결해 주는 곳이 아니다. 뺏긴 노동자의 권리는 돈으로 환산할 수 없고, 훼손된 인간의 존엄을 회복하는 일은 짧은 시일 내 이뤄질 수 없다. 노동조합이 해결사 노릇만 하면 흥신소와 다를 바 없지만, 노동조합은 만능 해결사가 아니다. 노동조합은 사람들이 함께 머리를 맞대고 짜낸 계획을 실행하기 위해 연장을 만드는 곳이었다.

노동조합이라는 막차가 있어 얼마나 다행인가. 아마 나 혼자였다면

회사가 문을 닫는다고 그냥 집으로 돌아갔을지도 모른다. 억울해하는 동료들이 있었기에 함께 올라탈 수 있었다. 물론 중간에 하차하는 사람이 생겨서 흔들릴 때도 있었다. 하지만 떠난 사람의 빈자리는 연대하는 수많은 사람들이 채워 주었다.

내 인생의 노동조합, 나 아닌 남을 생각하다

신영 노동자인 수미 씨가 일하던 사출 팀이 2교대에서 3교대로 변경될 때 남성노동자의 임금은 그대로였지만, 여성노동자는 줄어든 시간만큼 임금도 삭감당하는 차별을 겪었다. 여성노동자들이 신영에 항의했지만 임금 삭감을 막지는 못했다. 수미 씨가 답답해서 툭 던진 말은 "우리 노동조합을 만들면 어떨까?"였다.

곁에 있던 동료들은 수미 씨의 말을 진심으로 받아 주었다. 그전까지만 해도 노동조합은 정규직 노동자들이 자기 밥그릇만 챙기기 위해 만든 이기적인 집단이라고 생각했다. 수미 씨 인생에 노동조합을 하게 될 줄은 상상도 하지 못했다.

> "나도 노동조합 안 들었을 때는 잘 몰랐어요. 맨날 텔레비전에서 때려 부수고, 싸우는 것만 봤어요. 우리가 노동조합 만들고 나서 생각이 많이 달라졌어요." _신수미, 신영프레시전분회

신영이 청산폐업하고 나서 시작한 본사 건물 점거 농성이 고달프기만 했던 건 아니다. 아파트 대출 빚을 갚느라 밤낮 없이 주야 2교대로 일하며 젊은 날을 보냈지만, 농성하면서는 일하느라 손에서 내려놓았던 책도 펼쳤다. 동료들과 밥을 짓고, 반찬 솜씨를 뽐내기도 했다. 수미 씨에게 농성 투쟁은 달콤한 '방학' 같기도 했다.

"옛날에는 맹목적으로 위에서 시키면 시키는 대로 하고, 나만 잘 되면 되지 남까지 돌아봐? 생각했는데, 노조 들고 나서는 남도 생각하고, 우리가 억압당하는 걸 같이 헤쳐 나갈 용기도 생기고 그래요. 없던 용기가 생기니까 자신감이 생겼다고 해야 하나? 제가 굉장히 당당해지더라고요." _신수미, 신영프레시전분회

본사 사무실을 차지한 노동자들은 조를 짜고 '고추농장', '사노라면', '짜요짜요', '굿걸', '에너자이저', '한마음', '갈 데까지 가보자', '승리'라는 명랑하고 유쾌한 조이름을 지었다. 조별로 돌아가면서 철야농성을 했다. 함께 밥을 지어 먹고, 맛난 반찬을 만들어서 나눠 먹었다. 공장을 청소하고 관리했고, 기계가 함부로 반출되는 것을 막았다.

동료들의 살아가는 모습은 서로 닮아 있었다. 이들이 의지할 사람은 신영 본사를 지키면서 동고동락하고 있는 동료들이었다. 서로를 동지라고 불렀다. 믿을 데는 노동조합밖에 없었다.

서로가 단결하는 법

레이테크 노동자들은 정말로 공장이 망할 지경이고, 문을 닫아야 하는 상황이라면 반나절이라도 회사를 위해 봉사하고 싶다고 말했다. 회사에 대한 일말의 애정이 있어야 노동조합을 한다는 말은 정말 맞는 듯했다.

일터이자, 삶터였던 공장은 미우나 고우나 한솥밥을 먹으며 희노애락을 함께 누렸던 동료들과 청춘을 보낸 곳이다. 공장을 살리고 싶고, 도와주고 싶은 마음이 굴뚝 같다. 누구보다 공장의 문을 닫게 하고 싶지 않은 건 노동자이니까. 하지만 사장도 공장도 노동자의 소박한 마음을 헤아려 주지 않는다.

해고된 레이테크 노동자들이 실업급여 신청을 했을 때였다.

"공단[고용센터] 담당자에게 전화를 걸어서 이직확인서 기재를 어떻게 했는지 물었더니, [레이테크 회사가] 근무시간은 여덟 시간으로 해서 왔는데, 임금은 0원으로 해서 왔다는 거예요." _이필자, 레이테크코리아분회 분회장

회사는 노동자들의 임금을 고의로 0원으로 신고해서 실업급여조차 받지 못하게 만들었다. 일찍 회사를 그만두고 노동조합을 떠났던 사람들도 실업급여를 받지 못할 뻔했지만, 조합원들은 포기하지 않고 문제를 제기해서 그만두고 나간 사람들까지 받을 수 있도록 만들었다.

"실업급여는 싸워서 됐죠. [먼저 그만두고 떠난] 그 언니가 전화 와서 [노조에] 고맙다고 하더래요. 생각지도 않고 포기하고 있었는데 [실업급여를] 받았으니까요. 잘 됐죠. 그럴 때 느껴요. 이게 바로 노동조합의 힘이구나. 단결의 힘이구나. 그래서 노동조합이 꼭 있어야 한다." _박성남, 레이테크코리아분회

무엇 하나 조용하게 얻어지는 것은 없었다. 노동자의 권리를 되찾기는 힘겹지만, 빼앗기는 건 한순간이라는 것을 알았기에 노동조합을 쉽게 포기할 순 없었다. 사장보다 질기게 싸워야 이길 수 있다는 것도 노조를 하며 배웠다.

"아들사장이 나쁜 놈이란 걸 만천하가 다 알고 있지만, 우리가 내일의 생활비가 없으면 여기를 떠날 수밖에 없어요. 힘 있는 사람은 돈이 있잖아요. 버티기만 하면 되는 거야. 그 사람은 우리 신경 안 써요." _박성남, 레이테크코리아분회

그렇다. 노동자는 문 닫힌 공장 앞에서 마냥 싸울 수가 없다. 목구멍

이 포도청이다. 생계 문제가 노동자의 발목을 잡고 놓아 주질 않는다. 사장은 노동자의 생사여탈권을 쥐고 목을 옥죈다.

여기까지만 보면 사장의 힘은 세다. 노동자의 저항은 그야말로 계란으로 바위 치기로만 느껴진다. 하지만 노동자들은 계란을 던져 바위에 선명한 자국을 남긴다.

연대, 평등한 그릇에 인간의 존엄을 담아내는 것

노동조합을 하면서 배운 건 '연대'이다. 연대란 혼자서는 제대로 낼 수 없었던 목소리를 둘이 아닌 수십, 수백의 사람이 함께 내어 상대를 움직이게 만드는 힘이다. 소수의 목소리가 주눅 들지 않고 세상 밖으로 나올 수 있도록 하는 힘 말이다.

노동자는 연대하면서 나와 처지가 비슷한 노동자를 마주한다. 그리고 회사 밖의 세상에도 관심이 생긴다. 나와 처지가 다르다고 여겼던 장애인, 성소수자, 철거민, 노숙인 등 이 사회가 품지 않아 소외되고 배제된 사람들의 저항하는 모습에 다가갈 용기가 생긴다. 노동자는 연대를 통해 동류의식과 인류애를 키운다. 다른 이의 존엄이 자신에게 거울이 되기 때문이다. 연대는 자신이 존엄하다는 것을 좀 더 구체적으로 사고하고, 느끼게 한다. 특히 사람들은 투쟁의 결과가 승패에 달려 있다고 생각하지만, 투쟁하는 많은 노동자는 자신이 존엄한 존재임을 밝히는 것을 목적으로 투쟁한다.

이 사회에서 인간이 존엄하다면 노동조합이 막차일 리 없다. 노동자가 존엄하게 인정받는 사회에서 노동조합이란 그저 기본적인 권리이고 평범한 선택일 수 있다. 하지만 노동자가 권리를 행사할 수 없을 때 노동조합은 막차가 된다. 노동자에게 당연히 보장되어야 할 헌법적 권리라고 아무리 떠들어 봐야 노동조합을 직접 체험해 보지 않으면 노동조합에 대한 색안경은 쉽게 벗겨지지 않는다.

단결의 크기를 키운다는 건 쪽수만 이야기하는 게 아니다. 강물이 낮은 곳으로 흘러 더 넓은 바다를 만나듯이 다른 이들에게 손을 내밀어 평등을 향한 열망을 키우는 일이다. 성별로 구분하지 않고, 차별하지 않고, 누구도 배제되거나 소외되지 않는 평등의 그릇을 만드는 일이다. 평등의 그릇은 단단하고 견고해서 쉽게 깨어지지 않는 법이다.

사라지지 않은 목소리들 — 일상의 폐업을 기록하다

[요양보호사]

쉽게 문 닫고 쉽게 문 여는 곳

김정아 씨 인터뷰 / 림보

공공운수노동조합 의료연대본부 재가요양지부는 2017년 12월에 설립해 활동을 이어 오고 있다. 2020년 1월, 공공운수노조 전략조직사업단 조직국장과 인터뷰를 진행했다.
요양보호사가 일할 수 있는 일터의 형태는 크게 요양시설과 재가시설 두 가지로 구분된다. 요양시설(요양원)은 입소한 노인들이 상시 거주하며 서비스를 이용하는 형태이며 일반적으로 지자체에서 민간 위탁하여 운영하고 있다. 재가시설(방문요양센터)은 가정에서 요양보호를 받는 이용자들이 이용하는 시설로, 방문과 입주로 근무 형태가 구분된다.
요양보호사는 상시로 불안정한 노동 조건에 놓여 있는데 이런 상황은 '쉬운 폐업'과 긴밀한 관계가 있다.

회사가 사라졌다

설립과 폐업이 너무 쉽다

요양원은 일반적인 병원처럼 이용자가 입소하는 시설인데요, 대부분 지자체에서 민간 위탁하는 구립/시립 요양원이에요. 법인이나 개인이 위탁을 받는데, 대부분 지역사회에서 고위급과 유착 관계가 있는 재단이나 법인, 그들의 친인척이 위탁을 받는 사례가 많아요. 보통 위탁 계약기간이 5년인데 계약이 만료되어도 연장 가능하고요. 시설 비리가 있어서 계약이 취소되기도 하지만, 법적으로 자격을 박탈시키는 수위만큼은 처벌이 강하지 않아서 몇 년 지나 또는 차명으로 다시 위탁이 되는 경우도 있어요. 지차체가 운영하는 구립이나 시립 요양원의 경우도 이런데, 민간이 운영하는 시설은 개/폐업이 더욱 손쉽죠.

재가센터는 더 쉬워요. 요양보호사 자격증을 딴 지 5년이 지나면 만들 수 있어요. 사실상 자격증만 있으면 되는 거죠. 센터 설립 기준이란 게 그냥 보통 다섯 평 이상의 사무 공간만 있으면 가능해요. 집 안방보다 작은 공간에 기본적으로 컴퓨터 한 대, 전화 한 대만 놓고 사업을 하는 경우도 있으니까요. 허가제가 아닌 신고제라 자치구나 지자체에 사업 개시 신고를 하고 신고필증을 받아요. 그러니 폐업도 매우 간단하게 되는 거죠. 폐업하기 한 달 전에 지자체에 신고하고 이용자 서류나 그간 운영했던 기록 등의 서류를 정리하면 되요. 그런데 실제로 사업을 완전히 접는 식의 폐업이 많지는 않은 것으로 알아요. 일종의 명의 변경의 형태로 재가센터의 이름만 바뀌는 거죠.

보통은 보건복지부나 국민건강보험공단, 그리고 지자체에서 재가센터의 운영을 관리감독해야 하는데, 이게 되게 헐거워요. 이를테면, 재무회계관리 같은 것이요. 재가센터가 국가가 주는 세금을 얼마나 잘 운영하고 있는지에 대한 감사죠.

2018년도부터 조금 강화가 된 재무회계규칙이 시행되고 있기는 한데 이게 30인 미만 사업장은 아직 적용이 안 되고 있어요.[1] 공식적인 감사는 그렇다고 하더라도, 30인 미만 소규모 센터도 운영상의 비리, 부정수급 같은 걸로 자주 걸려요. 그럼 사업을 못하게 되는 거죠. '저기가 좀 이상해' 이러면서 수시로 조사를 하거나 감사를 하는 게 아니라, 감사 나오는 날을 공단에서 정해서 알려 주기도 해요. 준비할 시간을 주는 거죠. 그런데 비리나 부정이 있는 센터들이 너무 엉망진창으로 운영을 한 터라 빼도 박도 못하고 걸릴 것 같다 그러면 한 두세 달 전에 폐업 신고를 내놓는 거예요. 이게 보통 한 달 정도 기간이 걸려요. 그럼 그 기간 안에 배우자나 자식, 다른 사람의 이름(차명)으로 센터 하나를 개설하는 거죠. 이용자나 요양보호사들을 그쪽으로 다 이관시켜 놓고 기존에 있던 업체를 폐업하는 방식이에요. 부정 비리로 폐업을 한 사업주가 몇 년의 유예 기간 동안에는 새로운 센터를 개업할 수 없다는 규정도 거의 없는 것이나 마찬가지죠.

문제는 이렇게 되면 요양보호사들의 근속 자체가 굉장히 힘들어져요. 쉬지 않고 10년 넘게 일해도 동일 기관에서는 1~2년 차밖에 안 되는 거죠.

반면에 시설 요양원은 재가센터보다는 폐업이나 시설을 이전하는 사례가 상대적으로 적기는 해요. 그리고 그런 일이 있어도 다른 위탁자가 노동자를 고용 승계하는 것이 일반적이고요. 위탁업체가 바뀌어도 시설을 이용하는 이용자와 노동자는 그대로이고 원장만 바뀌는 방식으로요. 2018년 성남시에 있는 한 요양원에서 그랬던 것처럼, 노동조합이 결성되면 악의적으로 시설을 폐

---

[1] 재가방문요양시설의 경우, 2019년 5월 30일부터는 20인 이하인 사업장도 재무회계 시행규칙의 적용을 받게 되어 있다. 이 인터뷰는 2020년 1월에 진행되었으나, 시행규칙에 따른 결과가 취합되었는지 여부를 확인하기는 어려웠다는 점을 밝힌다.

업하는 사례도 있어요.

　　　　재가센터 같은 경우에도 노조 때문에 그런 일이 일어날 가능성이 있긴 한데, 저희 노조의 조합원들은 대체로 센터 한 곳에 한두 명 이렇게 가입하고 있거든요. 사실 같은 센터의 요양보호사들도 서로 잘 모르다 보니, 조합원이 얼마나 있는지, 누가 조합원인지도 모르는 경우가 많아요. 그러니 노조 활동을 하거나 노조 이름을 걸고 뭔가 할 수 있는 건 사실상 어려워요.

　　　　한번은 이런 일도 있었어요. 2018년에 남원시에 있는 재가센터 한 곳에서 여섯 명이 한꺼번에 조합 가입을 했거든요. 거기가 너무 터무니없이 월급을 조금 줘서 임금을 제대로 달라는 요구 한 가지 걸고 교섭 요청을 했었는데, 상견례 한 번 하고 중간에 폐업을 해버렸어요. 제대로 된 교섭도 해보지 못해서 부당노동행위, 교섭 해태 등등 해서 노동위원회에 제소를 했는데, 폐업을 해버리니 더 이상 다툴 수도 없더라고요.

우리나 센터나 먹고살자고 하는 일

　　　　폐업을 하면 이용자가 다른 센터로 가면서 요양보호사를 데리고 가는 경우도 있지만 그렇지 않은 경우도 있어요. 센터 폐업 때문에 일자리를 잃게 되는 경우가 비일비재한 거죠.

　　　　센터가 변경되어서 한 센터에 3년 이상 근무를 하게 되지 못하면 국민건강보험공단에서 나오는 근속 장려금[2]을 못 받아요. 계속 근속에 단절이 생기는 거죠. 이게 금전적 손해도 되게 많아요. 근속수당이 열악한 임금을 보전하는 구실도 하는데, 동일 기관 3년 근속이라는 규정에 맞추질 못하니까요.

　　　　센터가 없어져 버리는 이런 일이 워낙에 많으니까 요양보호사들이 대체로 어떤 방식으로 대응을 하냐면, 혼자서 여러 개

센터에 등록해 놓는 거예요. [단시간으로] 근로계약을 세 개 센터랑 맺어서 세 분의 이용자를 케어하는, 이런 방식을 많이 쓰세요. 완전히 일자리를 잃는 분은 정말 순진하게 그 센터만 믿고 있었던 거죠.

예를 들어 세 개 센터에서 일하는 분이면, 하나의 센터가 문을 닫더라도 나머지 두 군데 일은 있는 거잖아요. 두 군데 일을 하면서 새로운 일을 또 찾는 거죠. 그래야 월 2백만 원 정도의 급여를 받을 수 있거든요. 현재는 이용자가 세네 시간 서비스 이용을 하는데 이게 최저임금 적용 직종이라 한 명 이용자에게 서비스를 제공하면 월 평균 68만 원 정도예요.

이용자를 두 명 이상 매칭받지 못하면 이렇게 월 1백만 원 미만의 급여로 사는 거죠. 어쩌다 본인을 혹사해서 일하는 요양보호사들이 있는데, 그렇게 풀타임으로 오전, 오후 다 하시고 중간에 노인돌보미까지 하나 하시면서(노인 돌보미 바우처 사업[3]은 2019년 12월에 종료됨) 자기는 많이 번다고 생각하시더라고요. 본인이

---

[2] 국민건강보험공단은 노인장기요양서비스의 서비스 질 향상과 서비스 종사자의 처우 개선 차원에서 3년 이상 동일 기관에서 근무하고 있는 종사자에게 장기근속 장려금을 지급하고 있다. 근속 기간과 서비스 질 간의 상관 관계가 상대적으로 큰 요양보호사, 사회복지사, 간호(조무)사, 물리(작업)치료사 등 수급자에게 직접 서비스를 제공하는 직종을 대상으로 지급한다. 그러나 김정아 국장은 이렇게 말했다. "실질적으로 입소 시설에서는 근속장려금을 많이 받지만, 재가시설 요양보호사 중에 근속장려금을 받는 수혜자는 열 명 중 한 사람 정도 될까 말까입니다. 36개월 근속이라는 조건을 사실상 맞추기 힘들어요. 이용자가 사망하거나 요양보호사가 센터를 옮기는 등 이유로 인해 급여가 발생하지 않는 기간을 인정해 주겠다면서 2019년 6월에 보완책이 나오긴 했습니다만, 실현되기 어려울 겁니다."

[3] '노인돌보미 바우처 사업'은 2020년부터 '노인맞춤돌봄서비스'로 제도가 변경되었다. 제도가 변경되면서, 민간에 고용되어 있는 요양보호사들이 융통성을 발휘할 여지는 많이 사라졌다. 수급 대상 노인에게 파견되는 돌봄 노동자/요양보호사를 지자체가 고용하고 있으며, 이들에 대한 명칭도 생활관리사, 생활지도사, 노인돌보미 등으로 지자체마다 다르다.

하는 일의 양이나 노동 강도는 계산하지 않는 거예요 이게 시간표만 잘 짜고 이동 거리나 이런 것만 잘 맞으면 월 3백만 원 이상 급여가 될 수도 있거든요. 한두 사람 봐주는 분보다는 자기가 많이 버니까, 요양보호사도 박봉의 직업이 아니라고, 자기는 돈 많이 버는 요양보호사라고 착각을 하는 거죠. 누구는 가만 앉아 있어도 초당 몇백만 원씩 돈 버는 사람도 있는데, 이런 분들이 본인의 근면함을 자랑하시면 가끔은 속상해요. 본인이 하루에 열두 시간, 열세 시간 일하고 있다는 걸 까맣게 잊으시는 거죠.

이용자가 없으면 그냥 퇴직이고, 계약이 해지되는 거예요. 일단 퇴직금은 1년 이상 근무하면 주는 거잖아요.◢ 그런데 일반적으로 퇴직금을 안 주기 위해서 이용자를 갈아 치우는 방법을 쓰는 경우가 많아요. 센터가 저 사람이 맘에 안 들어, 근데 곧 퇴직금도 줘야 할 거 같아. 이러면 11개월 차에 이용자가 너 싫대, 이용자가 병원에 들어간다더라 하면서 계약 해지를 시켜 버리는 거죠. 이런 식으로 많이 잘려요.

물론 요양보호사가 그걸 반대로 이용하는 경우도 있어요. 자기가 오래 챙겨 온 이용자분이 있는 거죠. 오전에 한 분, 오후에 한 분 들어가면 두 명이잖아요 이 센터가 맘에 안 들거나 월급을 제대로 안 주는 것 같다 이러면 이 이용자분들을 데리고 다른 센터로 가서 등록해요. 그러면서 임금 협상을 하는 거예요. 시

◢   1년 이상 근속이면 퇴직금을 무조건 지급해야 하지만, 재가시설 요양보호사들이 퇴직금을 법에 명시된 대로 지급받는 일은 가뭄에 콩 나듯 드문 일이다. 대부분의 재가시설 센터장들이 퇴직금 지급을 피하기 위해 1년 넘게 고용하지 않으려고 애쓰고 있기 때문이다. 퇴직금을 받을 수 있는 경우에도 '퇴직금과 실업급여 중 하나를 선택하라'고 요구하기도 한다. 노동법을 잘 알지 못하면 퇴직금이나 실업급여나 다 센터에서 지급하는 것이라는 설명을 곧이곧대로 믿고 장기간 목돈을 받을 수 있다고 여겨지는 실업급여를 선택하는 사례가 적지 않게 확인되었다고 한다. 심지어, 재가시설이 적립해야 하는 퇴직적립금을 요양보호사의 임금에서 떼어 적립하고, 퇴직 시 적립금만 지급하는 경우도 있었다고 한다.

간당 5백 원~8백 원 더 줘라. 그런데 이런 경우는 그렇게 많지 않죠.

진짜 의외로 센터가 문제라고 하는 분들이 많지는 않아요. 내가 돈을 못 받았네, 센터장이 나한테 이렇게 저렇게 했네 막 그러다가도 "그럼 이제 싸워 볼까요" 하면 막상 100 중 99는 좋은 게 좋은 거라고 그 사람들도 먹고살라고 하는 일인데 이러면서 슬그머니 물러나요. "그 사람은 한 달에 얼마를 벌까 생각해 보셨어요? 그게 먹고사는 문제예요? 그게 선생님 한 분이 아니고 여러 명한테 그러는 거라고, 몇 년을 그런 식이면 선생님들 돈을 몇백만 원 몇천만 원씩 뺏어 가고 그러는 건데, 그게 먹고사는 문제냐"고 그랬어요. 왜 60만 원 받는 사람이 몇천씩 빼앗아 가는 사람을 걱정해 주냐면서 화를 낸 적도 있어요. 김새기도 하고요.

요양보호사 중에 내가 노동자라고 인식하는 분들, 내가 일해서 임금을 받는 노동자라고 생각하는 분들이 별로 없어요. 놀라울 정도로 없어요. "나는 이거 없어도 살아"가 늘상 하는 말인데요. 그게 정말 짠한 게, 없어도 살 수 있으면 이 일 안 하면 되잖아요. 사실 필요하니까 일을 하면서 그런 마인드인 건 많이 속상하죠.

자기 돈 하나도 안 들어가도 사유재산

현재 방문 재가센터 설립은 신고만 하면 되는 신고제인데요. 허가제로 해야 한다고 많이들 말하고 있어요. 허가제 주장은 노동조합에서 굉장히 오래도록 해왔어요. 센터를 쉽게 열고 닫으면 요양보호사에게는 상대적으로 불리하니까요.

근본적으로는 국가가 책임 있게 관리하고 직접 운영해야죠. '노인장기요양보험제도'는 국가의 세원으로 운영하는 거잖아

회사가 사라졌다

요. 이용자가 어느 동네에 얼마나 거주하는지 국가가 알 수 있잖아요. 예를 들면 영등포구에 100여 명의 이용자가 발생하면 요양보호사가 100명 필요하겠구나. 영등포구가 100명을 채용해서 매칭하고 관리하는 거죠. 자치구가 국민건강보험공단에서 비용을 받고 지역구민을 위한 재정을 조금 더 투여해서 생활임금을 마련해 주는 방식도 가능하거든요. 근데 이걸 안 하고 민간한테 맡기고, 그냥 막 만들게 놔두니까 이용자는 100명인데 요양시설은 30~40개가 생기면서 계속 경쟁하는 거예요. 그러다 보니 요양보호사 임금 후리는 방법 외에는 수익 구조가 없는 거고요. 이런 문제가 점점 더 심각해지니까, 복지부에서 재무회계규칙이나 그 외의 감사 구조를 만들려고 하면, 공산주의냐고 개인재산 침해 말라고 하는 기관장·단체도 허다해요.

2019년에 서울시가 직접 관리하는 '서울시사회서비스원'이 만들어졌어요.[5] 재가요양지부 조합원 중 활동적인 분들이 거기에 취업해서 노동조합 활동을 하고 있어요. 민간 위탁의 요양원 시설을 제외하고는 재가요양 보호사들이 단일한 공간에서 일하는 기업별 노조로 결속된 건 처음인 거죠. 그분들이 지금 단체교섭 중인데요. 조합원들의 교섭 과정은 물론이고, 서울시사회서비스원에서 잘 자리 잡아 가는 모든 과정을 통해서 제대로 된 공공의 운영모델을 만드는 걸 목표로 하고 있어요. 문제는 서울시사회서비

---

[5] 서울시사회서비스원은 애초에 2019년 7월을 지나 개원할 예정이었다. 사회서비스원의 역할과 전망에 대한 치밀한 논의와 준비가 한참 부족한 상태에서 개원을 한 바람에 졸속 출범이 아니냐는 비판이 무성하기도 했다. 그렇기에 담당 공무원들이 부담하는 어려움이 크기도 하다는 것이 김정아 국장의 염려다. 다행스럽게도 2019년 10월 공공운수노조 서울시사회서비스원지부가 출범했고, 2020년 4월 28일에는 노동조합과 서울시사회서비스원 간에 최초의 단체협약을 체결했다. 단체협약은 서울시사회서비스원의 공공성 강화를 위한 운영 모델의 개발과 그에 따른 체계 마련에 집중한다는 내용으로 맺어졌다.

스원이 여전히 민간센터 눈치를 너무 봐요. 민간센터에서 본인들 다 죽이려는 거냐, 여태 노인장기요양을 지탱해 온 민간한테 이러는 거 아니다, 이런 말들을 하는 거죠.

그런데 솔직히 자기 자본이 하나도 안 들어가거든요. 사무실 임대조차도 안 하는 경우가 많죠. 본인이 사는 아파트 문간방에다가 만드는 경우도 있어요. 그리고 센터장들 중에는 실제 건물주들도 많아요. 월세도 안 내는 거죠.

시작할 때 자기 돈이 들지도 않고 전화만 있어도 되는 허술한 허가제 사업인데, '내 사업체로 수익을 내겠다는데 국가가 왜 내 재산 건드리냐' 하며 반발하는 거예요. 서울시사회서비스원이 허황된 꿈을 요양보호사들한테 심어 줘서는 안 된다고 하면서요.

서울시사회서비스원 자체만 보더라도 아직 갈 길이 멀어요. 하루가 멀다 하고 이 일 저 일 마구 몰아치죠. 애초에 운영 원칙이나 이런 것들이 잘 자리 잡아야 하는데, 민간 눈치를 보느라 민간도 공공기관도 아닌 애매한 지점에 지금은 서 있는 것 같아요. 그러다 보니 내부 노동자들에게도 이렇다 할 청사진을 못 주고, 외부의 민간센터에게도 치이고요. 서울시사회서비스원 본부에서 행정 업무를 담당하는 사람들이 너무 힘들어하더라고요. 6개월도 안 됐는데 퇴사자가 네다섯 명 정도 있어요. 그래도 서울시 공공기관 정규직인데 그걸 포기할 만큼 지금 힘들다는 거죠. 초기 진통이라고 생각해요.

서울시사회서비스원은 사회 서비스의 공공성을 확립하겠다는 취지로 설립이 되었죠. 민간이 못하겠다는 악성 이용자들 있잖아요. 반복적으로 폭력을 행사한다거나, 성폭력 이력이 있다거나, 너무 까다로워서 도저히 맞추기 어려운 사람들이 계속 문의해요. 공공기관이니까 이런 이용자들도 돌봄 공백 없이 서비스를 제공받을 수 있는 거죠. 여담인데요. 들어갔던 조합원 중에 이럴 줄 알았으면 그냥 민간센터에서 하루에 세 시간, 네 시간씩 일할 걸 그랬다고 한 분이 있었어요. 공공기관이다 보니 출퇴근이 빡빡한 문제도 그렇고요. 그리고 민간에서는 그나마 요양보호사가 정 못하겠으면 이용자를 선택할 수 있기도 했죠. 이용자 집에 갔는데 너무 무리한 요구를 하거나 그러면 자기가 일이 끊기는 한이 있어도 다른 데로 옮겨 가버리거나 이럴 수 있었거든요. 그런데 공공기관인 서울시사회서비스원은 정규직 월급제로 운영되기 때문에 근무 명령이 나오면 서비스를 해야 하는 의무가 있으니 그런 애로가 있는 거예요. 그래도 민간과는 달리 안전망이 있긴 해요. 2인 1조로 배치한다거나 남성 요양보호사가 대신 간다거나 하면서요. 산업재해 처리나 병가 등의 처우도 민간과는 상대도 안 되게 상당히 높은 수준이고요. 서울시사회서비스원이 더 개선되고 서비스가 더 좋아지는 방식으로 우리가 노력하는 게 맞는 거죠.

[브랜드 디자인 기획자]

회사 체질이 아니구나

박성미 씨 인터뷰 / 희정

어떤 사람인지 궁금했다. 잘 웃고 차분한 말투를 지녔으나 어딘가 모르게 강단 있어 보였다. 폐업을 겪은 적 있는 사람을 찾는다고 했을 때 그는 선뜻 자기 이야기를 들려주었다. 브랜드 디자인 회사에서 일했고 회사가 문을 닫았다고 했다. 이후 디지털 마케팅 분야로 직종을 옮겼으나 한 직장에 오래 머물지 못했다. 그의 직장 생활은 '반복된 퇴사와 잦은 이직'이라는 말로 요약할 수 있었다. 그에게서 보이는 강단과 잦은 퇴사 경험은 어울리지 않아 보였다. 게다가 그는 일을 꽤 좋아하는 사람이었다. 의아함을 가지고, 그의 이직 과정을 좇았다.

폭파하고 나온 기분이랄까

전공은 심리학이에요. 심리학으로는 전공을 살려 뭘 하기가 어렵더라고요. 보통 학과 선배들은 경영 컨설팅이나 리서치 쪽으로 많이 가요. 그래서 저도 그 분야로 가봤는데 잘 안 맞더라고요. 경쟁도 심하고요. 몇 개월씩 하다가 그만두고 난 뭘 해야 하나 고민하던 중이었는데요. 당시에 남자친구였던 신랑이 브랜드 디자인 회사에서 인턴을 했어요. 완전 허드렛일을 하면서도, 간혹 디자인 시안을 자기에게 짜오라고 하는 게 좋았대요. 딱히 기대를 해서 시키는 게 아니라는 걸 아는데도, 자기는 밤을 새워서 했대요. 그만큼 좋았다고 하더라고요. 일을 그렇게 좋아할 수 있나? 그렇게 브랜드 디자인 회사가 있다는 걸 처음 알게 됐어요.

처음 다녔던 디자인 그룹은 예전에 유명했던 곳인데, 제가 본의 아니게 폭파하고 나온 기분이랄까 그래요. 입사 원서를 넣기 전에 신랑에게 괜찮은 데냐고 물었더니, 좋은 데라는 거예요. 입사할 땐 압구정에 사옥이 있었어요. 나중에는 재정이 어려워져서 대표가 이사장으로 있는 고등학교 옆 남는 건물로 옮겼어요. 회사가 계속 어려워져서 이사를 갔는데, 이곳에서 1년을 더 일해 2년 반 정도 다녔어요. 그 회사가 없어지고 이후에는 디자인 회사를 몇 군데 더 다니다가 직종을 바꿨어요.

사실 브랜드 기획 일을 하는 게 너무 좋았어요. 일이 저랑 맞더라고요. 보통 브랜드 디자인이라 하면, 기획팀이 기업으로부터 일감을 수주받아 와요. 우리는 이런 것으로 만들 수 있다고 제안 PT(프레젠테이션)를 해서 기획팀이 일을 따오면, 디자인팀이랑 같이 작업을 하는 거죠. 내가 직접 일을 따온다는 게 재미있었던 것 같아요. 기획단계 문서 작업도 적성에 맞았고요. 월급은 많이 '다운'이 됐지만요. 그런데 시장이 너무 급변하고 있었고, 브랜드 관리에 대한 필요성을 기업들이 알아 가면서 기업 자체 내에서 브랜드팀을 만들기 시작하는 거예요. 제가 다니던 에이전시 회사가 대기업을 주 고객으로 하던 회사였거든요. 그룹사 CI[1] 만드는 걸로 수익을 내던 회사들이 작업 건수가 줄어들게 됐죠.

저는 브랜드 이미지를 만드는 기업 브랜딩을 하고 싶었는데, 그걸 하는 회사들이 별로 없었어요. 브랜드 디자인 회사를 다녀 보려고 찾다가 안 되어서 업종을 디지털 마케팅 쪽으로 바꿨어요. 모바일앱 분야 마케팅이었는데, 거기도 변화가 너무 많았어요. 들어가기는 마케팅 연구소로 들어갔는데 연구소가 한 달 만에 없어진 거예요. 제가 들어가면 뭐가 자꾸 없어져요.

제가 공부하는 것도 좋아하고 해서 연구 쪽은 잘 맞았는데, 연구소를 없앤다면서 다른 부서로 가든가 연구소의 상위 회사로 가라고 하더라고요. 그러면 소속이 바뀌는 거라서 차라리 다른 부서로 가야겠다고 생각을 했는데, 마침 그 회사에서 인수합병을 한 업체가 있었고 그게 게임 마케팅 회사였어요. 그때는 자포자기했던 게 좀 있어서 게임도 잘 모르면서 일할 사람이 필요해 보여서 가겠다고 했어요.

게임 업계에서 일할 때는 저 혼자 여자였어요. 저는 게임 커뮤니티나 이런 데에서 여성 비하가 그렇게 심한지 몰랐거든요. 회사에서 다루는 게 RPG(롤플레이 게임)였는데, 유저(게임 사용자)의 90% 이상이 남자였어요. 커뮤니티 글을 읽는데, 여자 욕하고 여자 캐릭터 욕하고. 일하는 사람도 영향을 받는 거예요. 자기가 유저이자 제작자이니까, 세상이 다 그런 줄 아는 거예요. 저에게 직접 뭐라 하진 않는데 여자에 대한 기분 나쁜 말을 많이 하고 그랬어요.

게임 산업 쪽에서는 여자가 귀해요. 그래서 제가 잘 알지도

---

[1] Corporate Identity. 기업의 이미지를 통합하는 작업. 주로 시각 이미지로 표현할 수 있는 기업 로고나 상징(symbol) 마크, 상표 등을 만든다.

못하는데 PT 일을 많이 하게 된 것 같아요. 설명은 여자가 하는 게 더 낫다고. 게임도 잘 모르는데 PT까지 해야 했어요. 그래서 공격도 많이 당했죠. PT를 하면 10~20분 만에 해야 할 말을 다 해야 하는데 저같이 말 느린 애가 얼마나 애를 쓰며 했겠어요. 그런데 돌아오는 길에 상사가 차 안에서 제가 머뭇거렸거나 그런 부분을 다 지적해요. 그걸 가르침이라 생각하는 거예요.

그땐 '열심병'에 걸려서 밤을 새우며 일했어요. 그래서 하혈을 하기 시작했거든요. 병원에서는 피곤이 쌓여서 혈관이 약한 데부터 터진 거라고 하더라고요. 회사를 그만두고 나서 자궁내막증 수술을 했어요. 아무래도 그 회사 때 생긴 것 같아요. 혹시나 해서 산업재해 보험 처리가 되는지 근로복지공단에 물어봤더니 차갑게 아니라고 하더라고요. 담당자가 '저도 자궁내막증 수술했어요' 그러더라고요. 기분이 더 나빠졌어요. 제가 복지금 '루팡'이 된 것 같은 거예요.

게임 부서에서 일하다가 중간에 한 번 부서도 바꿨어요. 그러다가 파주에 있는 모바일앱 만드는 회사 마케팅팀으로 옮겼어요. 거기도 들어간 지 3개월 만에 회사가 재정리(구조조정)하겠다고 하더라고요. 항상 제가 마지막에 들어가게 돼서, 저를 기점으로 정리를 하겠다는 이야기가 나왔어요. 직원들도 다 그만두고요. 그게 2017년 초반이었는데, 게임 업계에서 일하면서 몸이 망가진 게 회복이 안 되다 보니 그 회사 나와서는 프리랜서로 외주 일을 조금씩 하며 지냈어요.

회사를 오래 다니지 못한다는 아킬레스건

작은 조직이라 회사가 자꾸 사라졌던 것 같아요. 마지막 회사 같은 경우에는 저를 구원투수로 생각한 것도 있는 듯해요. 저는 구원투수가 될 수가 없는데 말이에요. 결국은 대표님 마음대로 하고, 제가 할 수 있는 건 아무것도 없는데도요. 다른 회사에서도 대표가 혼자 결정을 하려 하는 게 있었어요. 문제는 그런 대표들이 전문성이 없다는 거예요.

   브랜드 기획팀은 PT를 많이 하게 돼요. 브랜드 디자인 회사 다닐 때, 회사가 망하기 직전에 어떤 대기업 프로젝트 제안에 참여하게 됐는데, 프로젝트 금액이 커서 입찰받으면 작은 회사 하나를 만들 수도 있는 액수였어요. 그래서 입찰에 붙는 회사가 많았는데, 실장님이랑 저랑 둘만 일해서 3차 PT까지 통과한 거예요. 마지막으로 대표가 하는 PT만 남았어요. 대표가 이 프로젝트 사업을 잘 이해하고 있는지를 보겠다는 건데, 저희 대표님은 아무것도 몰랐거든요. 간혹 대표가 최고 실무자인 경우가 있잖아요. 저희는 아니었어요. 남이 작성해 준 걸 가지고 하니까 떨어졌죠.

   그래도 그땐 자부심이 있었어요. 난다 긴다 하는 경쟁 업체들 다 물리치고 끝까지 4차까지 간 거니까. 그런데 그 자신감이 오래는 못 가더라고요. 왜냐고요? 어딜 가도 똑같은 상황이 연출되진 않으니까요. 그걸 경력으로 사용할 수도 없고요. 동일한 업무를 하는 회사에 가지 못하니까. 일반 상품 패키지 디자인 회사로도 가봤지만, 일반 상품은 손은 많이 가고 별로 돈은 안 되거든요. 제품 디자인은 제가 잘 모르기도 하고요. 이런 패키지 디자인은 손은 많이 가고 돈은 별로 안 되니까 업무 분위기도 숨 막히게 돌아가요. 제가 숨 막히게 하는 조직 분위기를 잘 못 견디는 것 같아요.

   한번은 홍대에 있는 유명한 디자인 회사에 들어갔는데, 인신공격이 너무 심한 거예요. 부부 두 사람이 대표인 회사였어요. 여자 대표가 실제 경영자였고, 남편은 사업에 실패하고 여기 도와주러 온 사람이었는데 언행에 문제가 많았어요. 아이디어 회의 때 이렇게 말할 정도로요. "너희들 나쁜 머리는 쓸 데가 없다. 누구든 있어야 내가 말하다 보면 아이디어를 낼 수 있으니까, 그래서 너희들이 회의에 참석하는 거다." 직원들이 돌아가며 한 명씩 표적이 됐는데, 제가 타깃이 됐을 때는 회사에서 운영하는 북카페로 내려가서 책장 정리를 하라는 거예요. 저에게 모멸감을 주려고요. 물론 저는 안 느꼈지만요. 그 카페에서 일하는 친구들이 몇 명 있어요. 평소에 그 사람들을 가리키면서 '고등학교밖에 졸업 못 하면 저런 일 하는 거다' 이런 말을 종종 했거든요. 저보고 카페에 내려가라는 건 그런 메시지를 주고 싶은 거구나 싶었어요. 책장 정리를 하면서 제 생각 정리도 되어서 '저런 사람이랑 일을 해봤자 소용이 없겠구나' 하고 회사를 나왔어요.

저의 아킬레스건 중 하나가 회사를 오래 다니지 못한 거예요. 이직도 잦고. 그래서 그 회사를 웬만하면 오래 다니려고 했는데, 잘못 생각했던 것 같아요. 아니다 싶으면 바로 나와 버렸어야 하는데 3개월을 낭비한 거예요. 며칠을 근무하고 나와 버리면 경력으로 쓸 생각도 안 하잖아요. 다 애매하게 몇 개월씩 다닌 게 많아요. 거기서 견뎠던 친구들도 결국 다 나오긴 했지만.

또 다른 디자인 회사에서는 대표가 술 먹고 저한테 키스를 하려고 해서 도망가다가 넘어졌는데 발이 돌아가서 퇴사를 했어요. 나중에 수술도 받아야 할 정도였어요. 그때는 성추행 사실을 이야기할 수 없었어요. 사회적 분위기도 그렇고, 회식 때 술을 먹은 저도 잘못한 것은 아닐까 그런 마음이 들고. 지금은 미투도 있고, 어떻게 보면 자신이 당한 일을 고발하는 것이 가능한 시기잖아요. 그런 시절을 기다렸던 거 같아요. 회사 상사가 말을 심하게 한다거나 성추행을 해도 분명 참는 친구들이 있었어요. 그런데 저는 못 참았어요. 무서워서 못 참은 거죠. 제가 그런 경멸적인 태도를 잘 못 참는 것 같아요. 같이 일하는 친구들도 원래 회사란 그런 거니까 네가 참아야 한다고 말하는데, 내가 '회사 체질이 아니구나' 생각이 들더라고요. 그 뒤로는 디자인 회사 다니는 건 포기하고 마케팅으로 업종을 바꿨는데, 아까 말씀드렸다시피 회사나 부서가 자꾸 사라지는 건 마찬가지였어요. 일이 힘든 건 둘째치고요.

어딘가에 고용되어서 일한 기간은 총 7년이네요. 7년을 한 회사에 다녔거나 업종이 바뀌지 않았다면 경력이 됐을 텐데…. 회사를 옮기기도 하고, 같은 회사에 다녀도 부서를 계속 옮겨서 경력으로 쓰기도 애매하죠. 제가 들어가면 뭐가 자꾸 없어져요. 그래도 제가 쉰 적은 없어요.

한 방을 노리는 대표들

회사가 없어지는 이유는 다양하겠지만, 브랜드 디자인 회사의 경우 우선 산업의 변화 때문이 커요. 저도 흐름이 보일 정도였으니까요. 대기업이 자체 브랜드 기획 팀을 만들겠구나. 사람들도 대기업 쪽으로 많이들 갔고요.

디지털 마케팅 회사의 경우는 너무 무리한 확장이 원인이었던 것 같아요. 제가 들어갔을 때 50명이던 회사가 1년 사이에 200명이 되었거든요. 신규 사업을 추진하고, 부서 이동도 잦고, 직원들이 언제 들어왔냐에 따라 연봉도 다르고 하니까 내부 갈등도 심했어요. 그때 제 경력이 4~5년이었는데, 누구는 경력 2년인데도 시기가 잘 맞게 들어와서 과장으로 있는 거예요. 부서가 흡수되니까 서로 견제하는 것도 있었고요. 특히 신규 사업 추진하겠다고 온 사람들이 다 고연봉이었어요. 일은 안 되고, 연봉은 많이 나가고, 제대로 되는 것은 없고. 저 나가고 나서 부서도 폭파되고 차차 망했죠.

그 대표님이 다음(DAUM)에서 초창기에 일했던 사람 중 한 명이거든요. 그 신화를 다시 이룩하고 싶었나 봐요. IT 거품을 또 맞고 싶은 거죠. 그게 가능하다고 생각하나 봐요. 그런 분위기가 IT

벤처산업 전반에 있어요. 지금은 대기업과 경쟁 자체가 안 되니까 아이디어를 그냥 대기업에 팔고 기대도 안 하는데, IT업계 버블을 경험했던 나이 있는 대표들은 아직 그런 기대가 있어요. 그래서 계속 무리한 투자를 하는 거예요. IT 벤처그룹들을 흡수해서 실리콘밸리처럼 인위적으로 만들려던 시도가 있었거든요. 우리는 패밀리다 이거죠. 엄청난 회사들이 모여서 한 번 행사를 했는데, 그런 큰 규모의 행사는 이전에도 지금도 없을 정도예요. 다 돈이에요. 그 돈도 다 투자받았던 건데 망했죠. 거품들이 있었어요. 신기했던 게 대표들은 왜 한 방을 노리는지 모르겠어요. 너무 한 방을 추구하니까, 근시안적으로만 바라봐서 회사를 이끌지 못했던 게 아닐까 싶어요. 좀 장기 계획을 세워야 하는데. 그리고 한 방을 노리는데 정작 대표 본인은 그 분야를 잘 몰라요. 전문가가 아니니까 자꾸 엉뚱한 데 투자를 하게 되는 거죠.

그리고 규모가 더 작은 회사는 돈 안 되는 자질구레한 사업만 맡다 보니까, 분위기도 안 좋아지고 일 강도도 높아서 사람들도 오래 못 견디고 나가요.

폐업은 개인 탓이 아니야

회사에서 마지막으로 근무한 게 2017년까지인데요. 제가 올해 37살이거든요. 이제 제 나이에는 회사에 새로 들어가긴 좀 힘들죠. 주변 사람들을 보면 제 나이 조금 지날 때부터 인건비가 확 하락하는 것 같아요. 경력을 살릴 수 없는 거죠. <82년생 김지영> 영화 끝날 때, 그렇게 끝내지 말지 싶었어요. 영화에서는 자기 이름으로 책으로 내면서 끝나잖아요. 다른 대안도 있었으면 좋았을 것 같아요. 예전 회사 상사가 김지영을 오라고 했는데 차라리 거길 갔으면 어땠을까요.

지금 제가 하는 일은 당장 성공할 수 있는 것보다 나이 들어서도 할 수 있는 가능성을 보며 하는 일이죠.[2] 돈을 생각하면서 일을 했을 때 행복한 적이 없어요. 지금 하는 일은 제가 잘 아는 것만 이야기하고 전달하는데 신뢰도 얻잖아요. 참여하는 분들이 저에 대해 존중하는 마음이 느껴져서 저도 그분들을 존중하게 돼요. 그 선순환이 참 좋더라고요.

폐업을 해도 회사는 미안해하질 않는데

이건 다른 이야기일 수 있는데 회사가 저의 노력으로 안 되는 부분도 많았는데, 제 잘못이 아닌데도 커리어에 문제가 생기고 가까운 사람에게도 비난을 약간 들었어요. 계속 이직을 하는 모습만 보고 그런 거죠. 내가 모자라서 그런 건가 하는 생각을 자주 했어요. 그리고 조직이 작을수록 내가 기여할 수 있는 부분이 더 크게 느껴지잖아요. 그러니까 회사를 살리지 못했다는 괴로움이 더 컸던 것 같아요.

그래도 제가 일하면서 괴롭히는 건 못 견뎌 하는데 폐업은 잘 받아들이는 것 같아요. 끝이라는 생각 때문에 뒤도 안 돌아보는 거죠. 그렇지 않은 경우는 생각이 많아져요. 제가 스스로 먼저 나간 곳에 대해서는 생각이 많아지는 거죠.

폐업된 회사 직원들에 대한 지원이 있으면 좋겠다는 생각이 들어요. 보통 저처럼 자기 잘못이라는 논리를 만들어 가는 경우가 많거든요. 자기 자신이 모자라 보이고. 따지고 보면 본인이 할 수 있는 건 별로 없거든요. 회사가 망해 가는데. 그런 자책을 하지 않게

---

2   그는 지금 '가상서점'이라는 콘셉트로 심리 워크숍 등의 기획 사업을 운영하고 있다.

상담이 필요하지 않을까요. 다음에 이런 일이 있을 때 뭘 할 수 있을까 조언도 받을 수 있고 위로받을 수 있도록 말이에요. 폐업을 해도 회사는 미안해하질 않는데 폐업을 당한 사람들이 오히려 자기 잘못처럼 여기는 것 같아요.

[화물회사 사무직]

아주 작은 회사의 폐업

이숙 씨 인터뷰 / 하은

설레임으로 출근하고
벅참으로 퇴근한다.
이숙, 자작 시 「소풍」 중에서

회사는 회사인데 직원은 없다. 사실 등록된 직원이 없을 뿐
고용계약서도 쓰지 않고 주 5일, 하루 8시간 일하는 사람이
있었다. 그런 회사가 '폐업'을 한다. 그러다 똑같은 일을 하는
이름만 바꾼 회사를 다시 만들고, 또 다시 폐업하고 다시
만들고를 반복한다. 그렇게 순간순간 직장이 '있을 수도 있고
없을 수도 있을' 때, 그런 '폐업'은 어떻게 이해할 수 있을까?
이숙 씨는 작은 덤프트럭 화물회사의 유일한 사무직원이었다.
회사가 작은 오피스텔을 옮겨 다니는 6년 동안, 대부분의
시간을 혼자 보냈다. 그의 회사가 '사라졌다 생겼다'를
반복하다가 정말 사라진 이야기를 들었다. 아주 복잡하다.
이 이야기에는 한 명의 직원, 여섯 개의 회사(법인), 그리고
두 명의 사장이 등장한다. 대략 6년 동안 여섯 개의 회사가
생기고, 네 개가 사라졌다. 한 개는 명의만 남긴 채 휴업
중이고, 한 개는 운영이 어려운 상황이다.

회사가 사라졌다

두 명의 사장, 여섯 개의 회사

일반 회사하고는 좀 다른 것 같아요. 직장 다니는 그런 것도 좀 다르고. 처절하고 이런 것도 좀 다르고. 다니기는 열심히 다녔는데, 집안 상황이 처절하지는 않아서 그런지, 언제든지 나는 그만둬도 괜찮다는 그런 생각이 있었어요. 예전 학습지 영업 다닐 땐 더 절박했지만, 지금은 그전에 모아 놨던 걸로 둘째 애까지 등록금 다 댔으니. 하루는 교회에 가는 길이었는데 ○○시 일자리센터에서 운영하는 대형버스가 광장에 있더라고. '설문조사 하나만 해주고 가라'고 해서, '아, 저는 취직 안할 거'라고 했어요. 그때 이전 직장을 그만둔 지 얼마 안 돼서 사회복지 자격증을 공부하고 있었거든요. 그런데 설문조사를 한 그다음부터 전화가 오기 시작하는 거예요. 처음에는 여권민원실에서 10개월짜리 단기직 자리가 나와서 그건 괜찮겠다 싶어서 갔는데 안 됐어요. 그리고 두 번째로 여기 회사가 있다고 가 보라는 거예요. 컴퓨터 할 줄 아냐고 물어 보더라고요. 나는 그게 엑셀인 줄 모르고, 타이핑할 줄 아니까 할 줄 안다고 했어요. 면접을 봤는데, 회사에서 전화가 왔어요. '아 저는 나이가 너무 많아서 거기 못 간다' 그랬죠. 그때 50살이었거든요. '나이가 너무 많은데 다 면접 보고 그래도 마음이 생기면 연락하세요' 내가 그랬어요. 근데 이틀 뒤에 다 봤는데 맘에 안 든다고 나보고 와보래요.

개업 연도	법인명	법인 명의	업무 운영	폐업 사유 및 절차
2013년 이전 (2013년 11월 입사)	주식회사 (가)	A	A	세금 체납 1억 원, 주유소 빚 2억 원가량 밀려 부도 처리. 부도 처리 직전 지인 B의 명의를 빌려 주식회사 (나)를 차리고, 이쪽으로 상용차 및 자산을 이관함

2015년 상반기	주식회사 (나)	B의 동생	A	중소벤처기업진흥공단, 신용보증재단을 통해 은행대출 포함 6억 원 체납. 정부대출을 받기 위해 세금 체납은 최소한으로 하고 폐업 후 상용차는 (다)로 이관
2016년 하반기	주식회사 (다)	B의 사촌	A	주유소 빚 1억 원 체납. 휴업 신고
2018년 하반기	주식회사 (라)	B의 사촌	A	경기도 외곽 ○○시 대출지 원금 3천만 원 체납 후 폐업
2018년	주식회사 (마)	A의 동생	A	세금 체납 1억 원, 폐업
2019년	주식회사 (바)	A의 자녀	A	현재 운영에 어려움 겪고 있음

처음엔 '주식회사(가)'로 들어갔는데, 1년 반 뒤에 '주식회사(나)', 1년 반 뒤에 '주식회사(다)' 그리고 2년 뒤에 '주식회사(라)'에서 일했어요. 덤프로 모래, 자갈, 돌, 죽탕 이런 것들을 운반하는 회사였어요. 처음 여기에 들어갔을 때는, 회사가 그렇게 어려운 줄 모르고 들어갔어요. 대표하고 대표 부인이 운영했는데, 워낙에 대책이 없이 방만 운영하더라고요. 덤프기사는 일반 직원처럼 일했지만 직원 등록은 안 했어요. 저도 직원 등록은 안 했었고요. 4대보험은 나중에 네 번째 회사 때(주식회사(라))부터 한 거예요.[1] 실업급여를 받아야 되니까 해달라고 했더니, 그때 해준 거지. 아예 직원 등록하

---

[1] 5인 미만 사업체의 경우, 사회보험 가입률은 30%를 전후한 낮은 수준이며, 유급휴가는 24%, 초과근로수당은 13%만 적용된다. 근로계약서를 작성한 비중은 30%를 하회하고 있는 실정이다. (한국노동연구원, 『4인 이하 사업장 실태조사』, 고용노동부, 2016년 12월 참조)

는 걸 싫어하더라고요. 고용보험을 내야 되니까. 대부분 이런 데는 다 그래요. 직원은 한 명도 없고, 대표만 있었어요. 첫 번째 회사 때 기사들은 열 명 정도 있었나? 차는 대여섯 대 정도 있었고요. 기사들이 운반하면 월급 250만 원 정도를 줬어요. 저는 맨 처음에 들어갈 때 100만 원을 받다가, 몇 달 지나서 120만 원을 받았어요. 보니까 회사가 너무 어려운 거예요. 입사한 지 3개월 되었을 때일 거예요. 덤프는 할부로 갖고 오는데[2] 할부를 못 갚으면 할부회사(캐피탈회사)에서 가져가 버리니까, 제가 적금을 타 갖고 빌려준 적도 있어요.

내가 입사한 (가) 회사의 사장 A는 원래 회사 소속 덤프기사였는데, 자기가 덤프를 몇 대 사가지고 회사를 차린 거예요. 이 회사가 나라에 세금 체납이 1억이 넘고, 주유소에도 2억 정도 빚이 있었어요. 덤프 회사는 빚(외상)으로 기름을 넣으니까요. 일방적으로 안 줘 버렸죠. 그러고 나서 부도가 날 때 세금 대신 나라에서 가져갈 것 같으니까, 덤프트럭을 살리기 위해서 명의를 다 옮겼어요. 회사가 운영이 잘 안 될 때 조금씩 조금씩 돈을 빌려줬던 사람이 있거든요. 이 사람이 관리하는 법인(주식회사 (나))으로 다 바꿨어요. 그래야 나라에서 안 가져가잖아요.

일할 사람이 나밖에 없으니까 나도 같이 온 거죠. 근데 실질적인 사장은 A였어요. 저는 이 사람의 지시를 받고 일했던 거죠. 두 번째 회사 사장 B는 이런 덤프트럭 업무를 잘 몰랐어요. 제가 모든 업무를 총괄하니까 A는 저한테 모든 걸 지시했어요. 형식은 B

---

[2] "화물차주들은 기본적으로 금융권의 '서브프라임 고객'(비우량 고객)이다. 대출을 끼지 않고 상용차(商用車)를 사는 차주들은 없다. 대형 화물트럭이나 덤프트럭의 신차 가격은 1억5천만~2억 원 가량이다. 차주들은 매월 2백~3백만 원의 대출 원리금을 6~7년간 내야 한다." (「대형 화물·덤프트럭 할부금 연체 증가」, 『교통경제신문』, 이병문 기자, 2019년 5월 23일자 기사)

의 회사가 되었는데, 운영은 고대로 A가 하는 거죠. B는 회사로 돈이 들어오면, A한테 월급으로 줬어요. 그런데 A가 사업하면서 월급으로는 부족하니까, 현장에서 현찰로 들어오는 돈은 B 모르게 썼고요. 그러니까 양쪽의 비리를 나만 알았어요 중간에서 이쪽 저쪽 말 듣는 게 힘들어서 관두려고도 했는데, A 사장도 B 사장도 '이 실장 없이는 (회사) 안 한다'고 그랬죠.

불안정한 수익 구조

건설 현장에 땅을 파기로 우리가 딱 계약을 해야 하잖아요? 계약서나 이런 것도 없어요. 그냥 '우리가 하겠습니다' 구두로 하고 들어가는 그 정도 구조였어요. 바로 윗 단계한테만 말하면 되는 되는 거였어요. 건설회사가 대기업이라고 하지만, 본청 건설회사 있고 그 밑에 하청 있고 한 네다섯 단계 밑에 우리가 들어가는 거예요. 그러다 보니 수익구조가 야박하게 되죠.

처음에 공사를 하면 맨 기초 작업이 땅파기잖아요. 땅을 파면 거기서 나오는 흙 같은 걸 다른 데로 운반하는데, 돈을 받고 운반을 하는 거거든요. 사토비[3]를 포함해서 당장의 초기 고정비용을 들여야 해요. 처음에는 이익이 남을 수가 없어요.[4] 나중에 거기서 모래라도 나오면, 한 탕에 5~6만 원 정도씩 주고 팔아요. 돌은 한 10~12만 원 정도 주고 팔고요. 돌이 나오거나 모래가 나오면 이득이

---

[3] 사토장(도로 등의 토목공사에서 불량토사 또는 남은 필요없는 흙을 버리는 곳)에 주는 비용을 말한다.

[4] 기본 고정비용으로 인건비, 사토비, 유류비, 트럭 대출 할부비용, 보험비 등이 든다. 별 문제 없이 일을 했을 경우, 원청에서 받는 운반비에서 고정비를 제했을 때 손해를 보지 않거나 약간의 이익을 남길 수 있다. 그마저도 비가 오는 등 기상이 악화되면 고정비는 그대로 나가지만 일이 줄어들어 마이너스를 기록하게 된다.

되니까, 시추를 해보고 어느 지점에 모래가 들었다, 돌이 들었다는 걸 알고 공사 현장에 들어가는 거예요. 근데 그게 모험인 거죠. 거기만 파 보니까. 공사 현장이 몇천 몇만 평 되면, 거기에 모래가 거의 다 들어가 있을 가능성이 있어서 들어간 건데, 요만큼만 모래가 나오면 완전히 손해를 보는 거죠.

대출로 연명하는

매출은 겉으론 굉장히 많아요. 두 번째 법인일 때 매출은 60~70억 원 정도 됐는데요. 나라에서는 이 매출을 보고 금방금방 대출을 너무 잘 해주는 거예요. 두 번째 법인일 때도 대출을 6억 받고 안 갚아 버린 채로 접어 버렸어요. 법인이잖아요. 주식회사 법인은 책임이 주식회사한테만 있는 거죠. 회사가 없어져 버리면 못 받는 거예요.[5] 중소벤처기업진흥공단(이하 '중진공'), 나라에서 운영하는 신용보증기금[6] 이런 데서 한 6억 정도 빌렸는데 거짓말처럼

---

[5] 2018년 4월 금융위원회가 신용보증기금과 기술보증기금 등 정책금융기관이 기업에 자금을 지원할 때 기업 대표이사에게 부과하던 연대보증제도를 완전 폐지했다. 기업 경영이 어려워져 정책금융기관에 빌린 대출금을 갚지 못해도 대표이사가 이를 변제할 의무가 사라진 것이다. 다만 변제 의무와 별개로 기존의 한국신용정보원의 '관련인 등록제'를 근거로 정책금융기관 대출 상환에 실패한 경우, 법인 대표 또는 대주주 등이 금융거래상 채무불이행자로 등록된다. (『연대보증 폐지에도 대표는 신불자… 중기인 두 번 울리는 관련인등록제』, 『조선비즈』, 이윤정 기자, 2019년 4월 10일자 기사에서 일부 발췌 기술)

[6] 중소기업에 대한 금융지원은 크게 융자(직접대출), 보증, 보험으로 분류된다. 보증 지원은 담보력이 부족한 중소기업에게 정부가 신용보증기관(신용보증기금, 기술보증기금, 지역신용보증재단)을 통해 보증서를 발급하는 지원 사업이다. 담보 없이 자금을 받을 수 있는 방법에는 일반적으로 두 가지가 있는데 투자회사를 이용하는 방법과 신용보증기관의 보증서를 받는 방법이다. 신용보증기관에서 보증서를 받으면, 언제든 은행을 통해 융자금을 대출받을 수 있고, 신청하면 기업 규모와 상관없이 대출 신용 평가를 받을 수 있다. 정책자금의 경우에는 제도적으로 지원하는 자금이므로 융자금리가 저금리이다. 2019년 10월 이후 정책자금 기준 금리는 2.15%이다.

딱 부도와 동시에 안 갚았어요. 매달 나가는 이자는 아주 저리였어요. 그런데 중진공에서 이자 안 들어온다고 한 몇 번 전화하더니, 관심도 없더라고요. 회사 어렵다고 그랬더니 유예를 주고, 회사를 접어 버리니까 바로 끝.[7] 실제 낸 수익은 거의 없어요. 다 대출을 받아서 썼지.

    신용보증재단에서는 감사가 나와요. 감사 때 재무제표를 보면 완벽하게 꾸며 놨거든요. 서류를 완벽하게 꾸며 놓으니까, 그 사람들이 와도 흠 하나 없는 거예요. 법적으로도 개인 재산을 바로 빼돌려 버려요. 대출을 최고로 받을 수 있는 것까지는 다 받고요. 감사 나온 신용보증기금에서 아무 흠이 없다고 하니까[8] 은행에서도 돈을 잘 빌려주는 거예요. 대출 심사 때 나한테도 질문을 던질 수도 있잖아요. '어떤 업무를 하고 있냐' 그러면 대답해 줘야 하죠. 심사하는 사람들은 데이터만 갖고 보니까,[9] '회사가 참 건실하시네요' 이렇게 말하면, 속으로 '어이가 없네' 이랬죠.

---

7 중소벤처기업진흥공단이 중소기업에 자금을 지원했다 회수하지 못한 금액이 최근 5년간 총 1조8228억 원에 이르는 것으로 나타났다. 폐업·회생신청·부당사용·장기연체 등을 이유로 '약정해지'돼 발생한 미회수 채권을 가진 업체 수는 무려 9,403개였다. (「中企 정책자금, 최근 5년간 미회수 금액 1조8228억원」, 『조선비즈』, 박용선 기자, 2019년 10월 15일자 기사)

8 "업체의 평가점수를 잘못 산출해 사실상 '등급 미달'인 기업들이 지원받는가 하면 부채비율 초과와 기술력 부족으로 융자금 회수가 우려되는 기업들이 지원 대상에 선정된 것으로 나타났다. 이로 인해 최근 3년여간 정책자금 6천억 원가량이 '자격 미달' 기업에 흘러 들어갔다." (「중진공 정책자금은 눈먼 돈?…'자격미달' 기업들에 6천억원 지원」, 『연합뉴스』, 이유미 기자, 2019년 7월 11일자 기사)

9 "내규상 정책자금 지원을 위해 현장실태조사를 반드시 실시하게 되어 있음에도, 현장실사를 실시하지 않고 허위로 기업평가보고서를 작성한 경우도 있었다. 이외에도 세금체납기업에 지원, 시설담보융자를 하면서 감정가를 초과해 지원하는 등 서류확인 불철저로 인한 지적 사항이 대다수였다." (「'중진공' 정책자금 부실 심사 도마에… 감사에서 98건 적발」, 『공정뉴스』, 한승훈 기자, 2019년 10월 16일자 기사)

망한 게 아니라 접은 거죠

망할 수밖에 없는 구조예요. 회사를 잘 운영하는 사람은 대출을 받으면, 살림을 사는 것처럼 최소한의 경비 외에는 지출 안 하려고 애를 쓰죠. 그런데 첫 번째 회사 사장님 같은 경우는 돈도 없으면서 골프도 치고 접대를 하는 거죠. 자기 위에 있는 하청업체들이나 위에서 일을 내려준 사람들한테 상품권을 돌리는 거예요. 그런 것에 완전 길이 들여졌어요.

또 회사 실제 운영은 A가 하는데 돈은 B가 맘대로 쓰기도 했어요. 자기 가족들 카드대금이며 살림, 여행 경비 같은 비용을 이리 빼고 저리 빼고 회삿돈으로 했어요. A는 A대로 B는 B대로. 현실적으로 대출 말고는 남는 게 없었어요.

그래서 연달아 대출을 받아서 안 갚아 버리고 다른 이름으로 차리게 된 거죠. 첫 번째 두 번째 회사를 그렇게 하고, 세 번째 회사에서도 대출을 받으려고 시도를 했는데 빌린 명의가 신용이 낮아 대출이 안 되었어요. 회사가 대출이 아니면 절대 운영이 안 되는 구조이니까, 이 회사는 얼마 못하고 바로 손들어 버렸죠.

대출이 안 되는 사이에, A가 아무도 모르게 따로 회사를 하나 차렸어요. 친척 이름으로 회사를 차린 후에 할부를 그대로 끌어안고 중고 덤프를 여섯 대 가져왔는데, 운영을 잘하지 못해서 1년도 안 된 사이에 세금 체납이 1억이 넘어 버렸어요. 회사를 아무나 운영하는 게 아니잖아요. 차라리 중간에 똑똑한 직원들이 있거나, 이렇게 해서 돈이 안 나올 것 같으면 다르게 해야 하는데, 그런 게 전혀 안 되는 거예요. 그러니까 망할 수밖에 없죠.

마이너스는 금방 또 잊어버리고, 일단 쓰는 거죠. '돌이 나오면 노난다'는, 한 방에 어떻게 막아 버릴 수 있다고 생각을 하나 봐요.

결국은 망한 게 아니라 접은 거죠. 그냥 접어 버리면 대출

안 갚아도 되니까, 그건 망한 게 아니죠. 회사도 유령회사인데요. 회사가 부도 내면 세금을 못 내니까, 대표자가 신용불량자는 되죠. 그런데 시간이 지나면 자동회복이 또 돼요. 그것 빼고는 바로 회사를 차릴 수 있어요. 제가 있을 때 6년간 벌써 여섯 개의 회사가 차려졌어요. 복잡한 이야기인 게 아니라, 정상적인 게 아닌 거죠

다 남의 돈이지

이게 우리만 그런 게 아니라, 여기 업계는 다 그래요. 우리만 그러는 줄 알았더니. 처음에는 본인 이름으로 시작해서, 마누라 이름, 자식 이름으로 바꿔 가면서 하더라고요. 구조적으로 이런 게 당연한 듯이. 제가 거래처를 여러 군데를 알게 됐잖아요. 근데 다 우리같이 운영을 하고 있어요. 막을 수 있는 방법이 뭐가 있겠어요. 구조적으로 그 사람들을 개선시킬 여지가 없는 이상은. 단 한 번도, 회사 통장에 돈이 있어 본 적이 없어요. 돈을 그렇게 벌어도요. 왜냐하면 돈을 벌어서 일단 쓰기 바쁘니까. 들어오면 다 써요. 내 돈이 아니라는 개념이 없다니까요!

전에는 아예 직원 등록도 안 했는데, 최근에는 덤프 기사들이 직원 등록을 다 하길 원하죠. 그런데 4대보험 가입을 했는데도 고용보험이나 의료보험료를 안 내요. 제일 중요한 건 책임의식이 전혀 결여되어 있다는 거예요. 본인 생활이 안 되더라도 그런 것부터 내야 한다고 생각해야 되는데, 이미 안 내는 것이 딱 고착화가 되어 있어요. 주유소도 외상이 1억 딱 되니 안 갚을 생각부터 해버리더라고요, 이 사람들은. '주유소를 다른 데로 바꿀 방법이 없나?' 이런 말을 하고 있어요.

자기 회사니까, 자기 돈이라고 생각했겠죠. 그런데 그게 왜 자기 돈이에요. 다 남의 돈이지. 아직도 만나서 얘기해 보면 너무 떳

떳해요. 저는 10원짜리 하나도 나라 세금 안 내면 가슴이 막 벌렁벌렁대는데, 이 사람들은…. 원래는 무서워했을 수도 있는데, 이제 그게 상습이 된 거죠. 업계에 있으면 그렇게 되겠죠. 저도 대출을 해서 이렇게 안 갚아 버릴 수도 있다는 걸 여기서 처음 알았으니까. 편법으로 대출받는 것. 아니, 불법은 아니지. 다 법적으로는 합당하니까요. 나 혼자 살 때는 그렇게 해도 괜찮지만, 근데 가족이 딸리고, 직원이 딸리면 그렇게 하면 안 되죠. 저만 해도 피해를 안 본 게 아니에요. 퇴직금도 못 받았고요. 직원 등록을 계속 했으면 국민연금도 더 받을 수 있었겠죠.

제가 모든 업무를 보다 보니까, 저 모르게 할 수는 없잖아요. 이런 걸 보다 보면, '그만둬야겠다, 여기는 있으면 안 되겠구나, 진짜 이런 회사에 있으면 안 되겠다' 맨날 생각하게 돼요. A 사장은 A 사장대로 힘든 스트레스를 죄다 나한테 얘기하고, B 사장은 B 사장대로 힘든 스트레스를 나한테 얘기해요. 나는 동네북이냐고요. 그래서 맨날 그만둔다 그랬어요. 그럼 사장이 '한 달만, 한 달만' 견뎌 보라고 맨날 입버릇처럼 얘기했어요.

첫 번째 회사에서 두 번째 회사로 옮길 때 처음 비리들을 알게 됐어요. 주유소 대금을 2억 가까이 떼먹어서 주유소 소장이 사무실로 울면서 찾아오고 그랬는데, 자꾸만 문을 열어 달라고 하니까 무서워서 없는 척하기도 했어요. 사무실에 거의 99퍼센트 나 혼자 있었거든요.

첨에는 그런 비리를 저지르는 회사에 내가 있어야 되겠냐고, '하나님, 아우, 제발 이런 사람들 정신 좀 똑바로 차리게 해주세요. 제발 중진공에서 대출 좀 안 해주는 방법 없어요?'라고 기도했어요. 그러다가 나중에는 '에이 모르겠다, 니네는 니네 쪼대로 굴러가고 나는 나대로 일한 만큼만 가져갈게요' 그렇게 된 거죠.

일이 불안정한 건 별로 스트레스 안 받았어요. 예전 학습지

회사 다닐 때처럼 엄청 절박한, 빚을 안 갚으면 안 되고 그런 게 아니었으니까요. 그래도 조금 여유가 있는 사람이 봐 줘야지 하는 심정으로 다녔어요. 가버리면 여기 누가, 할 사람이 있어도 나 말고 누가 이런 회사에 오겠나 싶어서요.

정말로 잘 사는 것

사장들처럼 그렇게 살고 싶지는 않아요. 나는 이해가 안 되는 게, 지금 여러 사람 죽인 거잖아요. 실제로 죽진 않았지만, 주유소 돈, 나라 돈, 세금, 대출 이런 걸 다 떼먹은 거잖아요. B 사장하고 6년 봤는데, 가족에게 엄청 잘하고, 자식들은 유학 보내서 대기업에 들어가고 결혼도 잘했어요. 그런데 가족들은 그렇게 남의 돈 가져가는 걸 전혀 모르겠죠. 그래도 저는 다 봤잖아요.

제가 결정적으로 싫은 건, 남의 돈을 그렇게 해서, 남의 가슴 아프게 한 거예요. 나라의 세금은 그렇다고 쳐. 남의 돈 떼먹는 걸 너무 아무렇지도 않게 하니까, 용서가 안 되죠. 그게 잘 먹고 잘 사는 게 아니에요. 돈이 풍족하다고 해서 그게 잘 산 거예요? 그게? 두루 잘 먹고 잘 살아야 잘 사는 거지.

폐업 직후에는 타격이 되게 컸죠. 6년 동안 다니다가 실직을 했는데, 우울하고, 멘붕도 오고 그랬어요. 언제든지 그만둬도 된다 생각했는데, 그런 생각을 한 거랑 현실적으로 실직을 한 건 다르니까요. 지금은 다행히 (학점은행제) 학과 공부에 파묻혀 있는데, 학과 공부도 거의 마무리 단계라 이거 끝나면 '반드시 일자리를 찾아야 된다'라는 생각을 해요. 나는 나이가 많으니까 보육(자격증)을 통해서 취직해야겠단 생각은 안 했는데, 어린이집 실습을 하다 보니 너무 힘들었어요. 그래서 자격증을 안 살리면 억울해서 도저히 안 되겠다는 생각이 들더라고요. 규칙적으로 나갈 수 있는 일을 찾아보고, 운동도 하고 그러려고요. 그러면 돈을 떠나서 정신건강에 좋을 것 같아요.

[제조업 생산직]

공장이 어떻게 개인 재산이겠어요

송동주 씨 인터뷰 / 시야

2019년 12월 31일자로 한국GM 창원공장의 일곱 개 사내하청 업체가 폐업을 결정했다는 언론기사를 접했다. 해당 업체 600여 명의 비정규직 노동자가 해고를 당할 위기에 처했다. 노동조합을 만들고 투쟁하고 있는 전국 곳곳의 비정규직 노동자들이 2019년 송년행사를 창원공장 앞에서 가진다는 소식을 듣고 나는 창원 GM공장에서 2020년 해맞이를 할 생각으로 달려갔다. 우리는 너무 추운 겨울 한복판에 서 있어야 했다. 다행히 장작불은 뗄 수 있었다.

나는 장작불이 활활 타오르는 난로에 바짝 다가서 있었고, 아사히비정규지회 송동주 씨도 내 옆에 함께 서 있었다. 그는 아사히글라스의 사내하청 노동자였다. 2015년 5월 노동조합을 만든 지 한 달 만에 문자 한 통으로 해고당하고, 5년째 투쟁하고 있는 사람이었다.

그는 작은 금형공장에 다닌 적이 있었고, 폐업을 당한 경험을 내게 들려주었다. 때마침 나는 회사가 사라진 경험을 한 노동자를 찾고 있어서 그의 이야기에 귀가 솔깃해졌다. 바로 인터뷰를 요청했다. 그는 망설임 없이 흔쾌히 내 부탁을 수락해 주었다.

공장 폐업을 처음 당해 보고 학을 뗐어요

제가 군대를 전역하고 첫 직장에서 4년 정도 일하다가 20대 후반에 일을 그만두었어요. 다른 일을 찾아보고 있었는데, 소위 정규직 일자리가 별로 없더라고요. 그때는 정규직, 비정규직 이런 인식이 별로 없었고, 어떤 산업이 잘나가는지, 어떤 산업이 망해 가는지는 관심 있게 보고 있었어요. 망해 가는 쪽을 피하려니까 일자리가 잘 안 나오는 거예요. 지인의 소개로 기술직인 금형을 제작하는 공장에 들어가게 되었어요. 지역은 구미였어요.

금형은 공장에 가면 프레스 기계로 콩콩 찍으면서 틀을 만드는 작업인데요. 작은 자동차 부품의 종류가 여러 가지였어요. 대기업에 바로 납품하는 건 아니고 하청의 하청인 부품공장에 보내졌어요. 발주가 떨어지면 제품을 만들어서 보냈죠.

금형은 기술직이에요. 그런데 처음엔 월급도 적고 복지도 안 좋았어요. 기숙사가 있다고 했는데, 막상 보니까 공장 안에 있는 방 두 개 중에 하나를 저더러 쓰라고 준 거예요. 휴게소 같은 공간 있잖아요. 뭐 불합리하다는 생각은 못했어요. 배워야 한다는 생각 밖에 없었으니까요. 금형은 경력이 없으면 처음엔 조건이 좋을 수가 없거든요. 그런데 경력이 쌓이면 점점 좋아진다고 하더라고요. 기술이 있으면 월급도 세지고, 갈 곳도 많아지고, 찾아오는 데도 많아진다고 하니까, 참고 일했죠.

일하던 회사가 한 번 망한 적이 있었다는 얘기를 들었어요. 사장이랑 임직원들 통틀어서 열 명 조금 넘는 작은 공장이거든요. 그런 작은 공장에서 사장과 임원이 비리를 저질러서 망했다가 정부가 지원을 해서 겨우 유지를 하고 있다는 거예요.

거기다 금형을 제작하는 공장이 다 그런 건 아니겠지만, 월급을 두세 달 후에 받는 경우가 많았어요. 돈을 받고 제품을 만드는 게 아니거든요. 제품을 만들기로 하면 착수금을 주는데, 다 만들어져도 바로 결제를 하는 게 아니라 어음 거래를 하거나 외상 거래를 하니까, 현금이 바로 안 들어오는 거예요. 그러다 보니 직원들 월급이 두세 달 밀리는 건 기본이었어요. 다른 사람들은 어떻게 버티는지 잘 모르겠어요.

숙련공은 월급이 많아요. 설계자나 임원급은 돈을 많이 버는 걸로 아는데, 다 팀이 있더라고요. 설계자 두 사람과 도면을 보고 제품의 금형틀을 정밀하게 만들어 찍어 낸 후, 미세하게 깎고 닦고 다듬어 사상을 하고 원하는 모양대로 제품을 만드는 작업을 하는데요, 그야말로 숙련도가 높은 사람들로 팀을 꾸려서 일해요. 팀이 옮겨 다니기도 하고요. 저는 기술을 배운다는 생각 하나로 다 참고 일한 거죠.

제가 여기 금형회사를 다니면서 처음으로 외국(인도)에 파견 근무를 나간 적이 있었어요. 회사가 돈이 없으니까, 남들이 안 하는 걸 급하게 받아온 거예요. 돈은 안 되면서 난이도는 높고, 작업하기 까다로운 걸로요. 그 정도로 회사가 자금 사정이 안 돌아갔던 거죠. 그러다가 어느 순간 막혔나 봐요. 계속 땜빵만 하면서 막다가 완전히 막힌 거죠. 진짜로 부도가 난 거예요. 사장이 돈을 다 해먹었네 마네 소문이 자자했는데, 그건 내가 본 게 아니라서 뭐라고 말할 수가 없고요. 1년 조금 넘게 다녔는데, 이번엔 진짜 망한 거죠.

회사가 폐업하기 두 달 전에 나이 많은 어른이 공장이 위태위태해 보이니까 그만둔다고 하더라고요. 사장은 돈을 당장 줄 수 없다고 기다리라고 했지만 그 어른은 노동청에 신고하겠다고 빡빡하게 굴었어요. 그때 회사 사람들은 그 사람을 이기적이라고 비난했어요. 일을 잘하고 못하고를 떠나서 우리는 회사를 살려 보려고 열심히 노력하고 있는데, 그 사람은 자기 생각밖에 안 한다고 욕하는 분위기였거든요. 그런데 결과적으로 그 사람이 맞았던 거죠. 그 사람은 사장이 위로금까지 챙겨줬거든요.

회사가 사라졌다

우리는 회사가 폐업하니까 월급이랑 퇴직금이랑 하나도 못 받았어요. 어떻게 해야 하는지 알려주는 사람도 없고, 정말 환장하겠더라고요. 노동부에 신고를 해야 하나 말아야 하나 고민하는데, 저보다 오래 다닌 분이 기다리면 다 준다고 해서 노동부에 신고는 안 했어요. 언젠가 주겠지 하면서 다른 직장을 찾아보았죠.

비리를 저지른 사장과 이사 빼고 공장 사람들은 다 좋은 사람들이에요. 사무실의 차장님이 시간이 걸려도 노력해 보겠다고 조금 기다려 달라고 부탁하더라고요. 그 말을 믿었어요. 공장이 경매로 넘어가고, 처분할 것 다 처분하고, 8~9개월 지나서 밀린 임금과 퇴직금도 다 받았어요. 그때 저는 신용불량자가 될 뻔했어요.

아웃소싱에 발을 들이다

돈이 없어서 쉬지도 못하고 급하게 인력회사를 찾아갔어요. 아웃소싱이라는 걸 처음으로 경험했죠. 효성이 하청 주는 곳인데 ATM기 만드는 공장이었어요. 거기는 직원이 적지 않았어요. 제가 봤을 때 50~60명 정도 일한 것 같아요. 급하게 빨리 쳐내야 할 일이 있으면 아르바이트도 20~30명 정도 구하더라고요. 아웃소싱이라는 말을 처음 들었죠. '난 여기서 언제든지 그만둘 수 있는 존재다' 이렇게 이해했던 것 같아요.

공장은 전에 다니던 금형공장에 비하면 공장이라고 느껴지지 않을 만큼 깨끗했고, 단순조립 작업이 많더라고요. 현장의 관리자와 첫 면담을 할 때, 열심히 잘 다니면 정직원을 시켜 주겠다고 했어요. '나도 정직원이 되어야겠다' 마음먹고 열심히 다녔어요. 현장 관리자는 저보다 한 살 많은 사람이 하나 있고, 나머지는 어렸는데, 어린 여성이 많았어요. 일은 편했죠.

아르바이트를 엄청 많이 뽑는 거예요. 주로 20대 초반이 많았어요. 그런데 계약 기간은 짧아요. 사람을 금방 잘라요. 잘리는 걸 당연시 여기는 분위기더라고요. 잘려도 전혀 개의치 않는 느낌이고, 제품이 출고되면 인원을 확 줄여 버리더라고요.

　　10개월 정도 다녔을 때였어요. 회사가 다른 곳으로 넘어간다는 소문이 돌았어요. 이미 그 전에 두 번 정도 주인이 바뀌었다는 것도 알게 되었죠. 만약 공장이 다른 곳으로 넘어가면 내가 지금까지 일했던 경력이 이어질 리가 없잖아요. 정규직이 될 리가 없잖아요. 현장 관리자는 헛소문이라고 일축했는데 소문은 점점 더 구체적으로 들렸죠.

　　하루는 현장에서 일을 하는데, 양복 입은 사람들이 공장 안으로 들어와서 일하고 있는 내 뒤에서 지켜보고 있는 거예요. 뒤를 돌아서 누구냐고 했더니, 내 옆에서 일하던 조장이 이번에 우리 공장을 인수할 사람이라고 하더라고요. 일하다 말고 사무실로 갔어요. 공장 안에 들어온 양복쟁이가 누구냐고 물었죠. "저 사람들 들어오지 말라고 했는데 왜 들어왔노?" 관리자가 짜증을 내는 거예요. "내가 듣기로는 바로 저 사람들이 공장을 인수하러 온 사람들인데, 이거 다른 사람들한테 이야기하지 말아라." 제게 신신당부를 하는데 "저는 이 시간부터 그만두겠습니다" 하고 뒤도 안 돌아보고 택시 타고 집으로 돌아왔어요. 시간을 헛되게 보내고 싶지 않았어요. 공장이 세 번, 네 번, 주인이 바뀌면 제가 정규직이 될 가능성이 없을 거잖아요. 그야말로 비정규직으로 시간만 보내게 될 테니까.

　　처음엔 금방 잘릴 거라고 생각했는데, 회사관리자가 정규직이 될 수 있다고 해서 열심히 일했어요. 그런데 정규직이 될 거란 꿈이 아무것도 아니게 되었잖아요. 시간이 한참 지난 후에 그 공장 앞을 지나다가 봤어요. 공장이 아니고 창고 같은 곳에서 일하고 있더라고요. 그때 그만두길 정말 잘했다 싶었어요.

회사가 사라졌다

제가 공고를 나와서 CNC선반과 CNC밀링[1] 자격증이 있어요. 이게 다 금형 관련 자격증인데, 금형 쪽은 정말 하기 싫더라고요. 폐업한 공장의 금형 기술자들이 팀을 만들 때 저더러 같이 하자고 권유했었거든요. 그런데 처음 폐업 경험한 공장에서 월급이랑 퇴직금 제대로 못 받고, 신용불량자 될 뻔한 후로 학을 뗐잖아요. 다시는 금형은 안 한다고 했죠.

제 나이가 30대인데, 경력을 쌓는 것도 늦었고, 싫었어요. 그냥 무난한 제조업 공장에 들어가고 싶었어요. 그런데 자리가 없더라고요.

노동조합을 세우다. 또 다시 폐업을 경험하다

어느 순간 정규직 일자리가 없어요. 대기업은 아니더라도, 중소기업도 정규직은 제 나이대가 갈 곳이 없어요. 아는 형이 아사히글라스 하청업체인 GTS를 다녔어요. 저더러 놀지 말고 돈이라도 벌러 오라고 하더라고요. 몇 개월 다니다가 다른 데로 옮기거나, 잘릴 거라고 생각하면서 갔어요. '아, 여기 정말 굶어죽지 않을 만큼만 돈을 버는구나' 싶었어요.

제가 일한 부서는 인원이 부족한 곳이라서 잘릴 거란 생각은 안 들더라구요. 그런데 돈이 안 되는 거예요. 쉬는 날 없이 일을 했어요. 주말마다 특근을 다 해야 할 정도로 쉬는 날이 없었어요. 명절 휴가 때는 회사가 대책을 세워 주지 않아서 쉴 수가 없었어요.

---

1   수치제어 선반 밀링기능사. 수치제어는 컴퓨터 등의 제어 장치를 이용해서 자동화 장치를 제어하는 기술로, 각종 금속 재료를 회전시켜서 바이트로 깎아 내는 공작 기계(선반)와 회전하는 축에 고정된 커터에 공작물을 대고 전후, 좌우, 상하로 움직여 자르거나 깎는 공작 기계(밀링)를 다루는 기능임.

스트레스 많이 받았죠. 월급은 200만 원 정도, 적으면 170만 원 정도였는데, 너무 스트레스를 받았어요. 노동조합을 띄운다고 했을 때, 노동조합에 대해서 자세히는 몰랐지만, 복지는 나아질 거라고 막연한 기대를 했었어요. 그래도 처음부터 노동조합에 가입한 건 아니었어요. 고민이 많이 되더라고요. 곰곰이 생각해 보니까, 어차피 여기서 나가더라도 이런 생활을 하거나, 이런 환경에서 계속 일하게 될 테니까, 차라리 우리가 노동조합을 만들어서 나은 환경을 만들면 되는 것 아닌가 하는 생각이 들었어요.

왜냐면 직장을 옮겨야 하는 게 너무 스트레스였거든요. 지치더라고요. 직장 바꾸는 것만 문제가 아니라 직장 따라 이사도 해야 하고, 정착이 안 된다는 게 더 견디기 힘들었어요. 일거리가 있는 곳으로 이사를 가고, 직장을 구해야 하는데, 직장을 구하기까지 한두 달은 공백이 발생하고, 적자가 쌓이고, 스트레스도 쌓이는 거죠.

노동조합을 만들 때, 설마 했었죠. 폐업을 할 수도 있다고 했지만, 정말 할까 싶었어요. 노동조합이 싸움을 했던 곳도 알아봤어요. 문을 닫을 수도 있지만, 우리가 이길 수도 있다고 생각했어요. 만약 소수만 노동조합에 가입했다면 또 모르겠어요. 그런데 우린 대다수 현장 사람들, 170명 중에 138명이 다 가입했으니까, 이렇게 한 방에 날릴 줄은 몰랐죠. 지금은 해고가 되어서 힘들긴 힘들어요. 경제적인 어려움도 있고, 집에서는 나이가 드니까 눈치도 보이고, 말을 안 하는 게 많아지고, 걱정도 늘죠.

그런데 해고가 돼도 지금 우리가 복직 투쟁하고 있는 중이잖아요. 아사히글라스가 우리를 불법파견한 것도 법적으로 인정받았고, 앞으로 고용이 어떻게 될지 알 수 없지만, 지금은 이직에 대한 스트레스는 없는 것 같아요.

제 경험으로 어떤 글을 쓰실지는 잘 모르지만, 공장이 폐업하는 것도 사회적인 문제잖아요. 관심을 최대한 많이 가져야 한다고 생각해요. 사장은 자기 재산 자기 마음대로 처분한다고 하겠지만, 제가 폐업당했던 공장도 망할 뻔한 걸 정부가 지원해서 살렸단 말이에요. 그럼 그게 어떻게 사장의 개인 재산이겠어요.

솔직히 작은 공장이든, 큰 공장이든, 공단에 있는 공장은 정부 지원을 많이 받아요. 아사히글라스만 하더라도 경상북도와 구미시가 아사히글라스를 칙사 대접하면서 50년간 토지 무상임대, 5년간 국세 전액 감면, 15년간 지방세 감면의 특혜를 줬어요. 아무리 못 해도 연간 600억 이상 세제 혜택을 받았을 거예요. 어마어마하단 말이죠.

아마 공장이 정부로부터 지원, 혜택을 받는 줄 알고 있는 사람은 별로 없을 거예요. 공장을 다니는 일반 사람들도 모를 걸요. 관심도 없을 것 같아요.

폐업이라는 게 굉장히 악순환으로 이어지잖아요. 제가 급하게 새로 구한 직장이 폐업을 안 한다는 보장이 없고, 요즈음 같은 불경기에 그럴 확률은 더 높잖아요. 폐업을 당해 보니까, 제 삶에 굉장히 안 좋은 영향을 준 것 같아요.

회사를 잘 다니다가 좀 더 나은 쪽으로 옮기는 거라면, 여러 가지 정보를 수집하고, 인맥을 통해서 수소문도 해보고, 필요한 스펙도 쌓고, 잘 알아보고 옮길 거잖아요. 그런 것 없이 잘 다니던 회사가 어느 날 갑자기 폐업을 하면 절망적이죠. 준비가 하나도 안 된 채로 버려지니까요.

[제조업 생산직]

닫을 때는 '탁' 닫아

이영민 씨 인터뷰 / 시야

회사가 사라진 경험을 가진 사람을 찾았다. 인터넷 언론으로 광고도 내 보았지만 응답해 주는 사람이 없었다. 그러다 『들꽃, 공단에 피다』란 책의 저자 소개글에서 대기업 정규직 노동자들로 살았던 경험 이면에 공장 폐업을 당한 경험자들이 많다는 걸 기억해 냈다. 오리온전기, 동국무역방직, 금강화섬, 한국합섬. 이름만 들어도 알 만한 큰 기업들이다. 지금은 모두 문을 닫았고 구미공단에서 사라져 버렸다. 그 중에 삼성코닝 사내하청에서 일했다는 이영민 씨의 폐업 경험이 눈에 들어왔다. 무노조경영 원칙을 고수하며 숱한 노동자들을 탄압해 왔던 삼성이 맞냐고 그에게 물었더니, 삼성코닝은 삼성TV 브라운관 사업부의 사내하청이라고 알려주었다. 삼성은 정규직을 구조조정하면 내보내는 게 아니라 사내하청으로 분사해 비정규직 일자리로 내려 보냈고, 기존 사내하청 노동자들은 서열에 밀려서 자꾸만 뒤로 밀려났다고 했다. 하지만 이후에 결국 공장이 문을 닫을 때는 다같이 평등하게 일자리를 잃었다고 말했다.

폐업, 설 자리를 잃는 것

폐업을 당해 보니까 사람이 안정이 안 되더라고요. 내가 설 자리를 잃어버리죠. 노동자는 일을 해야 먹고 살 수 있는데, 일 자체가 없어진다는 건 일단 설 자리를 잃어버리게 되는 거예요.

삼성코닝 폐업은 너무 오래 돼서 기억도 가물가물하네요. 지금으로부터 14년 전이니까, 2007년도에 폐업한 것 같아요. 삼성코닝은 삼성TV 브라운관 사업부이고, 경북 구미국가산업공단에 있었어요.[1] 지금은 유리가 얄팍하고 가볍지만, 옛날에는 크고 두꺼운 배불뚝이였잖아요. 배불뚝이TV에서 평면TV까지 했었어요.

처음에 유리를 찍어 나오면 깨끗하지 않아서 연마를 해야 하거든요. 제가 삼성코닝에 처음에 입사해서 했던 일이 연마하기 전에 유리를 검사하는 일이었어요. 그때는 비정규직이라는 말은 안 쓰고 사내하청이라고 했었죠.

IMF가 닥쳐도 삼성코닝은 생산량이 많아서 눈코 뜰 새 없이 바빴어요. 그러다 2000년 넘어서면서 서서히 구조조정이 시작되더라고요. 정규직원들이 희망퇴직을 신청했는데, 그게 나가는 게 아니더라고요. 분사를 시켜서 하청업체를 만들었어요. 원래 연마 전에 하던 유리검사는 내가 속했던 하청업체가 하고 있었고, 연마 후의 검사는 정규직이 하고 있었는데, 정규직이 희망퇴직을 하고 분사를 하면서 우리 자리를 차지해 버렸어요. 우리는 포장부서로 옮겨 갔고요.

삼성코닝은 정규직원, 하청직원 구분 없이 기숙사를 이용할 수 있었어요. 식사도 같이 해서 그런가 정말 좋았어요. 기숙사 시설도 좋았고요. 그런 건 다 좋았는데, 같이 쓰는 이유가 따로 있었

---

[1] 삼성코닝은 삼성디스플레이와 미국계 소재회사 코닝이 합작한 삼성전자 계열사로 삼성TV 브라운관 사업부를 담당했다. 영민 씨는 삼성코닝의 사내하청에서 근무했다.

죠. 잔업을 빠지는 사람이 생기면 저 같은 기숙사 이용자가 있으니, 쉽게 대체근무가 가능하거든요.

삼성은 진짜 사람을 쫙쫙 짭니다. 하루 여덟 시간씩 3교대 근무를 해요. 저 다음 조의 근무자가 누구 하나 안 나오면 제가 대신 여덟 시간을 연장하는 거예요. 하루 열여섯 시간을 근무한 적도 있어요. 유리제품은 20kg이 넘어요. 무거운 걸 들고 옮기는 걸 손으로 다 했어요. 땀을 엄청나게 흘리니까, 일 마치면 술도 많이 마셨어요. 유리가 진짜 무거워서 생노가다였어요.

위로금도 내려오면서 다 떼먹히는 게 하청

브라운관은 어차피 오래 가기 어렵다고 생각은 했어요. 크고 두껍고, 옛날TV이니까 언젠가는 끝나는 상황이 올 줄 알았어요. 그래도 우리는 1~2년은 더 간다고 생각했었죠. 그런데 문 닫을 때가 되니까 어느 순간 '탁' 닫아 버리더라고요.

생각보다 빠르게 닫았어요. 폐업한다는 이야기는 두 달 전부터 사무실에서 흘러나오기 시작했어요. 폐업하면 위로금도 나올 거라고 했었죠. 그런데 하청 사장이 중간에서 우리 몫의 위로금을 상당수 갈취한 거예요.

삼성코닝이 문을 닫을 때 가장 답답했던 건, 수년 동안 일했던 사람들에게 위로금이랍시고 주는 게 너무 적더라고요. 그것도 중간에서 하청 사장이 앉아서 잘라먹고 떼어먹는 거예요. 삼성코닝이 위로금 총액을 하청 사장에게 내려 주면 하청 사장이 반 이상 가져갔어요. 위로금 나누면서 직원들끼리 싸우게 만들고요.

그때는 노동조합이란 게 없었잖아요. 싸우고 싶었는데 그게 참 많이 어려웠어요. 제가 반장이었거든요. 반장 위에 조장이 있는데, 조장은 주로 사무실에서 일하고 회사 편이에요. 반장들은 아홉 명 정도였는데 뜻은 잘 맞았어요. 반장들이 뭉쳐서 회사랑 싸웠어요. 그런데 회사 안에서만 싸워서 그런가, 제대로 잘 싸우지는 못했어요. 어쩔 수 없이 크게 양보했어요. 회사도 조금 물러섰다지만, 우리는 많이 보상받지 못하고, 하청업체 사장이 다 가져가 버렸어요. 그때 사장이 우리에게 한 말이 "나도 먹고 살아야지"였어요. 기분이 많이 나빴어요.

하청업체 이사가 브라운관 사업부 문을 닫아도 PDP[2]사업부로 몇 명 넘어가서 일할 수 있다고, 나더러 먼저 가서 라인 만들고 있으라고 하더라고요. 그때 반장들끼리 모여서 사장하고 한창 싸우고 있을 때라서 왜 나를 보내느냐고 따졌죠. 나는 반장이라서 같이 일한 사람들을 대변하고 사장과 협상을 하고 있는데 중간에 사람을 빼 가려고 하는 게, 회사가 우리를 와해시키려고 하는 것 같아서 기분이 많이 나빴어요.

우리가 위로금으로 정리하고 공장을 나온 다음에, 박스 만드는 아주머니와 아저씨들이 공장에 조금 더 남아 있었대요. 우리 싸우는 걸 보고는 그분들은 더 잘 싸워서 우리보다 보상을 더 많이 받았다고 하더라고요.

공장 폐업 이후

삼성코닝 폐업되고 나서 구미1공단의 평화오일씰이란 고무 공장에 취업을 했어요. 11개월 다녔을 때쯤 명절이 되었어요. 명

---

2 플라스마 디스플레이 패널(Plasma Display Panel)의 약자, 플라스마 현상을 이용한 것으로, TV의 화면 표시 기술로 주로 쓰인다. CRT(브라운관)에 비해 얇고 큰 화면을 구현하는 데 용이해서 TV의 대형화, 슬림화에 큰 기여를 했다. 지금 사용하는 LCD보다는 많이 무겁다.

절 휴가를 길게 주더라고요. 휴가를 떠나려니까 공장에서 "연락하면 오세요" 그래요. 분위기가 싸하더라고요.

어머니가 강원도 원주에서 식당을 하고 있어서 명절 휴가 기간 동안 원주로 가 있었어요. "명절 지나서 내려갈까요?" 하고 공장에 연락을 하니까, 지금 생산량이 부족하다면서 오라는 말을 안 하는 바람에 자연스럽게 그만뒀어요.

그 공장은 2년짜리 비정규직을 주로 쓰는데, 나이 젊은 사람은 계속 일을 시키는데, 나이 있는 사람은 퇴직금 안 주려고 11개월 되면 자르는 것 같더라고요. 그때 깜짝 놀랐어요.

구미공단에서 일한 지 십 몇 년 되었을 때, 이제 구미를 떠나야 하나 고민했었어요. 어머니 집에서 잠시 함께 있으면서 쉬기도 했지만, 계속 그럴 순 없었죠. 다시 구미로 왔어요.

일자리를 알아보고 취업을 하긴 했는데, 이상한 공장을 들어가서 안정이 안 되더라고요. 작은 공장을 다녀 보면 사람을 대하는 것도 그렇고, 이건 사람이 할 짓이 못 돼요. 출근했다가 퇴근하면 자고, 일어나면 다시 출근하고, 정말 사람 살 데가 아니에요.

공단에 들꽃이 피듯 노동조합을

2009년도에 아사히글라스 공장이 사람을 대규모로 채용할 때였어요. 지인이 이력서를 넣어 보라고 해서 찾아갔었어요. 그때가 정규직들이 일하던 1층에 하청노동자를 쓰고, 정규직들은 건물 2층으로 올라갈 때였어요.

아사히글라스는 일은 계속 있었어요. 처음 들어갔을 때와 나올 때를 비교해 보면 물량이 엄청나게 늘어나서 30~40%는 늘었던 것 같아요. 일을 하다가 인원이 빠지면 빨리 채워지지 않다 보니까 잔업도 한창 많았죠. 공장에서 물량을 잔뜩 해놓고는 일거리가 없으니까 쉬라는 투로 나오고. 회사가 물량조절을 마구 해대니까, 일이 들쭉날쭉해지는 상황이 벌어지더라고요. 나는 속으로 '여기도 참 오래 가기 어렵겠구나' 싶었죠.

아사히글라스에서 제 동료 비정규직들이 노동조합을 만든다는 이야기가 들리더라고요. 삼성코닝에 다닐 때도 동료들이 노동조합 만들자고 했지만 '노동조합 만들면 회사가 들어낼 건데' 걱정하면서 못 만들었거든요.

아사히글라스 하청업체에서 노동조합 만든다고 할 때도, 노동조합 가입원서에 사인은 했지만, 회사가 들어낼 것 같아서 걱정했어요. 그래도 전부 다 가입했으니까, 그럴 리 없을 거라고 주변에서 안심시켰는데, 해고 문자 받았을 때, '앗 이거 아니나 다를까 들어내는구나' 했었죠. 회사가 너무 무식하게 한 거죠.

비정규직으로 살다 보니까, 마음속에 '여기 아니면 딴 데 가야지' 하는 마음이 깔려 버리게 되더라고요. 폐업을 당하고 나면 처음엔 젊은 혈기에 얼마 정도 돈도 있을 테고, 실업급여도 몇 개월 나오면 내가 일을 당장 안 하더라도 나오는 게 있으니까, 좀 놀면 된다 싶지만요. 어느 순간 통장의 잔고가 싹 비워지고, 그게 진짜, 어느 순간 나락으로 가는 것 같더라고요. 그러면서도 늘 해왔던 일을 찾게 돼요. 나는 유리밥을 계속 먹었더니, 이상하게 유리 관련된 일을 하게 되더라고요.

나는 폐업도 문제지만, 중간착취가 더 문제라고 생각해요. 공장의 높은 양반들이 나갈 때 되면 중간에 회사 하나 만들어서 먹고살 거리를 다 제공해 주잖아요. 문재인 정부가 공공부문 정규직화시켜 준다면서 중간에 회사를 세워서 자회사 만들었잖아요. 그게 큰 기업에서는 예전부터 그래 왔어요. 큰 기업 안에 (분사 또는 사내하청이라고 하는) 작은 회사를 자꾸 만들어서 임원이 나갈 때 한 자리를 만들어 줬던 관행이거든요.

삼성코닝이 그랬어요. 임원이 퇴직할 때가 되면 생산라인을 분사시켜서 사장 자리를 만들어 주는 거예요. 몇 년 동안 먹고살 만큼 벌어 갈 수 있도록 중간에서 착취할 수 있게 해준 거지요. 그럼 또 다른 임원이 하청 사장 자리를 차지하고. 그럼 임원들 먹여 살리려고, 정규직 채용해도 되는 자리에 하청업체를 끼워 넣어서 비정규직을 채용하게 되잖아요. 임금이나 여러 처우를 다 떼먹고, 중간에서 착취하는 구조를 잘 관리하고 바꿀 수 있으면 좋겠어요. 중간 착취하는 업체가 또 폐업하기도 좋은 구조가 되고요. 이런 게 너무 보편화되어 있어서 문제인 것 같아요.

〔출판사 편집자〕

누구나 책을 팔고 싶어 하고

김정윤 씨 인터뷰 / 희정

정윤 씨에게선 출판 일에 대한 자부심이 보였다. 어릴 적부터 책 관련 일을 할 것이라 믿었고, 그의 표현대로라면 업계에서 원하는 대로 '정식으로' 일을 배웠다. 출판 업계에 들어온 후에는 다양한 분야에서 일했다. 그러나 지금은 출판계를 떠났다. 여전히 책에 대한 애정이 있고 자신의 책을 쓸 계획도 있으나, 지인이 출판사에서 일하겠다고 한다면 말릴 생각이라 했다. 출판업계 사람들이 흔히 하는 말이었다. 자신이 출판사에 근무하고 있어도 타인에게 이 직업을 권하진 않겠다고 했다. 이유가 무엇인지 아는 사람은 안다. 정윤 씨가 한 말이 있다. "전태일에 관한 책을 만드는 회사도 근로기준법을 지키지 않는다"라는 말.

여자를 쓰면 추가 비용이 들기 때문에

출판업계에서는 기본적으로 서른 넘어가면 남성이 줄어요. 디자인 시장도 그렇고요. 일반적으로 남성들은 결혼하려면 월급을 얼마 이상은 받아야 한다는 게 있잖아요. 출판사는 보통 그 기준을 맞춰 주질 못하니까. 그런데 회사 구조에서 위로 올라갈수록 점점 남자만 남아요. 보통 연봉 4천만 원 이상 줘야 하는 일은 남자를 쓰죠. 여자를 쓰면 비용이 추가로 더 들어간다고 생각하니까요. 육아휴직 줘야 하고 일정 시간 이상 근무시키기 어렵고, 이런 것 때문에요. 저도 스물일곱, 스물여덟 살 때 면접을 보면 남자친구나 결혼에 대해 반드시 묻더라고요.

제가 굉장히 일을 일찍 시작한 편에 속해요. 학교에 일찍 들어가고 졸업하자마자 취직을 했거든요. 일찍 시작했는데, 출판시장은 지금도 똑같아요. 먼저 출판 편집자 쪽 일이 대단히 열악한 게 뭐냐면 일을 측량하기가 힘들어요. 오타를 몇 개 잡았냐, 이런 걸 개수로 세서 할 수 있는 게 아니잖아요. 문장, 문단, 챕터 그리고 책 전체를 만지면 책의 성격마다 편집자마다 퀄리티가 다르잖아요. 제가 처음 이 일을 시작했을 때와 지금도 편집(교정교열) 단가가 거의 변하지 않았어요. 시간은 십 수 년이 지났는데 말이죠.

일찍 시작한 편집 일

2000년대 초에 국가 지원으로 하는 출판학교 과정이 있었어요. 취업시장에서 경쟁력 있는 인재를 키우기 위한 프로젝트의 일환이었어요. 4년제 인문대학의 취업률이 낮다면서 국가에서 대학에 취업 관련 커리큘럼 마련을 지원했어요. 순수학문 하는 사람도 복수전공을 통해 취업에 도움되는 학문을 배울 수 있게 하는 거죠. 그때 저는 복수전공을 출판미디어학으로 했어요.

회사가 사라졌다

어떻게 보면 출판사에서 일하겠다고 생각한 건 중학교 때부터였던 것 같아요. 고등학교 때 저는 비평적 글쓰기를 좋아했는데, 직접 작품을 쓰기보다는 원고에 대해 검토하고 분석하고 이런 일을 좋아하다 보니 평론가라는 직업을 고민했어요. 그런데 평론가는 정말 돈을 못 버는 직업이라고 하더라고요. 대학원 석·박사까지 다 할 수 있을까 생각했을 때, 현실적으로 힘들다고 생각해서 출판 쪽을 택한 거였어요. 마침 나라에서 지원하는 취업교육 시스템이 있어서 저는 대학 3학년 겨울방학에 출판사에서 실습도 했어요.

영화처럼 사라진 출판사

출판사 사라지는 과정이 정말 영화 같았어요. 여기는 대표, 편집자 말고도 주간이란 직책이 있었어요. 일반 출판이랑 잡지를 다 아울렀어요. 시작 단계라 편집장은 없었고 주간이 편집장을 역임했어요. 저는 잡지와 일반 출판 양쪽을 왔다 갔다 하는 편집자였는데, 잡지 쪽만 일하시는 분도 있었어요.

대표란 분은 국가에서 공고를 내면 입찰을 받는 일을 했어요. 대표는 자본을 대지만 출판사 소속은 아니었어요. 그분 회사는 '기획사'라는 이름으로, 광고나 책자 제작을 하는 데였거든요. 정확히는 기획사 사장이었고, 그 기획사가 우리 출판사에서 나올 잡지에 투자를 하고 있었어요. 그러니까 그분은 어쩌다 가끔 회식할 때나 보는 사람이었던 거죠.

원래 기획사에서도 책을 만들었는데, 책은 ISBN(국제표준도서번호)이 없어도 출간은 할 수 있거든요. 그런데 ISBN이 있으면 원활하게 시장 유통이 가능하니까, 기획사에서 만들었던 책을 우리 출판사에 가져와 일반 판매용 책으로 각색해 만드는 거예요. 그런데 이게 생각보다 잘 나왔어요. 반응이 되게 좋았어요. 예를 들면,

고전문헌에 남아 있는 조선 시대 요리법을 현대적으로 풀어낸 방식인데, 지금 보면 콘셉트 자체가 슬로우 라이프 같은?

보통 기획사는 편집을 제대로 볼 수 없어요. 구조적인 문제인데 저자가 대부분 제작에 일정 비용을 내거나 수업 교재로 사용하기 때문에 기획사에서 마음대로 건드릴 수가 없어요. 교정교열도 정말 기본적인 것만 보거든요. 책에 대한 콘셉트, 디자인, 판매 계획 등 이런 걸 다 짜서 하는 편집자도 없기 때문에, 우리 출판사에서 그걸 서포트해 주었어요. 잡지사는 런칭했는데 계속 투자금만 들어가고 아직 잡지는 나오지 않은 상태였어요. 그러니까 수익이 없었고요. 기획사가 돈을 벌어야 우리 잡지에 투자를 할 거 아니냐고 해서, 인터뷰할 때 외부 기자 쓰느니 우리(출판사 직원)가 대신 가서 하기도 했어요. 사실 외주를 주거나 새로운 인력을 고용해야 하는 부분을 이쪽에서 충당했던 거죠.

근무한 지 5개월이 되었는데 어떤 이사 직함을 가진 분이 사무실로 왔어요. 이제 책도 나오고 잡지도 나올 거니까 출판사를 기획사랑 합칠 거라고 했어요. 기획사에 우리 출판사가 들어가는 거라고 이야기했어요. 그래서 근로계약서를 한 번 바꾸었어요.

원래는 기획사 소속으로 계약서를 써야 하는 게 맞을 텐데, 기획사 밑에 있는 자회사 소속으로 근로계약을 바꾸었어요. 그런데 한 달 후에 그 이사분이 와서 구조조정을 할 거라는 거예요. 자회사를 없애겠다고 했어요. 자회사로 등록은 되어 있지만 수익이 안 나는 회사래요. 최근 1~2년 동안 수익이 없는 회사라고요. IMF 이후 정리해고를 할 수 있는 요건이 바뀌었잖아요. 수익이 없으니 경영상 위기로 해고가 가능했던 거죠. 그런 식으로 우리를 자회사로 집어 넣고 구조조정한다고 했어요. 이게 전형적인 M&A(기업인수) 수법이라고 하더라고요. 알고 보니 이사라는 사람은 기획사 사람도 아니고 회사를 없애려 투입된 전문가였던 거예요. 전문가한테 한

회사가 사라졌다

달 안에 이 회사를 없애 달라고 의뢰를 한 거래요. 출판사를 자기 걸로 만들고 직원은 버리는 거죠. 직원이 없어도 출판물 판권 이런 것은 남으니까.

당시에 제가 출판노조(협의회)가 생길 무렵부터 참여한 멤버이기도 해서, 주간님에게 얘기를 했죠. 노동조합에 얘기하겠다. 출판노조 측에서 지원을 해줄 수 있다고 사람들을 설득했어요. 회사에 그 이야기가 들어가서, 협의를 하자고 제안이 왔어요. 뭉쳐 싸울 힘은 없었어요. 출판 쪽의 가장 큰 문제는 일하는 사람들이 '나는 노동자가 아니다'라는 생각을 가지고 있는 거잖아요. 할 수 있는 건, 회사에 구조조정 내용을 공식적으로 문서화해 달라는 정도였어요. 나중에 딴소리하면 안 되니까. 이미 딴소리한 걸 겪었잖아요.

살다 보면 어처구니없는 일들이 있죠. 사람들은 돈을 벌면 출판을 하고 싶어 해요. 얼마 전에 무슨 강연 글을 봤는데, 글을 쓰는 사람들은 모두 '관종'이라고 하더라고요. 관종이기에 글을 쓰는 거라 하던데, 출판사를 하고 싶어 하는 사람들도 마찬가지인지도 몰라요. 돈을 벌면 출판을 하고 싶어 해요. '우리 회사 카탈로그 만들어' 이런 것보다는 '이거 우리 회사에서 나온 책인데' 이게 더 나으니까.

출판사는 산업 자체가 너무 규모가 작고, 진입 장벽이 낮잖아요. 창업도 허가제가 아니라 신고제이고요. 책은 세금을 매기지 않는 면세물품이에요. 그래서 출판사를 하고 싶은 사람은 많은 데 비해 출판사 사장들은 현실감이 없고 제대로 된 경영자도 적어요. 아시다시피 아주 큰 출판사 아니면 본문 디자인, 표지 디자인을 한 사람이 하는 경우도 많고요. 외주 줄 데는 널리고 깔렸어요. 운영이 쉽죠.

책임은 있으나 권한은 없는

초창기에 다니던 회사는 편집장님하고 저하고 둘이서만 출판 분야 일을 했는데요. 그 편집장은 당시 30대 중반의 남자분이었어요. 출판사는 일반 회사처럼 사원, 대리, 과장 이렇게 올라가는 게 아니잖아요. 출판 사원으로 있다가 경력 쌓아서 다른 작은 출판사 편집장으로 옮기는 경우가 많아요. 거기서 운영을 해보고 회사를 키워 보는 거죠. 큰 출판사들은 분야가 있으니까 경영 분야라 해도 자기계발, 경제영역, 주식, 이렇게 세분화해요. 자기는 한 분야만 해야 하는 거예요. 그러니까 어느 정도 바운더리를 넓게 작업할 수 있는 작은 출판사로 옮기는 경우도 있죠. 이런 식으로 해서 몸값도 올리고 자기가 할 수 있는 기획도 해보는 거죠.

그런데 그 전에 그만둔 편집장이랑 계약했던 카툰 작가가 있었어요. 2000년대 중반에 한창 카툰집이 유행했잖아요. 사장님이 지금껏 나온 카툰집보다 더 예쁘게 만들어 내놓으라는 거예요. 3년차일 때라 잘 모르기는 했지만, 이 책은 이 정도 팔릴 것 같으니까 이 수준까지만 제작비를 쓰자고 제안했어요. 그런데 사장님이 제작비 생각하지 말고 제일 럭셔리하게 해보래요.

예쁘게는 만들었어요. 디자이너분도 순수미술 하시는 분이었는데 둘이서 너무 고생하면서 예쁘게 만들었어요. 서점에서 반응이 좋은 거예요. 전시회도 열고, 사인회, 출판기념회 이런 것도 서점에서 먼저 제안이 와서 했어요.

그런데 문제는 당시에도 책을 2천 부, 4천 부 찍을 때인데, 초판을 1만2천 부 찍은 거예요. 책을 처음 내는 작가라 세일즈포인트가 별로 안 될 거라고 얘기했음에도요. 권당 단가라는 게 있잖아요. 이게 워낙 공정에 제작비가 많이 들어가다 보니까, 사장님은 권당 단가가 일반 책하고 비슷해지려면 2만 부 정도 찍어야 한다고 했어요. 당연히 말렸죠. 아니나 다를까 초판이 다 안 팔린 거예요.

회사가 사라졌다

그 결과로 잘렸죠.

항변은 못 했어요. 편집장님이 자기도 지금 만들고 있는 책만 끝나면 곧 그만둘 거라고 했어요. 너도 다른 데를 알아보는 게 좋겠다고 얘기하시더라고요. 그분도 그만두고 지금은 이름 대면 알 만한 유명한 편집장이 되었어요.

저는 그후에 노동조합에 가입했어요. 분명치 않은 이유로 그만둬야 했으니까요. 제작 공정을 제가 완벽하게 컨트롤할 수 있는 상황이 아니었는데, 제작 공정에서 나온 오류는 모두 너의 잘못이고, 이 책이 안 팔리는 이유가 저라고 하더라고요. 그래서 너는 회사에 얼마 액수의 손해를 끼쳤다, 이런 식으로 해서 자른 거죠.

3년차인데 그 모든 책임을 다 졌어요. 그땐 그렇게 했던 것 같아요. 출판에는 중간 허리가 없거든요. 신입 아니면 경력이 많은 사람. 그 이후에 한참 동안 외주 바람이 불면서, 교정은 외부 편집자들에게 맡기고 안에서는 계속 컨트롤만 하는 식으로 하다 보니까, 사람이 안 키워지는 거죠. 경력이 중간차인 사람이 없는 이유는, 일단 급여 때문이기도 해요. 그리고 기본적으로 업계에 여성들이 많기 때문이죠. 여자 직원은 데리고 있다가 기회비용이 높아지는 시점에서 한 번 버려야 하는 존재로 여겨지니까.

실제로 단행본 안 팔린 책임을 물어서 저를 잘랐던 회사에서는 그때쯤 디자인 팀에 있던 과장님이 결혼을 하셨어요. 그리고 밤샘을 해서 유산되는 일이 있었어요. 그후에 다시 임신했을 때 회사에 얘기하니까 사장님이 "너 무서워서 못 데리고 있겠다" 이렇게 얘기를 했다 그러더라고요. 그래서 그만두셨다고 해요. 법은 있지만 출판사는 대부분 10인 미만 사업장이기 때문에 모든 게 다 늦게 도입돼요.

자기를 갈아 넣고 사는 거죠

이 일 시작할 때는 문학 출판사에 들어가서 여러 유명하신 분들을 많이 만나 봤는데요. 뜻깊은 곳에 있는 뜻깊은 사람들이 생각보다 뜻깊지 않아서, 그냥 상업 출판으로 갔어요. 의미를 찾는 사람들조차도 사실은 자기 잇속이 필요하구나 했죠. 그래서 상업 출판을 했는데 출판이 기획사 사장들에 의해 좌지우지되는 것을 보고, 그러면 아예 크거나 오래된 출판사에서 일해 보자 싶어서 이직을 했어요.

출판사 생명이 생각보다 짧아요. 그래서 한 번 빵 떴던 출판사도 유지하기 힘들어요. 거기에 자길 갈아 넣고 사는 거죠. 사장님이야 잘 되던 시절만 생각하는 거죠. 직원들은 연차가 찰 때까지 계속 힘들게 일하다가, 본인이 편집장이 됐을 때는 결국 누군가를 착취하지 않으면 안 되는 구조를 보게 돼요. 제가 편집장일 때 팀원이 젊은 직원이었는데요. 그런 생각이 드는 거예요. 이 친구는 왜 최저임금을 받아야 하나. 그러니까 착취하는 데 거리낌 없는 사람만 살아남아요.

저는 살아남지 않았어요. 지금은 출판사에 다니지 않으니까요. 학교 다닐 때부터 출판 일을 해서, 인생의 절반 이상을 그쪽만 바라보고 살아서 끊기가 되게 힘들었죠. 지금은 대형 커피 프랜차이즈에서 일하고 있는데 저는 만족감을 느끼고 있어요. 저희 엄마는 잠깐 충격을 받으시더라고요. 자식이 편집장님, 작가님이라고 불렸는데, 갑자기 어느 순간 커피를 파는 사람이 되었으니까요. 노동에 대한 이런 편견이 있는데, 사실 생존권의 문제를 그런 식으로 생각하면 안 되는 것 같아요. 우리나라에 자영업자들이 많아지는 이유가 그것 때문인 것 같아요. 못 벌어도 사장이라는 얘기를 듣고 싶어 하는 거죠.

폐업은 기록을 없애는 거예요

서울국제도서전의 주빈국이 프랑스였던 해에 프랑스 출판인들이 준비한 토론회에 참석한 적이 있거든요. 프랑스에서 두 번째로 큰 출판사가 전자책에 관한 출판 비전을 이야기했어요. 전자출판이 나가야 할 길과 종이책의 미래를 같이 이야기하면서, 전자책이 다음 세대 인류에게 미칠 영향을 말하더라고요. 그런데 한국 패널들은 그런 자리에서 우리가 가진 기술력으로는 이북에서 이런저런 기능이 가능하다, 이런 이야기만 하는 거예요. 어느 정도 기간이면 상용화된다 이런 얘기만 하는 거죠. 고민이 없어요.

한국은 어느 산업이든 착취가 만연한데 출판계는 알려지지 않은 게 굉장히 많아요. 책이라는 가치를 만든다는 허세 때문에 더 가려지는 것 같아요. 아이러니하게도 제가 이걸 좋아하고 제가 출판을 할 계획이 있긴 하지만 출판사에 일하는 것은 말리고 싶어요. 제가 일했던 사회적기업도 출판사 없이 책을 만들 수 있는 어떤 대안을 찾으려는 자기 몸부림이었거든요.

업계에서 그런 말을 하는데, 전태일 관련된 책을 내는 출판사라 해도 근로기준법을 지키는 회사는 없다고요. 연장수당은 절대 안 주고 퇴근해서도 일을 해야 해요. 출판인의 노동권, 이런 건 우리 나라에서는 불가능할 것 같아요.

폐업이요? 저한텐 박탈이죠. 생존권 박탈이요. 아무도 내 편이 없죠. 문학 출판사에 다닐 때 등단 권유도 받았는데, 나는 내가 생각하는 사람들만큼 글을 잘 쓰질 못하고 내 글을 남한테 보여 주기 너무 창피해서 안 돼 안 돼 그랬거든요. 그런데 이렇게 몇 번 폐업과 해고, 위장 전술에 당하고 나니 내 목소리를 내는 게 남는 게 아닐까 싶더라고요. 부와 명예를 얻을 수 없더라도 내 결과물을 내는 게 나은 일이 아닐까. 출판사에서 일하면서 종이 쪼가리 붙잡고 있어 봤자 내 이름도 없고, 내가 일했는지 안 했는지 그런 건 고용보험 떼어 봐야 아는 건데 무슨 의미가 있나요.

　　　　책은 지워지지 않아요. 발간한 기억, 기록 자체가 남는 거죠. 그런데 폐업은 기록을 없애는 거잖아요. 잘못된 것들을 리셋시키고 다시 만드는 거잖아요. 모든 사람의 피땀 눈물을 다 한마디로 리셋시키는 거. 노동자한테는 환장할 노릇이고, 자본가한테는 정말 손쉬운 방법이죠. 그렇지만 내 인생은 리셋되는 게 아니잖아요. 거기에 편집자로 투자하고 살아온 내 시간이 있는데. 그리고 '포트폴리오'라고 얘기를 많이 하는데 경력직으로 이동을 할 때 포트폴리오를 써야 하잖아요. 폐업은 정말 인생에 구멍이 뚫리는 것 같은 일이에요. 폐업된 출판사에서 일했다는 건 최악이죠.

[공공의료기관 사무직]

안 해본 게 없는 싸움, 이제 다른 희망이 보인다

오주현 씨 인터뷰 / 림보

2013년 2월 26일, 경상남도는 부채 297억 원인 진주의료원을 폐업하겠다고 발표한다. 103년 역사의 공공의료기관이 폐업을 하는 데 93일이 걸렸다. 100일도 못 채운 시간. 5월 29일 폐업이 확정됐다.
어이없는 폐업 발표를 마주하고 진주의료원 지부는 안 해본 게 없다. 철탑농성, 노숙농성, 단식농성, 폐업반대 주민서명, 의료원 재개원 조례 제정을 위한 주민발의, 곳곳에서 벌어진 1인시위와 온갖 토론회.
아무리 생각해도 폐업은 부당했고, '강성-귀족노조'라는 흑색선전은 억울했다.
싸우는 시간이 길어질수록 제대로 된 공공의료가 무엇인지 생각하게 됐다는 사람들. 진주의료원을 다시 '같이' 만들어 일하고 싶은 사람들.

"진주의료원지부는 아직 남아 있습니다."
폐업 확정 후 7년 반이 지났지만, 진주의료원을 재개원하기 위해 조합은 아직도 움직이고 있다.
스물두 명의 조합원이 남아 일 년에 두세 번 정도의 모임을 이어 오고 있다. 지금은 생계를 해결하기 위해 제조업 노동자로 일하며 조합 활동을 병행하는 진주의료원지부 조합원 오주현 씨를 만났다.

권한이 없는 자에 의한 부당한 폐업

2002년에 의료원에 입사했고요. 비정규직으로 원무과에서 일했어요. 2년 반, 3년 정도 하다가 정규직이 되었습니다. 원무과에서는 주로 접수 수납을 맡아서 5~6년 일하고 총무팀으로 가서는 민원, 인사, 도 정책 관련, 감사 등의 업무를 맡았고, 의료원이 폐업되기 1년 반쯤 전부터 인사와 노무 업무를 했습니다. 폐업 안 됐으면 18년차겠네요. 저희가 공무원 직급 체계와 유사한 호봉제라, 간호직은 8급, 일반 행정직은 9급부터 시작하는데, 폐업 당시 제가 6급이었어요. 폐업투쟁하면서 일반 조합원으로 있다가 중간에 노동조합 사무장도 했고요. 지금도 자기 생계 유지하면서 조합원 자격을 유지하는 분들이 스물두 명 정도 됩니다. 지부장님은 7~8년째 도맡아 싸우고 있죠.

홍준표가 도지사로 당선된 게 2012년도 12월 19일이에요.[1] 보궐선거로 당선됐죠. 2008년에 의료원이 초전동으로 이전했어요. 일제 강점기인 1910년도에 자혜의원으로 설립되고 계속 진주 시내에 있었는데, 이전하면서부터 힘들어지기 시작했죠. 규모는 커졌지만, 막상 그 동네가 논밭만 있던 동네였거든요. 너무 외진 곳이고 교통편도 없다 보니 환자들이 오기도 불편하고 해서 수용률이 많이 떨어졌었죠.

(환자들이 오지 않아 수익이 없으니) 임금도 몇 개월, 평균 3개월 정도는 계속 체불이었어요. 지방의료원은 독립채산제[2]로 운영하게 되어 있어요. 자기 월급은 벌어서 해야 하는 거죠. 나라에서 해주는 게 아니에요. 일반적인 병원 운영이나 의료 행위에 대한 지원은 있었어요. 도에 보건행정과가 있는데 노인 진료나 장애

---

[1] 김두관 전 지사가 대선 후보로 출마하면서 대선과 동시에 치른 보궐선거에서 홍준표가 경남도지사로 당선되었다.

인 진료, 저소득층 진료라든지, 일반 시민을 대상으로 하는 대민 진료에 대해서는 청구하면 도에서 검토하고, 그에 대한 지원을 줬어요. 근데 급여는 절대 안 나와요. 저희가 갚아야 하는 돈,[3] 당장 매달 거래처들에 지불할 돈을 다 주고 나면 급여를 지급하기에 턱없이 부족했어요. 가만 앉아 있어도 정부에서 때 되면 월급을 준다면야 공무원이지만, 우리는 우리가 벌어 썼어요. 준공무원이라고 하면 세금으로 다 월급 받는 줄 아는데 우리는 그런 체계가 아니거든요.

　　　　　　지방의료원의 실질적인 관리 주체는 도예요. 도립병원이거든요. 홍준표가 폐업 발표를 해버리긴 했지만,[4] 사실 도지사한테 실질적으로 권한은 없어요. 조례에 의하지 않고서는 폐업을 할 수 없거든요. 그 조례에 보면 이사회나 이런 정당한 절차를 밟아야 한다고 나와 있어요. 그래서 이후 몇 년의 싸움을 거쳐 '권한이 없는 자에 의한 부당한 폐업'이라고 대법원 판결을 받았어요. 그런데 이게 벌써 문을 닫고 몇 년이 흘러 버렸고, 다시 세울 방법이 없는 거예요. 잘 모르는 분들도 있겠지만, 대법원 판결 자체는 폐업이 부당하다고 이미 났습니다.[5]

---

[2]　　독립채산제는 공기업의 이윤을 극대화하기 위한 경영방식이다. 지방의료원은 시민의 복리를 더 중시하며 직접 운영해 오다가 1982년부터 독립채산제 운영을 시작했다. "1982년 7월 1일부터 지방공사의료원으로 개칭되면서 직접경영방식으로 운영되었던 시·도립병원이 간접경영방식으로 운영체가 개편되었다. 「지방공기업법」 제3조 (경영의 기본원칙)에 의거 기업의 경제성과 공공복리를 증대하도록 운영함으로써 공기업의 특성인 공공성과 경제성을 동시에 실현할 수 있도록 하였으며 특별회계 제도를 채택함으로써 독립채산제 운영을 하도록 하였다." (홍미영, 『지방의료원 경영성과의 결정요인 분석』, 연세대학교 보건행정학과 대학원, 석사학위 논문, 2009)

[3]　　진주의료원을 신축 이전하면서 생긴 부채와 이자도 있었지만, 그 외에 운영의 곤란을 해결하기 위해 시도의 개발기금 등을 빌려 쓴 부채도 상당했다.

[4]　　「누적 적자 300억원 진주의료원 경남도 결국 폐업 결정」, 『뉴스1』, 김동수 기자, 2013년 2월 26일자 기사.

돈은 많이 받는데 일은 안 한다?

　　폐업 반대에 대한 진주 시민들의 지지가 제 개인적으로 봤을 때는 높진 않았던 것 같습니다. 솔직히 70~80퍼센트까진 안 돼도 60~70퍼센트 정도는 나올 줄 알았거든요. 과반수 겨우 조금 넘었어요. 낮은 건 아닌데 더 전폭적인 지지를 받을 줄 알았거든요. 근데 밖에 나가면 또 아니더라고요. 홍준표가 우리보다 홍보를 더 많이 하니까. 나라 세금으로 의료원 폐업하자고 신문광고[6] 내는 데가 어디 있습니까? 특히나 나이 드신 분들은 그걸 다 믿는 거죠. 젊은 분들 중에서도 내가 병원 갈 일 없는데, 진주시에 병원도 많은데 하는 분들이 계셨던 거죠. 의료원 하나 없어진다 한들 큰일 나겠냐는 인식이 좀 많았죠.

　　홍준표가 말한 폐업 이유는 이거였어요. 진주의료원 노동조합은 강성귀족노조다, 돈은 많이 받는데 일은 안 한다, 그래서 폐업해야 된다. '귀족노조'라는 프레임도 자기들이 편법으로 만든 거예요. 자기들 홍보지에 저희가 연봉 4천만 원, 5천만 원 받는다고 하는데 택도 없는 소립니다. 제가 그때 폐업되면서 연말정산 해보니까 3천만 원이에요. 6급 11호봉인데, 10년 일한 월급이 그 정도였어요. 일반공무원 6급이었으면 그때 5천만 원 넘었을 거예

5　"대법원 3부(주심 김신 대법관)는 "홍준표 도지사의 폐업결정이 위법하지만 사후적으로 도의회가 진주의료원 해산 조례를 제정함으로써 진주의료원 폐업상태는 사후적으로 정당화되었다"며 "법원이 도지사의 폐업결정을 취소하더라도 원상회복(진주의료원 재개원)은 불가해 소의 이익을 인정할 수 없다"고 밝혔다. … 대법원은 진주의료원 폐업을 '무권한자의 행위'로서 '위법'하다고 판결했고, 경남도가 공무원들을 동원하여 입원환자들의 강제퇴원을 종용한 것 또한 '위법'하다고 판결했다." ("[성명서] 진주의료원 폐업 관련 대법원 판결에 대한 입장(0831)", 전국보건의료산업노동조합, 2016년 8월 31일)

6　『진주의료원 관련 경남도 홍보 내용 및 지출 내역』에 따르면, '신문, 방송 등을 통한 홍보광고비'로 책정된 2억 4천 8백만 원 중 8천 2백여 만 원을 '진주의료원 폐쇄'를 위한 광고비용으로 사용했다. (2013년 7월 3일자 한정애 의원실 보도자료 참조)

요. 호봉제로 공무원 임금 체계랑 비슷하지만, 공무원 임금의 80퍼센트를 적용하거든요. 9급 1호봉이 1만 원을 받으면 저희는 8천 원을 받았어요. 우리는 공공기관일 뿐이지 공무원이 아니니까요. 근데 그 당시 의사들 평균 급여는 월 천만 원을 다 넘겼거든요. 의사들 월급하고 합치고 n분의 1로 해버리니까 우리 급여가 올라가는 거죠. 밑에 있는 직원들은 다 체불인데 의사들 월급은 다 주고. 그것 때문에 평균월급은 오르고. 그런 걸 설명해도 사람들은 모르는 거죠. 당연히 아, 여기 노조가 이 돈 다 받아가는구나 그러는 거죠.

옛날부터 '도립병원은 의료수준, 질이 떨어진다. 가난한 사람에게만 진료를 해준다. 없는 사람들 다니는 병원이다' 하니까 사람들이 꺼리는지도 모르겠어요. 원래 의료 사각지대에 있는 사람들을 진료하는 게 공공병원의 첫 번째 목적이거든요. 그런 걸 하니까 당연히 수익이 많이 안 나는 거예요. 일반 민간병원 같은 경우에는 고가의 장비를 들여 와서 비싼, 의료보험 안 되는 그런 진료를 다량으로 시키고 과잉진료도 하면서 수익을 내잖아요. 왜냐면 과잉진료를 안 하면요, 병원에서는 수익이 안 됩니다. 감기로 병원 온 사람에게 '며칠 쉬면 됩니다' 이래도 되는데 가서 사진 찍고 피 빼고 이리저리 다니게 해버리면 몇 만 원 나오는 거죠.

저희는 일반보험으로 들어오는 환자보다는 의료보호로 국가가 지원하는 사람들을 진료하는 곳이에요. 그 사람들은 진료비를 안 내거든요. 보험환자도 많긴 많은데, 보험환자보다는 보호환자가 다른 일반 민간병원에 비해서는 월등히 많죠. 그분들은 정부에서 주는 돈으로 생활하는 분들이고, 그분들이 우리 병원에서 마음 편히 진료를 받고 가면, 저희가 도에 진료비를 청구해요. 그럼 그걸 정부에서 세금으로 주는 겁니다. 그런 형태로 되니까 공공병원은 수익이 날 수 없는 구조인 거예요.

홍준표가 보궐 선거로 당선되고 2개월 만인 2013년 2월

26일에 폐업을 발표했거든요. 그때 당시 홍준표 공약 중에 하나로 경남도청 서부청사 건립이 있었어요. 도청이 창원에 있으니 서부 경남 사람들이 도청 업무 보기 힘들다는 거였죠. 경남도청 서부청사가 기존 진주의료원 자리에 들어간 거예요. 그래야 서부 경남지역 표를 자기가 모을 수 있으니까요. 그 당시 도 채무, 재정이 많이 안 좋았고 새로 지으려면 비용이 많이 드니까 의료원 문 닫고 거기 들어간 겁니다. 게다가 의료원은 2008년에 신축 이전해서, 지은 지 5년밖에 안 된 건물이었거든요. 지금 여기에 세 개 국이 들어가서 한 300명이 근무하고 있죠. 진주보건소도 그리로 들어갔고요.

우리도 처음에 싸울 때는 긴가민가했어요. 의료원 폐업은 결국 강성귀족노조 탓이 아니라, 자기 공약을 실현하고 정치적인 발판을 마련하기 위한 수단이었죠. 그 뒤에 새누리당 당대표 되고, 대선후보까지 갔잖아요. 대선 토론회 때도 내가 이 의료원 다 없앴다면서, 그걸 자기 치적으로 내세웠잖아요. 적자가 문제라서 청산한 거라면, 국고로 환수시킨다든지 그렇게 했어야죠. 그런데 그런 정확한 내막을 시민들은 잘 모르는 거예요. 그리고 시민들 입장에서는 진주 시내에 병원이 많으니까. 와, 서부청사 들어오면 좋겠다고 많이 생각했던 것 같아요.

철탑농성, 노숙농성

제일 기억에 남는 건 지부장님하고 진주시민대책위 공동대표 중 한 분이 철탑농성[7]을 한 거예요. 초반에 큰 이슈였죠. 이분들이 철탑에 올라갔을 때 조합원들은 서울 보건복지부 앞에 가 있었는데, 우리도 정말 아무도 몰랐어요. 지부장님도 절박했을 거예요. 그 덕분에 우리 의료원 폐업 문제가 더 많이 알려진 건 있죠. 보통사람들은 '폐업한다는데 저 정도로 할 문젠가' 그렇게 생각할 거잖아요. 농성이 길진 않았어요. 올라가고 바로 도청하고 협의에 들어갔고, '재검토하겠다', '다시 논의해 보자' 이런 말에 속아서 내려온 거죠. 내려오자마자 홍준표는 처음하고 똑같이 했으니까요. 이왕 올라간 거 확실하게 답을 받고 내려왔으면 좋았을 텐데, 저는 그게 가장 아쉽더라고요.

우리는 아주 관공서를 다 돌았어요. 도의회, 도청, 보건복지부…. 도의회 앞에서도 몇 박 며칠을 잤습니다. 왜냐면 조례를 만드는 곳이 도의회이고 거기서 방망이를 두드려야 결정이 나거든요. 거의 200일간 도의회 농성할 때는 우리와 같이 싸우던 시민사회단체가 상당히 많았어요. 경남 쪽 단체는 물론이고 전국적으로도 많이 찾아오시고, 정계에서도 찾아오고, 소수였지만 도내 민주당, 무소속, 통합진보당까지 우리를 많이 도와주시고 그분들이 의회에서 많은 활동을 하셨죠. 근데 도의원 54명 중에 45~46명이 새누리당이니까 중간 과정의 상임위 본회의가 난리도 아니었습니다. 의원들끼리 싸우고, 끄집어 내리고. 날치기 통과[8] 아시죠? 지금도 국회에서 한 번씩 하는 그런 걸 졸속적으로 해서 진행한 거죠.

---

[7] 2013년 4월 16일, 박석용 전국보건의료산업노동조합 진주의료원지부장과 강수동 민주노총 진주지역협의회 의장(의료공공성 확보와 진주의료원 폐업철회를 위한 진주시민대책위 공동대표)은 경남도청 신관 옥상 방송철탑에 올랐다. '대통령이 나서라', '폐업 조례안 유보하라'는 펼침막을 걸어 놓고 고공농성을 벌였다. 경남도가 의료원 폐업을 한 달간 유보하고 대화를 하겠다고 민주노총·보건의료노조와 합의한 23일, 8일 만에 농성을 해제했다.

[8] 「진주의료원 해산 조례 날치기 경남도의회에선 무슨 일이…」, 『한겨레』, 최상원 기자, 2013년 4월 13일자 기사.

여기서도 노조할 거냐고 다 물어 봤어요

폐업 처리 하고 폐업이 완전히 청산 절차까지 간 건 그해 9월인데요. 그때 절차는 도에서 다 했지만, 당장 우리는 은행에서 빌린 돈을 갚아 버리고 나니 남는 돈도 별로 없는 상황이고, 당장의 생계 문제가 제일 컸죠. 그래서 저도 그 싸움에 한 5년 열심히 하다가, 이제 애들도 크고 도무지 생계가 안 되니까, 2017년부터 제조업종에 다니고 있어요. 저는 활동을 조금조금씩만 하고, 나머지는 지부장님이 도맡았죠.

조합 모임은 1년에 두세 번 정도, 특별한 일 있으면 모이는 정도고요. 지금 스물두 명인데 많이 오면 열네댓 명 정도 모이는 상황입니다. 그래도 상당히 많은 조합원들이 2~3년은 같이 버텼어요. 처음 폐업 발표 났을 때 일흔여 명이 남아 있었고, 차차 쉰 명 정도로 줄었어요. 남은 사람 대부분이 간호 파트예요. 일반 사무행정직들은 폐업하고 나가라 할 때 서명하고 거의 많이 나갔고, 간호사분들이 많이 남았죠. 생계가 급한 분들은 취업을 하고도 조합 활동을 같이 해가고 했어요. 거의 대부분은 1년 정도까지 생계는 미뤄 두고 활동을 한 거죠.

워낙 홍준표 쪽에서 홍보를 많이 해놓으니까 진주의료원 직원들은 주홍글씨가 다 새겨져 있었어요. 한 예로 같은 사무직에 있던 젊은 서울 사람이 있었는데, 그이가 서울에 취업을 하려고 이력서에 진주의료원 근무 경력을 적어 냈더니만, 당장 물어보더라는 거죠. '너 노조 얼마만큼 활동했냐', '적극적으로 했냐'고. 결과는 어쨌든 안 되긴 했어요. 그리고 일반 간호사들도 마찬가지였어요. 젊은 분이나 나이가 있는 분이나 진주에 병원이 많으니까 개인병원이든 좀 큰 병원이든 이력서를 다 냈는데, 진주의료원 경력 적으면 다 물어보더라는 거죠. 근데 간호사들은 그 경력을 안 넣으면 10년이라는 시간 공백이 뻥 생기잖아요. 안 적어도 문제죠. 앉혀 놓고 다음에도 할 거냐, 여기 와서도 그런 거 할 거냐 다 물어봤다고 해요. 이게 몇 년 갔어요. 얼마나 적극적으로 했냐, 여기서도 할 거냐고 묻고. 안 할 거라고 서명하라는 데도 있었어요. 노동조합에 대한 낙인은 개인병원이 아닌 이상 면접 보는 자리에서 다 얘기가 나왔어요.

공공의료는 정부의 마인드와 의지 문제

의료 사각지대에 놓인 사람이 생각보다 많거든요. 특히나 이런 촌 지역은. 물론 서울 지역도 빈곤층이 많고 영세한 사람도 많겠지만 이런 데서는 우리가 보지도 못한 의료 사각지대에 있는 사람들이 많거든요. 근데 그것을 돈으로 해결하려면, 그 사람들은 진료를 전혀 받을 수가 없어요. 그런 의료 사각지대에 놓여 있는 사람들을 챙기고 보듬어 줄 수 있는 데가 공공병원이거든요. 그건 국가에서, 정부가 시책으로 하는 수밖에 없어요.

그런데 정부도 재정 얘기를 하는 거죠. 코로나 때문에 재정이 없으면, 이주민 지원하던 예산이 삭감되기도 하고. 정부도 거기에 대해 해명을 하기야 하겠지만 그렇게 해서는 안 된다고 봐요. 조직의 재정이라는 건 예산을 어떻게 짜느냐에 따라서 다르게 할 수가 있거든요. 출산장려금을 대폭 지원하겠다 하면, 매년 보도블럭 뜯어서 바꾸는 예산을 저쪽으로 돌리면 되거든요. 그건 조직 수장의 마인드고 철학이라고 봐요. 돈을 어디에 쓰느냐에 따라서 달라지는 거라고 봐요. 돈이 없어서 이주민 지원을 없앨 게 아니라, 코로나 때문에 재정이 없다고 핑계를 댈 게 아니라. 코로나 때문에 어차피 집행하기 어려운 건설 자본이나 이런 걸 이쪽에 쓰면 되는 거거든요. 제가 봤을 때는 정부의 의지 문제입니다. 사람의 생명, 건강과 생명에 직결되는 부분은 절대 놓아서는 안 된다고, 그게 공공의료라고 생각해요.

사실 원장 이하 관리자들, 그리고 도에서 잘못 운영한 것도 큽니다. 저희는 모든 걸 도에다가 보고하고, 중요 결정사항은 도의 의견을 따라야 하고, 매년 도와 도의회의 감사를 받아요. 감사에서 지적을 받아서 새로운 시스템을 적용해야 했는데, 이게 잘 안 되는 것 같으니 도에서 파견공무원이 나왔어요. 신축되고 나서 2009년부터 왔거든요. 의료라는 것은 의사나 원장이 어떻게 하느냐에 따라서 또 많이 바뀌어요. 도의 관리감독이나 원장의 마인드도 중요한데 모든 책임을 우리한테 떠넘긴 거죠.

외곽으로 빠졌으면 환자가 올 방법이 어렵잖아요. 그럼 진주시와 빨리 협의해서 버스를 이쪽으로 끌어온다든지, 노선을 증설해서 환자들이 더 많이 오도록 했어야죠. 버스 노선 들어온 게 폐업하기 1년 전에 됐나? 옛날부터 추진했는데 안 되었던 거예요. 계속 시하고 협의가 안 되고 해서요. 그런 걸 빨리 추진되게 해줘야 하고, 열악한 장비가 있으면 새것으로 또 빨리 바꿔 줬어야 해요. 의사가 많이 부족한데 원장 혼자만 발로 뛸 게 아니라 도에서도 정부 시책을 어떻게 해서라도 바꿔 냈어야 하는 것이고요. 민간병원처럼 원장한테 다 맡겨 두면 안 되는 거죠. 어차피 도에서 다 관리해야 하는 거니까요. 같이 협의하고 논의하면서 진행해야 하는데, 그냥 서류 한 장 던져 주면서 이거 이렇게 바꿔라 이런 식이었어요. 솔직히 정부에서 받쳐주지 않고서는 공공의료가 참 어렵죠.

우리나라 공공병원 병상 수가 10퍼센트 이하이거든요. OECD 국가 중 꼴지예요. 그런 상황에서 공공병원이 하나 없어진 거잖아요. 만약에 서부 경남에서, 진주에서 코로나 확진자가 나왔다 그러면, 어디로 가겠어요.

그런 고가 비용이 들어가는 설비를 해놓고, 인력을 뽑아

놓고, 너희 뭐하는 거냐 이런 식이면 답이 없는 거죠. 국가에서 국민의 건강과 생명을 책임질 이유가 없는 거죠. 다들 돈 벌어서 개인병원 가라고 하면 돈 있는 사람만 살고 돈 없는 사람은 죽으라는 얘기지.

가장 좋은 방법은 북유럽에 있는 나라들처럼 정부가 무상의료를 하는 거예요. 무상의료라고 해서 '무료', '공짜'라는 건 아니고요. 돈이 없어도 차별 없이 치료받을 수 있어야 한다는 겁니다. 의료는 국가가 책임져야 하는 것이라고 생각하면 공공병원 폐업 같은 일을 겪을 일이 없겠죠. 이런 얘기는 옛날부터 나왔던 얘기예요.

직장을 잃고 싸운다는 것

우리도 잘 몰랐어요 이 싸움을 하면서 공공병원의 중요성이나 역할이 얼마나 중요한지 배우게 됐습니다. 폐업하기 전인 2009년에 신종플루가 왔었는데, 그때 중환자실 통째로, 병실 한 층을 통째로 신종플루 환자를 위해 썼어요. 진료했던 사람만 만여 명 될 정도로 상당히 많았어요. 진주 시내에 있는 모든 병원 놔두고 우리 병원으로 올 정도였으니까요. 공공병원이기 때문에 도나 정부에서 정부시책으로 하라고 하면 우리는 안 할 수가 없는 거거든요. 그런 역할을 하면서 우리 직원들도 스스로 '아 이런 것 때문에 우리가 필요하구나', 일정 정도의 자부심을 느꼈었죠.

물론 '공공병원을 우리가 지켜야 된다' 이게 다라면 거짓말이죠. 결국 자기 생계일 수밖에 없죠. 공공병원이라는 이슈에 엮여 있지만 저희도 다 노동자거든요. 자기 삶이 있고, 생계도 꾸려 가야 되고요. 그 상황에서 공공의료에 대한 중요성을 느끼고 있지만, 제조업이나 대기업에서 일하는 사람들처럼 우리도 노동자잖아요. 급작스럽게 이렇게 발표하고 해버리니까, 당연히 조합원이나 직원들은 거기에 대해서 맞서 싸우는 것밖에 할 게 없죠.

　　　김경수 도지사가 되고 나서 의료원 재개원 얘기가 속도를 내고 있기는 하지만, 얼마나 걸릴지는 아무도 모르죠. 오래 걸리면 10년도 걸린다더라고요. 오래 걸리더라도 차근차근 과정을 밟아서 도민들이 응원하고, 또 같이 만들어 가는 공공의료기관이 되기를 바랄 뿐입니다.

에필로그
&
알아 두면 좋은
용어 설명

[쓰는 여자 이야기]

세계를 떠받치는 사람들의 이야기

하은

나의 일

백화점에서 와인 파는 일을 했었다. 인테리어의 일부처럼 매장에 종일 세워져 있는 것이 돈이 되었다. 별 기술도 능력도 자격도 '필요 없다'고 했다. 다만 몸을 쉬지 않고, 머리를 굴리고, 마음을 쏟고, 눈치를 살피고, '정신' 바짝 차려야만 돈을 벌 수 있었다. 밥을 먹고, 길을 걷고, 잠에 드는 나의 모든 생활 중 얼마만큼이 '일하고 돈 버는 데' 쓰이고 있을까. 삶의 모든 순간이 어느 정도는 '일하는 나'로 존재하기 위해 쓰이고 있는지도 모른다. 존재에게 지불되는 돈의 경계는 어떻게 지어지는 걸까.

'○○백화점' 협력업체인 '○○주류'의 하청(외주업체) '○○○와인'의 하청 '○인력업체' 소속 이벤트 판매직 직원. 언제 관둬도 이상하지 않을 것 같은, 직장 아닌 직장. '이번 달까지만 하고 때려치운다'고 다짐했지만, 친해진 매장 언니들, 명절 때 고생하고 한가할 때 관두면 아까우니까, 일주일 뒤에 사러 오겠다는 고객의 말…. 이런 별것 아닌 이유들이 꾸역꾸역 일할 수 있게 했다.

여성, 소규모, 폐업투쟁 사업장 기록팀 제안을 받았을 때, 3년 동안 일했던 백화점 와인숍에서 잘렸다. 이전 매니저가 임신을 하고 새로 온 매니저는 '물갈이'를 원했다. 생각이 나아가는 듯하다가, '내가 뭘 잘못했을까?'에서 자꾸만 맴돌았다. 어떻게 싸웠어야, 나를 함부로 대하지 못하게 했을까. 몇 달이 지나고 와인숍 매니저가 나오는 꿈을 종종 꾸었다. 알 수 없는 더러운 기분에 눈이 번쩍 떠지고, 꿈속의 장면들이 하나씩 떠오른다. '또 나왔구나.'

이런 경험이 도움이 되는 때도 있었다. 폐업 기록에 참여하기로 하고 집회에 갔다가, 연대 발언에 당첨(?)되었다. 마이크를 쥐고 횡설수설하는 중에, 전날 밤 매니저가 꿈에 나온 얘기를 하게 되었다. 집회가 끝나고 다같이 밥을 먹는데 레이테크 조합원 분이 다가왔다. '나도 꿈에 가끔 사장이 나오는데, 하은 씨도 그랬다고 하니까 너무 안쓰럽네' 하며 내 편을 들어주었다.

당신이 경험한 폐업

코로나19로 인해 폐업은 정말 '일상'이 되었다. '상황이 어려우니 어쩔 수 없지' 지나치게 쉬웠다. 초국가적 신자유주의, 글로벌 무한경쟁, 저성장 시대에, 이제 상시적 전염병의 시대까지. '노답', 시대가 어려우니 폐업은 '어쩔 수 없다'고 한다.

폐업은 재산상의 '자유'이니, 폐업으로 인해 일하는 이들의 삶이 바뀌는 것은 고려하지 않아도 되는 일처럼 여겨진다. 회사가 어렵지 않아도, 이익만 남기면 되니까. 팔아 치우든, 없애 버리든, 없앤다고 했다가 사람만 자르고 다시 운영해도[1] 아무도 뭐라 하지 않는다. 그렇게 회사가 사라진 자리에 일하던 이들이 남겨진다. 이들은 어떻게 자신의 '일'과 헤어지게 될까.

폐업의 상황에서 싸우는 사람들이 있다. 성진 조합원들은 성진의 원

---

1   신영은 2019년 12월 31일 청산을 철회했다.

청회사인 코오롱글로텍이 입주해 있는 마곡 '원앤온리타워' 앞에서 주 4일 피켓을 들고 서 있었다. 그 맞은편에는 거꾸로 서 있는 코끼리 모형의 조형물이 있다.

"다른 세상에서 만들어진 것 같은 제스처, 그런 움직임을 실제 우리 현실 속에서 어떻게 보여 줄 수 있을지를 표현하고 싶었습니다." (다니엘 피르망, '코끼리'의 제작자)

중력의 장소에서 무중력을 흉내 내야 하는 코끼리처럼 기이한 모습이 있을까. 무게를 전혀 느끼지 않고 무한히 상승할 수 있는 다른 세계가 도무지 상상되지 않았다. 벗어날 수 없는 중력, 지구에 사는 코끼리가 다른 세계의 무중력을 흉내 내기 위해 코로 몸뚱이를 떠받들고 있다. 가혹하게도 코끼리의 얇은 코는 아찔하게 무게를 버틴다. 버티고 또 버틴다. 버텨서 문제다. 어떻게 버텨지는 걸까. 언제까지 저렇게 버티고 살 수 있을까.

회사가 사라졌다

2019년 4월 12일 금천구청 앞. 마이크에 대고 한 번도 말해 본 적 없다는 고기자 씨가 떨리는 목소리로 이야기했다. 월급은 조금이지만 결혼하고 첫 직장이었다, 얼굴 처박고 저녁 끝날 때까지 일하다가, 끝나서 언니들하고 저녁 먹고, 그렇게 18년인데, 가족보다 더 가깝게 지낸 세월인데, 이제는…. 먹먹하여 말 끝자락이 흐려진다.

"빨리 잘 되어 가지고, 현장으로 돌아가서 일하고 싶습니다."

그로부터 두 달이 지났고, 합의서에 서명을 앞두고 있었다. 6월 26일, 서울남부지역 노동열사문화제 무대에 성진 조합원들이 율동 공연을 한다 했다. 두 달 내내 연습으로 전전긍긍하던 모습이 무색하게 흰 티에 청바지를 입은 모습이 예쁘다. "우리가 지쳤다고 믿는다면 그건 하룻밤의 꿈이라는 걸"[2] 가사마다 손끝 발끝이 맞아 떨어지는 순간이 조명 빛에 번진다. 사무실에서 직접 만들었다는 김치가 다 떨어지고, 편육만 잔뜩 담은 접시를 나르는 분주한 손들. 수고하셨습니다, 수고하셨습니다, 주인 모를 목소리가 정신없는 뒤풀이 자리에서 언제 마지막 인사가 될지 모르기에 아는 얼굴을 열심히 찾는다.

회사는 끝이지만 우리는 끝이 아니니까

2019년 6월 28일, LG 쌍둥이 빌딩 앞. 성진 조합원들이 신영 집회에 마지막으로 함께했다. 이틀 전 무대 위의 율동을 길가에서 다시 본다. 그때의 긴장은 사라지고 글썽이는 눈빛이 남았다. 성진, 신영 조합원들이 서로를 꼭 껴안는다.

---

[2] '처음처럼'(조국과 청춘, 4집)의 노래가사. 성진씨에스와 하이텍 조합원들이 합동 공연을 할 때 맞춰 춤추었던 노래이다.

9월 3일, 신영이 투쟁을 마무리 짓던 날 밤. '승리보고대회'를 하는 동안 조합원들이 마당에 열린 대추를 잔뜩 땄다. 우산으로 툭툭 건드리니 한 보따리가 되었다. 이게 좀 더 지나서 익으면 진짜 달아진다고, 예전엔 대추도 못 따게 했었다고, 사람이 몇백 명이니 하나 둘 손 타기 시작하면 남아나질 않았다는 얘기를 들으며, 꽉꽉하니 어중띠게 달 듯 말 듯한 대추를 씹는다. 참석자들이 썰물처럼 빠져나간 마당에 돗자리를 깔고 열 명 남짓 남아 술을 마시고 있다. 조합원 수미 씨가 아들과 통화한다. "어 엄마 회사야"로 시작하는 전화를 끊고서는 "참나, 엄마나 빨리 들어오래"라며 주변 동료들에게 전한다. 엄마 회사야, 라는 말에서 느껴지는 당당한 기분. 수미 씨는 꼭 실업급여 입금 내역이 찍힌 걸 가족 채팅창에 보여 준다고 했다.

"나도 이런 쓸모가 있는 사람이야. 나도 돈 벌어 오고 있어 증명해야지. 그래야 떳떳하게 다니지."

옆에 앉은 선이 씨에게 "앞으로 뭐 하고 싶으세요?" 말 걸어 본다. 선이 씨는 신영에서 12년 동안 일했다.

"앞으로는 잘 모르겠고. 매일이 행복한 게 중요한 것 같아요. 멀게 보고 뭐 한다고 생각하면서 오늘이 힘든 건 난 거짓말 같아. 가식 같아 그건. 나는 오늘도, 그냥 좋았어요. 언니들이 하나하나 준비하고, 사회도 보고 그랬다는 게. 언니들이랑 매일매일 웃긴 일이나 재밌게 한 것들이 많아서. 나는 미화시키는 그런 게 싫더라고요. 마냥 좋게 보이려고 하는 거. 그런 건 다 가식 같아서. 그래서 영화 <공동정범>처럼 그 과정에서 우리가, 좋아 보이지 않더라도 그랬다는 걸 있는 그대로 보이는 게 좋은 거라고 생각해요."

그냥 좋았다고, 그 말 속에 켜켜이 쌓인 애쓰고 애썼던 날들을 누가 알 수 있을까.

회사가 사라졌다

막차가 끊길 시간 즈음 남은 사람들이 마당에 깔았던 은박 매트를 돌돌 말아 치운다. 서현 씨가 마당 바로 옆 건물을 가리키며 말한다. "여기서 진짜, 얼~마나 더웠는지. 아주 온몸이 땀에 절어서." "이것도 공장이었어요?" "여기지. 진짜 너무 더워, 들어가기도 싫었는데"라는 말이 그리움으로 들린다. "이제 우리, 오늘이 퇴사야."

마지막 날도 회의실 책상으로 만든 탁구대에서 탁구를 치고, 울퉁불퉁한 다이어트 훌라후프를 돌린다. 정숙 씨는 늘 지키던 그 자리에 아직 앉아 있다. 그 옆에서 정숙 씨와 친한 조합원분이 수어로 영상통화를 한다. 분회장님이 농성장에 두었던 책을 정리하고 나서도 남은 책이 잔뜩 있다. 정숙 씨가 집에서 가져왔던 책이다. "내일 챙겨가야지. 무거워서 오늘은 못 가져가." 자정이 넘어가고 다들 잘 준비를 한다. 화장실에서 옷을 갈아입고, 양치질과 세수를 하고, 텐트를 치고, 모기향을 피운다. 정숙 씨가 새벽 한 시가 넘어서 자전거를 타고 집에 간다고 하여, 따라 마중 나간다. 계단 앞까지 쫓아갔는데 "나는 계단이 좀 오래 걸려. 혼자 가는 게 편해. 아 괜찮으니까. 불편해서 그래 내가. 빨리 들어가. 빨리 들어가." 인사를 하고, 또 하고 또 한다. 한 칸 한 칸 천천히 내딛는 뒷모습이 계단에 가려 사라진다.

사무실의 불이 다 꺼지고 선풍기가 슬슬 돌아가고 있다. 텐트 안에서는 보고대회 하느라 놓쳤던 일일 드라마를 휴대폰으로 보고 있다. "아니 그럼 재랑 재랑 바뀐 거예요?" "쟤가 쟤 친아들인데, 저 손주가 그럼 친손주가 아닌데 사실 친손주인 거지?" 하며 설명해 주다가 장면을 놓쳤다고 세 번이나 다시 앞으로 돌려 본다. 드라마도 끝나고, 이제 자야지 하면서, 그래 정말 마지막이네, 진짜. '나는 스무 살 때부터 여기 다녔는데 올해까지 다녔으면 21년인데' 하니까 '너는 그럼 집 두 채는 샀어야겠다. 집 두 채 샀냐' 하고 그렇게 저문 밤.

'내 회사'에서 20년을 일하고도, 사장실과 회의실, 파티션과 책상, 등받이 의자, 컴퓨터, 에어컨, 휴게실, 탕비실이 있는 이 건물엔 와 볼 일이 없었다. 노조를 꾸리고, 폐업을 하고 이 건물에 농성장을 꾸리고 나서야 비로소 '내

자리'가 되었다. 집보다 오래 있는 곳. 내가 있는 것이 타당한 자리. 이제 두 번 다시 올 빌미가 없어진 이곳에서 이들이 마지막 잠을 청하는 순간을 무어라 적을 수 있을까.

무엇을 기록할 것인가? 티도 안 나는데 애쓰며 사는 사람들, 그 '애씀'이 별 볼 일 없어서 '자격 없다'라고 하는 세상. 일하고, 헤어지고, 변하고, 싸우는 사람들의 말을 들었다. 먹고사는 일이 무겁게 가라앉는 이곳에서 동동 뜬 코끼리가 있다면, 사실 그건 떠 있는 게 아니라 떠받쳐지고 있는 걸지도 모르겠다. 세계를 무겁게 떠받치고 있는 사람들과 이야기를 만난 날들이었다.

회사가 사라졌다

〔쓰는 여자 이야기〕

폐업은 끝이 나는 일일까

희정

폐업은 끝이 나는 일일까. 사업체가 문을 닫고 운영을 끝내는 것을 두고 폐업이라 하지만, 일하는 사람에게 폐업은 실직의 시작이다. 실직과 구직 활동의 시작. 말없이 떠난 사람도, 회사를 붙잡고 온몸으로 막아본 사람도 결국은 구직 행렬에 동참한다.

우리가 만난 사람들도 일을 찾아가야 했다. 폐업 투쟁의 결과로 위로금을 받든 체불임금만 남든, 그 사실만은 공평했다. 공평하게도 잔혹했다. 그들을 거리로 내몬 사장들이 모여 만든 세상이었다. 세상은 폐업한 업체의 사장들과 다를 바 없이 굴었다. 나이가 든 여성이기에 더 적은 보수를 주어도 된다고 했다. 쉽게 내보낼 수 있다고 생각했다. 때론 채용 자체를 꺼렸다.

우리가 만난 여자들은 새로 구한 일이 이상하게 적응하기 힘들다고 했다. 폐업된 회사에서 코피 쏟으면서도 생산라인을 멈추지 않던 여성들이었다. 이들이 달라진 것이 아니다. 세상이 이들에게 그런 일자리만 내놓았다. 더 고되고 더 부대끼는 일. 강단 넘치던 이가 새로 들어간 직장이 너무 힘들다고 할 때, 어쩐지 내 마음 한 귀퉁이가 무너졌다. 그리고 받는 돈이 실업급여보다 100원 더 많다며 이들은 웃었다. 정규직, 주 5일 출근, 4대보험 같은 것들로 이뤄지는 '직장다운 직장'은 폐업투쟁한다고 한 살 더 먹어 버린 여자들에게 자리를 주지 않았다. 이들에게는 파견직, 시간제 근무, 비정규직같이 불안정 노동을 대표하는 단어들이 더 익숙해졌다.

신영 노동자들은 1년의 투쟁 끝에 보상금을 받았으나 협동조합(사회적기업)은 쉬이 만들어지지 않았다. 경기 침체로 자영업 폐업률은 점점 높아질 때였다. 성진이나 레이테크도 별다를 것은 없었다. 나이가 제법 있는 사람들은 요양보호나 간병 일을 배우러 갔다. 젊은 축에 드는 사람들은 간호조무사 학원에 갔다. 국가가 지원한다는 여자 일자리가 주로 그것들이었다. 여성에 대한 국가의 상상력도 사장들만큼이나 납작했다.

끝까지 함께 가고 싶다던 레이테크 노동자들의 바람은 이루어지지 않았다. 복직 판정을 받고 다시 출근을 했으나, 안성 공장까지 가서 일 없이 우두커니 앉아 오는 일이 많았다. 휴업이 반복되더니 어느 날 사장은 회사 문을 닫을 것이라 했다. 회사 빚이 많으니 개인 회생을 한다고 했다. 포장부서 사람들은 회사를 나왔다. 올해(2020년) 2월의 일이다. 하지만 회사는 문을 닫지 않았다. 체불된 임금마저 지급하지 않았다. 조합원은 20여 명, 체불된 임금은 총 3억 7천여만 원이었다. 요즘도 검찰청 앞에서 1인시위를 했다. 이들은 사장의 처벌을 원했다.

직장은 사라졌으나, 싸움은 끝나지 않았다. 관계도 사라지지 않았다. 노동조합 사람들끼리 달에 한 번씩 모였다. 모여서 하는 일은 여전했다. 탄원서와 진정서를 쓰고 1인시위 일정을 잡았다. 이미 새로운 일을 구한 사람들은 퇴근 후 종종걸음을 치며 모임에 왔다. 한 사람당 1천만 원이 넘는 체불금이다. 큰 금액이긴 하나 없어도 당장 죽진 않는 돈. 종종걸음을 치게 하는 것은 못 받은 돈 때문이 아닐 테다. 모여 앉으면 즐거웠다. 웃음 사이로, 새로운 일터의 이야기가 끼어들었다.

"삭막해. 우리 회사 같지가 않아. 우리는 작업할 때 뭐 실수한 게 있으면 언니(레이테크 동료)들이 '카바'를 쳐줬잖아요. 거기 있는 선생님(현 직장 동료)들은 자기한테 해라도 올까 봐, 어떤 일이 있으면 완전 '철벽'을 치는 거야. 신입이라 모르면 우리 언니들은 대신 해주잖아. 거기는 당신 잘못이라고 미루는 거야. 섭섭하달까? 터놓고 말할 사람이 없는 게."

폐업이 끝나고 새로운 노동이 시작될 때, 이들이 이전 직장에서 맺은 관계와 유대감으로 형성한 배려와 친절, 끈기와 신념이 함께 사라지는 것은 아닐까. 나는 조바심을 내며 여자들의 이야기를 들었다. 하소연을 들은 '언니'들은 1년만 버티라고 서로 등을 두드려줬다. 노동조합도 버팀의 연속이더니, 세상 사는 일이 모두 그랬다.

버티는 일에 능한 사람은 없지만, 버티어 본 경험으로 단단해지는 사람은 있다. 어차피 할 일이라며 이들은 가뿐하게 피켓을 들었다. 피켓에는 몇 개월이 지나도 달라지지 않는 문구가 쓰여 있었다. 검찰의 기소(처벌) 촉구. 법은 느리게 움직이고, 노동은 하루도 비지 않고 굴러갔다. 폭이 넓은 피켓은 커다란 천 가방에 담겼다. 봉제 기술을 가진 성진 노동자들이 만들어 준 것이었다. 성진 사람들은 노조 사무실에 미싱기를 가져다 두고 틈틈이 미싱을 돌렸다. 그 장면을 떠올릴 때면 이들이 다시 봉제침을 만질 날이 올까를 생각했다.

폐업을 겪는 사람들을 만나고 싶어 기록을 시작했다. 시간이 지나, 폐업 싸움이 '끝나' 버린 사람들이 내 앞에 있었다. 각박해지는 노동시장을 맨몸으로 버티어 내는 여자들이었다. 나는 이 여자들의 이야기를 하고 싶었나 보다.

폐업은 끝났지만 불안한 노동이 시작됐다. 흔히 있는 일이라던, 어쩔 수 없다던, 그리 중대한 사건은 아니라던 여자들의 노동과 실직을 조심조심 곁에서 지켜보며 내가 하고 싶었던 말은 이것 하나였을지 모른다. 이것은 아주 중요한 이야기라고.

[쓰는 여자 이야기]

싸움을 기록하다

시야

어느 날 내가 사는 성주로 미국의 전략무기 사드가 배치되었다. 그리고 사드를 운영하는 미군 기지가 성주에 세워졌다. 내겐 충격이었다. 사드를 반대하는 싸움을 시작하면서 내 삶의 방향도 달라졌다. 노동자운동을 하고 싶었지만, 농촌 산골짝마을을 벗어날 길 없었다.

날마다 성주 소성리에서 사드에 반대하는 평화행동을 하고, 밤이면 소성리 난롯가에 모여 앉아서 야간시위를 했다. 소성리에서 만났던 내 이웃들, 평화를 염원하며 기도하는 종교인들과 연대하는 사람들로 내 이야기는 풍부해져 갔다.

사드 기지로 오르는 진밭을 지키는 전투는 치열했지만, 일상은 평화로웠다. 소성리 마을을 중심으로 사드반대 공동체를 이룬 사람들의 이야기를 나는 날마다 글로 썼다. 글재주가 없어도 하루 동안 일어났던 이야기를 남기고 싶어서 고요한 밤이 기다려졌다. 소성리의 천일야화를 들려주듯이 글을 쓰면서 국가폭력에 병든 마음도 치유했다.

소성리 할머니들과 사드를 반대하는 '성주 새댁'으로 살아가는 내 삶은 충만했지만, 가슴 한 켠은 쓸쓸했다. 노동자로 살아온 시간이 길었기에, 그 정체성을 찾고 싶었는지도 모른다.

회사가 사라졌다

소성리의 일상이 단조롭고 권태로워질 무렵 기록노동자 희정이 여성노동자 투쟁사업장 기록 작업을 제안해 주었다. 참 기분 좋은 관심이다. 시골 마을을 벗어나 큰 도시로 나갈 수 있는 기회라 여겨 두말 않고 따라나섰다. 투쟁하는 노동자에게 연대할 수 있어 기뻤다. 할머니들의 이야기에 흠뻑 빠져 있던 내게 연령층이 한층 젊어진 새댁들의 투쟁은 내게 어떤 이야기를 들려줄지 잔뜩 기대됐다. 서울로 가는 무궁화열차의 느린 걸음이 그렇게 설렐 수가 없었다.

성진, 신영, 레이테크의 투쟁하는 여성노동자들을 만났다. 한 공장에서 짧게는 10년, 길게는 28년을 일했던 노동자들은 공장을 다니는 동안 젊은 새댁에서 중년 여성이 되었고 어린 자녀는 성인이 되었다.

공장은 가족의 밥줄이었지만, 사회는 반찬값 벌이 삼아 다니는 부업 일자리라고 했다. 저임금을 합리화하는 나쁜 의도였다. 공장은 반찬값 벌이 치고는 너무나 가혹하게 여성노동자를 부려 먹었다. 그들은 납품 기한을 맞추기 위해서 밤을 낮처럼 눈이 붉어지도록 일했다.

공장이 겪었던 변천사는 노동자의 삶의 일부였고, 공장의 역사는 노동자의 인생과 나란히 흘러갔다. 공장은 노동자에게 삶의 공간이었지만, 사장이 공장 문을 닫을 때는 잠시 망설임도 없이 '탁' 닫아 버렸다.

낯선 공간을 들어섰을 때, 어색하지 않으려면 빨리 친근한 사람을 만나야 하는데, 신영의 정숙 씨는 사무실 입구에서 터줏대감처럼 자리를 잡고 처음 들어오는 사람마다 푸근한 인상으로 맞아 주었다. 나로선 차를 한 잔 얻어 마시고, 앉을 자리도 찾게 된 셈이다. 정숙 씨의 넉넉한 첫인상은 참 살가웠다.

정숙 씨는 30여 년도 훌쩍 지나 버린 야학 시절에 만났던 친구들과 함께 지금까지 손글씨 소식지를 만들고 우편으로 발송하는 일을 즐겁게 해왔다고 했다. 손글씨가 참 정갈하고 예뻤다.

정숙 씨의 이야기를 한참 동안 듣고 녹취록을 풀고 나서도 그의 이야기를 어떻게 써야 할지 고민했다. 공장을 이직하며 전전긍긍하던 세월이 그에게 불행이었다고만 생각지 않는다. 그는 누구보다 자신의 삶을 열심히 살아낸 당당함이 있었다.

누군가 노동의 이야기를 기록하는 일에 대해 묻는다면, '담대해지는 순간'을 만나는 일이라고 답하고 싶다. 레이테크 사장이 멀쩡한 정규직 일자리를 계약직으로 돌리려고 시도하자, 사장의 나발수 위치에 서야 할 관리자급 팀장 이필자 씨가 팀원에게 돌아갈 불이익을 막기 위해 계약서를 거부하고 팀원들과 노조를 만들어 대항한 순간이 그렇다.

성진 사장이 밥값도 떼고, 연차휴가도 없애는 내용으로 취업규칙을 변경하는 동의서를 받기 위해 직원들을 옥박질러 서명을 받는 동안, 단 한 사람이 끝까지 서명을 하지 않고 버텼다. 그것을 지켜보며 마음 졸이던 동료들이 노동조합을 하기로 마음먹은 순간이 바로 그 '담대해지는 순간'이다.

신영이 청산폐업을 하자 집과 공장밖에 몰랐던 여성노동자들이 옷 보따리를 싸들고 새벽 찬 서리를 맞으면서 공장 본사 건물로 들어섰던 순간이 그랬다.

이런 담대한 노동자들을 앞에 두고, 내가 어느 위치에 서 있어야 할지 방황할 필요가 없었다. 나는 노동자가 서 있는 위치에서 편향된 글쓰기를 하기로 마음먹었다. 숨죽여 사는 듯 보이는 노동자들의 담대한 순간을 담아내는 것, 내가 노동 르포를 계속 쓰고 싶은 이유다.

[쓰는 여자 이야기]

연결되고 싶은 마음을 키운 시간

림보

결혼, 출산과 육아, 그리고 활동을 선택하고 살면서 세상과 갈등하며 마주했던 문제들이 있다. 다른 여성들은 이런 문제들에 어떻게 대처하며 살아갈까 늘 궁금했다. 그래서일까. 여성노동자들을 만나면서 계속해서 내 삶을 들추어 보게 되었다. 자녀 때문에 꾹 참고 결혼을 유지하는 이, 비혼 혹은 이혼을 선택한 이, 그리고 어찌 해야 할지 고심 중인 나. 사람마다 삶의 맥락이 제각각 다르므로 정답은 없다. 가부장제를 유지하는 망할 결혼 제도에서 어서 다함께 탈출하자고 쉽게 이야기할 수도 없다. 저마다 일상에서 마주하는 불합리와 모순에도 불구하고, 그 안에서 각자의 방식으로 치러 내고 있는 여성들의 소소한 저항과 싸움을 우리가 다 알기는 어렵다.

이 책을 만들면서 이런 고민까지 나눌 동료로서 여성노동자들을 더 만나고 싶었다. 그렇게 마음을 뭉칠 수 있다면, 나도 좀 더 힘을 낼 수 있을 것 같아서 기대를 버리지 못하고 미련스럽게 되물었다. 듣지 못한 응답이 아쉬워 글을 계속 붙들었는지도 모른다.

우리의 기록 프로젝트는 2019년 봄에 시작됐다. '싸우는여자들기록팀 또록'이라고 지은 이름이 맘에 들었다. 같이 공부하며 여성노동자를 만나 인터뷰를 했다. 처음부터 느긋하고 꼼꼼하게 합을 맞춰 가기로 하고, 일의 효율을 좇으며 내달리지 않았다. 솔직히 모르는 게 많았기 때문에 속도를 낼 수 없었던 건지도 모른다. 이유야 어쨌든 이 세상의 텐션과 다른 또록의 무한한 느긋함이 좋았다, 아니 고마웠다. 우리는 조금 다른 '저 세상 텐션'을 유지하면서, 또록만의 속도를 만들어 왔다.

직업계고 현장실습 관련 대응을 하면서 가끔 있는 회의 자리나 교육장에서 노조 활동가들을 만났던 경험이 다인 까닭에, 노동조합이 구체적으로 어떤 활동을 하는지는 세세하게 알지 못했다. 노동조합 활동에 막연한 관심이 있었을 뿐, 싸우는 노동자들의 생활공간에 찾아가서 밥을 먹고 간담회를 하거나 인터뷰를 하면서 오래 머물러 본 것도 처음이었다. 노동조합을 만나고 사람답게 살게 돼 좋다는 얘기는 쉽게 들을 수 있었지만, 어떤 어려움이 있는지, 뭘 고민하고 있는지 듣기는 어려웠다. 또록이 만나온 세 곳의 여성 사업장을 다니면서 그동안 몰랐던 다양한 결의 이야기를 포착하게 됐다. 노동조합에서 많은 일상을 보내는 노동자들을 만나고 나서야, 어렴풋이 노동조합을 둘러싼 분위기를 경험한 셈이다. 각 사업장의 상황을 알아 가면서 이해가 안 되거나, 마음에 걸리는 부분을 같이 살피느라 길고 긴 토론을 몇 번이고 했다. 그 회의록들은 또록 작업의 소중한 보물창고가 되었다.

책을 만든다는 일이 무엇인지, 게다가 사람을 만나고 그의 이야기를 듣고 전하려는 책을 만든다는 게 얼마나 살필 것이 많은 일인지 톡톡히 배웠다. 만나기만 하면 수 시간 회의를 하고도 피곤한 줄 모르고, 서로의 글을 좋아하면서도 끝없이 고치게 만들던, 또록 사람들이 밉지 않다. 누구도 밀려나지 않고 같이 사는 세상을 만들려면 연결되어야 한다는 것을 제대로 배운 시간, 연결되기 위해서는 공부가 필요하고 생각이 더 정교해야 하고, 썼던 글을 몇 번이고 뒤엎어야 한다는 것까지 배운 시간, 그런 마음을 키운 시간을 또록과 함께한 건 정말 다행이다.

알아 두면
좋은 용어 설명

노동조합과 노동법

노동조합 줄여 '노조'라고도 부른다. 노동 조건 유지, 개선은 물론 노동자의 권리를 지키기 위해 만든 단체이다. 헌법에 명시한 노동 3권의 주체이기도 하다.

노동3권 헌법이 보장하는 노동자의 세 가지 기본권. 단결권, 단체교섭권, 단체행동권이 있다.

① 단결권 : 노동조합을 결성하거나 산별노조 조합원으로 가입할 수 있는 권리. 노조법(노동조합및 노동관계조정법)은 노동자라면 누구나 노조 조합원이 될 수 있는 권리를 보장하고 있다.

② 단체교섭권 : 노동조합이 조합원을 대표하여 임금인상과 단체협약을 체결하기 위해 회사 측과 교섭할 수 있는 권리. 만약 사용자(사용자대표)가 교섭에 성실히 응하지 않고 거부하면, 부당노동행위로 처벌을 받게 된다.

③ 단체행동권 : 사용자에 대항하여 집단적인 행동을 할 수 있는 권리. 회사와 단체교섭으로 해결할 수 있는 여지가 없는 경우 행사할 수 있다. 파업, 태업 등이 여기에 속한다.

단체교섭 임금, 노동시간 등 노동자의 처우에 관한 사항, 노동조합 활동을 위한 절차와 요건, 단체교섭의 절차, 쟁위행위에 관한 사항 등에 관해 노동자와 사용자 사이에 이뤄지는 교섭.

단체협약 노조와 사용자 간 단체교섭의 결과. 취업규칙(사용자가 취업의 조건에 관하여 정한 규칙)보다 우선한다.

부당노동행위 노동조합 가입을 방해하거나 탈퇴를 종용하는 등 정당한 노동조합 활동을 가로막는 사용자의 불법행위. 이러한 행위로 권리를 침해당한 노동자는 노동위원회에 구제 신청을 할 수 있다.

파업 노동자들이 자신의 요구를 관철시키기 위하여 업무를 일시적으로 중단하는 집단행동.

태업 표면적으로는 작업을 하지만 집단적으로 작업능률을 저하시켜, 공정 속도가 높아야 이윤을 얻는 사용자에게 손해를 주는 쟁의행위. 사보타주라고도 불린다.

쟁의행위 파업, 태업, 직장폐쇄 등 노동관계의 당사자가 그 주장을 관철할 목적으로 행하는 행위와 이에 대항하는 행위(노조법 제2조 제6호). 여기서 직장폐쇄란, 사용자가 노동자의 쟁의 행위에 맞서 작업장을 일시적으로 폐쇄하는 일을 말한다.

노동위원회 구체 신청 부당노동행위로 인하여 권리를 침해당하거나 해고를 당한 노동자 또는 노동조합은 관할 지방 노동위원회에 구제신청을 할 수 있다. 노동위원회는 지방노동위원회와 중앙노동위원회로 나뉘어 있다.

↘ 지방노동위원회 : 열세 개 광역지자체에 자리한 노동위원회. 각 관할 사업장에서 발생한 노사 갈등 및 쟁의를 중재하거나 조정한다. 부당해고 등의 차별시정 사건을 판정하는 일도 한다.

↘ 중앙노동위원회 : 지방 노동위원회의 상위 기관. 근로자위원, 사용자위원, 공익위원 3자로 구성되어 있다. 노사 간의 이익 및 권리분쟁에 대한 조정과 판정을 주업무로 하는 독립성을 지닌 준사법적 기관이다.

↘ 산업별 노동조합 : 동일한 산업에 종사하는 노동자들이 직종, 기업, 숙련 여부와 관계없이 모인 노조 형태. 민주노총 산하에는 전국금속산업노동조합, 전국공공운수서비스노동조합 등이 있다. 분회, 지회, 지부 체계를 갖췄다.

↘ 기업별 노동조합 : 특정 기업에 종사하는 노동자들이 결집한 노조 형태.

↘ 직종별 노조 : 동일한 직종 또는 직업에 종사하는 노동자를 구성원으로 하는 노조 형태.

↘ 일반 노조 : 직종 산업을 구별하지 않고 조직되는 노조 형태. 보통 지역 차원의 일반 노동조합이 있다.

분회,지회,지부 산별노조의 하부조직 단위. 통상 노동조합 - 본부 - 지부 - 지회 - 분회 순으로 명칭한다. 예) 민주노총 전국금속산업노동조합 서울지부 동부지역지회 레이테크코리아분회

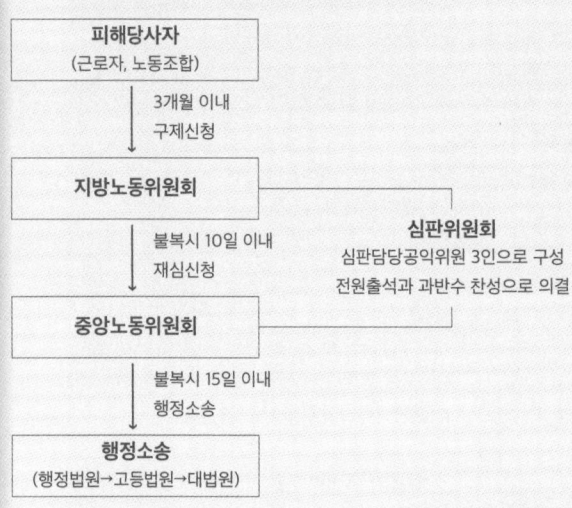

민주노총 전국민주노동조합총연맹의 줄임말. 한국노총과 더불어 국내 노동조합의 양대 전국 조직이다. 산업별 노동조합을 지향하고 있으나, 기업별, 직종별, 일반 노동조합 등 다양한 형태를 두고 있다.

폐업과 청산

폐업 재정적 파탄(부도, 파산)에 이른 경우가 아니더라도 사업계획의 변경, 적자 또는 부정적 사업 전망 등을 이유로 회사가 스스로 해산, 청산하거나, 사업의 전부 또는 일부

를 폐지하는 것. 이 책에서는 해산, 청산, 사업(부문) 폐지 등을 모두 일컬어 '폐업'이라 한다. 회사가 재정적으로 파탄에 이르는 경우는 회생 또는 파산절차를 밟는다.
법인 사업자의 폐업은 크게 두 가지 절차, 즉 폐업 신고(세금 관련)와 법인 해산/청산 (등기 관련)이 있다.

폐업 신고 회사가 영업을 그만두기로 정하고 사업자등록증을 세무서에 반납하는 것. 세금을 정산하고 납부한 이후에 폐업 신고가 수리된다. 법인 사업자의 법적 형태(법인격)까지 없애려는 경우, 폐업신고와 법인 해산을 거쳐 청산 절차까지 진행되어야 한다.

청산 회사를 해산하여, 법인격 자체를 소멸시키는 것. 사람으로 말하자면 사망 처리에 해당한다. 해산은 법인격 소멸을 위한 절차의 시작으로, 주주총회를 소집하여 해산을 결의하고 청산을 진행할 청산인을 선임한다. 청산은 채권 추심, 채무 변제, 잔여재산의 분배를 마치고 청산인이 주주총회에서 결산보고 승인을 얻은 뒤 종결한다. 단, 자산보다 부채가 많은 경우 해산 청산이 아닌 파산청산으로 진행한다.

위장폐업 노동조합 결성에 대응하거나 노동조합의 활동을 혐오하여 노동조합을 와해시키기 위한 수단으로 사업체를 해산하는 것. 조합원을 전원 해고한 다음 새로운 사업체를 설립하는 등의 방법으로 사업체의 실체가 존속하는데도 조합원을 배제한 채 사업 활동을 계속하는 경우를 말한다. 위장폐업으로 노동자를 해고하는 것은 부당노동행위 및 부당해고에 해당한다.

도급(하청)

법률상 도급은 민법에 정의 규정이 있다(「민법」 제664조). 당사자 일방(수급인)이 어느 일을 완성할 것을 약정하고, 상대방(도급인)이 그 일의 결과에 대하여 보수를 지급할 것을 약정함으로써 성립하는 계약을 말한다. 원청업체가 인건비 또는 위험업무에 따른 부담을 줄이기 위해 생산 공정의 일부나 전부를 외부(업체)에 맡기는 일. 중소기업 등이 대기업에서 일을 받거나, 디자인/인쇄 등의 업무를 관련 업체에 맡기는 것을 (하)도급 거래라고 한다.

사내하도급은 하도급 거래가 원청 사업장 내에서 이루어지는 것이다. 현행법에 따르면 사내 하청은 생산의 조직 과정, 노동 과정에서 독립성을 갖는 것이 원칙이지만, 현실에서 독립성이 보장되지 못하는 경우도 많다. 이러한 경우에 불법파견이라는 논란을 일으키기도 한다. 파견법 상 파견이 가능한 업무는 서른 두 개에 불과하다. 사외하도급은 외주라고도 불린다.
하도급업체를 협력업체라고 부르는 추세가 늘고 있지만, 협력업체라는 용어는 (하)도급-수급 관계의 위계 관계를 삭제하는 측면이 있다.

회사가 사라졌다 : 폐업·해고에 맞선 여성노동

초판 1쇄 2020년 11월 30일 펴냄
　　2쇄 2021년 6월 14일 펴냄

지은이　싸우는여자들기록팀 또록

편집　마야
본문 및 표지 디자인　들토끼들

펴낸이　박혜란
펴낸 곳　파시클 출판사
등록　2016년 10월 25일 제 2017-000153호
주소　경기도 고양시 일산동구 탄중로 398, 809동 701호
　　　　beonfascicles@naver.com
　　　　https://www.facebook.com/fascicles
　　　　https://www.instagram.com/fascicles_seoul
인쇄　상지사

ISBN　979-11-972356-0-3　03330

이 책의 판권은 파시클 출판사에 있습니다.
출판사의 동의 없는 무단 전재 및 복제를 금합니다.

이 도서는 2020 경기도 우수출판물 제작지원 선정작입니다.